Anästhesie
und Strafrecht

Medizin in Recht und Ethik

Herausgeber
Prof. Dr. iur. utr. Albin Eser, M.C.J.
Direktor des Max-Planck-Instituts
für ausländisches und internationales
Strafrecht, Freiburg

Prof. Dr. med. Eduard Seidler
Institut für Geschichte der Medizin
Universität Freiburg

Band 19

Anästhesie und Strafrecht

Die strafrechtliche Verantwortlichkeit des Anästhesisten

Philipp Majunke

Ferdinand Enke Verlag Stuttgart 1988

Dr. jur. Philipp Majunke
Hauptstraße 85
D-7800 Freiburg

CIP-Titelaufnahme der Deutschen Bibliothek

Majunke, Philipp:
Anästhesie und Strafrecht / Philipp Majunke. - Stuttgart
: Enke, 1988
   (Medizin in Recht und Ethik ; Bd. 19)
   ISBN 3-432-97701-8
NE: GT

Alle Rechte, insbesondere das Recht der Vervielfältigung und Verbreitung sowie der Übersetzung, vorbehalten. Kein Teil des Werkes darf in irgendeiner Form (durch Fotokopie, Mikrofilm oder ein anderes Verfahren) ohne schriftliche Genehmigung des Verlages reproduziert oder unter Verwendung elektronischer Systeme verarbeitet, vervielfältigt oder verbreitet werden.

© 1988 Ferdinand Enke Verlag, P.O.Box 101254, 7000 Stuttgart 10
Printed in Germany
Druck: Copy Center 2000, D-8520 Erlangen

Inhaltsverzeichnis

Inhaltsverzeichnis		I
Abkürzungen		V
1	Einleitung	S. 1
2	Rechtstatsächliche Angaben	S. 4
2.1	Allgemeine Entwicklung der rechtlichen Verantwortlichkeit des Arztes	S. 4
2.2	Die Situation in der Anästhesiologie	S. 8
3	Strafrechtliche Bewertung ärztlichen Handelns	S.13
3.1	Der Heileingriff als Körperverletzung	S.13
3.1.1	Die Auffassung der Rechtsprechung	S.13
3.1.2	Die Auffassungen der herrschenden Lehre	S.15
3.2	Der Heileingriff als Freiheitsdelikt	S.19
4	Der Verantwortungsbereich des Anästhesisten	S.20
4.1	Das Verhältnis zwischen Anästhesist und Operateur	S.22
4.2	Das Verhältnis zwischen leitendem Anästhesisten und ärztlichen Mitarbeitern	S.25
4.3	Das Verhältnis zwischen Anästhesist und nichtärztlichem Hilfspersonal	S.30
5	Aufklärung und Einwilligung des Patienten im Bereich der Anästhesiologie	S.35
5.1	Grundsätzliches zur Einwilligung und Aufklärung	S.35
5.1.2	Bedeutung der ärztlichen Aufklärungspflicht im Strafrecht und im Zivilrecht	S.37
5.2	Umfang der anästhesiologischen Aufklärung – Allgemeines	S.39
5.3	Umfang der anästhesiologischen Aufklärung im Einzelnen	S.43
5.3.1	Diagnoseaufklärung	S.44
5.3.2	Verlaufsaufklärung	S.47
5.3.2.1	Gesonderte Anästhesieaufklärung?	S.47
5.3.2.2	Aufklärung über Verfahrensalternativen	S.52
5.3.2.3	Aufklärung über Verfahrensänderung oder -erweiterung	S.58

5.3.3	Risikoaufklärung	S.61
5.3.3.1	Allgemeines zur Aufklärungsbedürftigkeit von Anästhesierisiken	S.61
5.3.3.2	Allgemeines Anästhesierisiko	S.63
5.3.3.3	Einzelne spezielle Anästhesierisiken	S.66
5.3.3.3.1	Zahnschäden	S.66
5.3.3.3.2	Lagerungsschäden	S.67
5.3.3.3.3	Postspinale Kopfschmerzen	S.70
5.3.3.4	Sonderinteressen des Patienten	S.72
5.3.3.5	Risikoerhöhende Umstände	S.73
5.3.3.5.1	Gesundheitlich-konstitutionell bedingte Gefahrerhöhung	S.73
5.3.3.5.2	Besondere Kliniksituation	S.74
5.3.3.5.3	Anästhesie durch ärztliche Anfänger	S.76
5.3.3.5.4	Parallelnarkose	S.79
5.3.3.5.5	Neue Medikamente, neue Verfahren	S.80
5.3.3.6	Unterschiedliche Risikobewertung durch Anästhesist und Operateur	S.83
5.4	Personelle Beschränkung der Einwilligung	S.85
5.5	Person des Aufzuklärenden	S.86
5.6	Person des Aufklärungspflichtigen	S.87
5.6.1	Behandelnder Anästhesist	S.87
5.6.2	Delegation der Aufklärung auf andere Ärzte	S.88
5.6.3	Delegation der Aufklärung auf nichtärztliches Personal	S.89
5.6.4	Verantwortlichkeit des einweisenden Arztes für die Patientenaufklärung?	S.91
5.7	Form der Aufklärung	S.92
5.8	Zeitpunkt der Aufklärung	S.95
5.9	Strafrechtliche Folgen einer Aufklärungspflichtverletzung	S.97
5.9.1	Kausalität der Pflichtwidrigkeit als weitere Voraussetzung einer Strafbarkeit des Arztes	S.97
5.9.2	Die subjektive Tatseite	S.99
5.10	Zusammenfassung	S.102

6	Behandlungsfehler im Bereich der Anästhesiologie	S.106
6.1	Allgemeine Klärung des Begriffs	S.106
6.2	Die objektiv gebotene ärztliche Sorgfalt	S.108
6.2.1	Fahrlässigkeit bei Übernahme der Behandlung	S.111
6.2.2	Die "lex artis"	S.114
6.3	Spezielle Sorgfaltspflichten in der Anästhesiologie	S.115
6.3.1	Die präoperative Phase	S.115
6.3.1.1	Voruntersuchung des Patienten	S.116
6.3.1.1.1	Rückgriff auf vorliegende Befunde	S.118
6.3.1.1.2	Anästhesiespezifische Voruntersuchungen	S.123
6.2.1.1.3	Umfang der Voruntersuchungen	S.124
6.3.1.1.4	Anamnesebogen als Hilfsmittel der Voruntersuchung	S.126
6.3.1.2	Allgemeine präanästhesiologische Vorbereitung des Patienten	S.126
6.3.1.3	Informationspflichten des Arztes	S.127
6.3.1.4	Wahl des Anästhesieverfahrens	S.131
6.3.1.5	Bedienung und Überprüfung der medizinisch-technischen Geräte	S.135
6.3.1.6	Bereitstellung und Kontrolle von Blutkonserven	S.139
6.3.1.7	Präanästhesiologische Kontrolle nichtärztlicher Vorbereitungsarbeiten durch den Arzt?	S.141
6.3.1.8	Unmittelbare medizinische Vorbereitung des Patienten – Prämedikation durch Hilfspersonal?	S.143
6.3.1.9	Einleitung des Anästhesieverfahrens – Wahl des Injektionsortes	S.146
6.3.2	Die intraoperative Phase	S.149
6.3.2.1	Lagerung des Patienten	S.149
6.3.2.2	Spezielle Sorgfaltspflichten bei der Intubationsnarkose	S.152
6.3.2.3	Überwachung des Patienten	S.153
6.3.2.3.1	Delegation der intraoperativen Patientenüberwachung – Parallelnarkose	S.155
6.3.3	Die postoperative Phase	S.160
6.3.3.1	Verantwortlichkeit für die Patientenüberwachung	S.161

6.3.3.2	Intensität der postnarkotischen Patienten-überwachung	S.165
7	Strafrechtliche Folgen einer ärztlichen Sorgfaltspflichtverletzung - Kausalität des Behandlungsfehlers	S.166
8	Individuelle Vorwerfbarkeit des Behandlungsfehlers - Die Schuld des Arztes	S.170
9	Zusammenfassung	S.173
Literaturverzeichnis		S.179
Stichwortverzeichnis		S.208

Abkürzungen

a.A.	anderer Ansicht
a.a.O.	am angeführten Ort
Abs.	Absatz
AE	Alternativentwurf
ÄM	Ärztliche Mitteilungen
AMG	Gesetz über den Verkehr mit Arzneimitteln v.24.8.1976, BGBl. 1976 I 2445
Anaesthesist	Der Anaesthesist
Anästh.Inform.	Anästhesiologische Informationen (später: Anästhesiologie und Intensivmedizin)
Anästh.u.Intensivmed.	Anästhesiologie und Intensivmedizin
Archiv klin. exp. Ohren-, Nasen- und Kehlkopfheilkunde	Archiv für klinische und experimentelle Ohren-, Nasen- und Kehlkopfheilkunde
Art.	Artikel
Arzt und Krankenhaus	Arzt und Krankenhaus. Fachzeitschrift für das Krankenhauswesen
AT	Allgemeiner Teil
Aufl.	Auflage
BayObLG	Bayrisches Oberstes Landesgericht
Bd.	Band
BDA	Berufsverband Deutscher Anästhesisten
B.d.Dt.Chirurgen	Berufsverband der Deutschen Chirurgen
BGB	Bürgerliches Gesetzbuch
BGBl.	Bundesgesetzblatt
BGH	Bundesgerichtshof
BGHSt	Amtliche Sammlung der Entscheidungen des Bundesgerichtshofes in Strafsachen
BGHZ	Amtliche Sammlung der Entscheidungen des Bundesgerichtshofes in Zivilsachen
BT	Besonderer Teil
BVerfG	Bundesverfassungsgericht
BWÄBl.	Baden-Württembergisches Ärzteblatt
Chirurg	Der Chirurg. Zeitschrift für alle Gebiete der operativen Medizin
DÄBl.	Deutsches Ärzteblatt
D.Dt.Ges.wes.	Das Deutsche Gesundheitswesen
ders.	derselbe
DGAI	Deutsche Gesellschaft für Anästhesiologie und Intensivmedizin

dies.	dieselbe, dieselben
DMW	Deutsche Medizinische Wochenschrift
DR	Deutsches Recht. Monatszeitschrift des Bundes Nationalsozialistischer Deutscher Juristen
DRiZ	Deutsche Richterzeitung
Dt.Krankenpflegezeitschrift	Deutsche Krankenpflegezeitschrift
D.Z.f.d.ges.ger.Medizin	Deutsche Zeitschrift für die gesamte gerichtliche Medizin
E 1962	Entwurf eines Strafgesetzbuches E 1962 (mit Begründung) – Bundestagsvorlage – Bonn 1962, Drucksache des Bundestages VI/650
f	folgende
ff	fortfolgende
Fn.	Fußnote
FS	Festschrift
GA	Goltdammer's Archiv für Strafrecht
GG	Grundgesetz für die Bundesrepublik Deutschland
H.	Heft
HNO	Hals-Nasen-Ohren
HRR	Höchstrichterliche Rechtsprechung
Hrsg.	Herausgeber
Inform.d.Berufsverb.d. Dt.Chirurgen	Informationen des Berufsverbandes der Deutschen Chirurgen
JR	Juristische Rundschau
JURA	Juristische Ausbildung
JuS	Juristische Schulung
JW	Juristische Wochenschrift
JZ	Juristenzeitung
Kap.	Kapitel
KG	Kammergericht
Krankenhaus	Das Krankenhaus. Zentralblatt für das deutsche Krankenhauswesen
Krankenhausarzt	Der Krankenhausarzt. Zeitschrift für klinische wissenschaftliche Information
LAG	Landesarbeitsgericht
Langenbecks Archiv	Langenbecks Archiv für klinische Chirurgie; später: Langenbecks Archiv für Chirurgie
Laryng.Rhinol.	Laryngologie, Rhinologie, Otologie und ihre Grenzgebiete
LG	Landgericht

LK	Leipziger Kommentar
MDR	Monatsschrift für Deutsches Recht
m.E.	meines Erachtens
MedR	Medizinrecht
Med.Welt	Die medizinische Welt
MMW	Münchener Medizinische Wochenschrift
m.w.N.	mit weiteren Nachweisen
NJW	Neue Juristische Wochenschrift
Nr.	Nummer
NStZ	Neue Zeitschrift für Strafrecht
OLG	Oberlandesgericht
Praktische Anästhesie	Praktische Anästhesie, Wiederbelebung und Intensivtherapie
RG	Reichsgericht
RGSt	Amtliche Sammlung der Entscheidungen des Reichsgerichts in Strafsachen
RGZ	Amtliche Sammlung der Entscheidungen des Reichsgerichts in Zivilsachen
Rn.	Randnummer
S.	Seite
Saarl.ÄBl.	Saarländisches Ärzteblatt
SK	Systematischer Kommentar
StGB	Strafgesetzbuch
Unfallheilkunde	Unfallheilkunde - Traumatologie
v.	von
vergl.	vergleiche
VersR	Versicherungsrecht
Vorbem.	Vorbemerkung
VRS	Verkehrsrechtssammlung
ZBl.Chirurgie	Zentralblatt für Chirurgie
Z.f.d.ges.Vers.wiss.	Zeitschrift für die gesamte Versicherungswissenschaft
Z.f.prakt.Anästhesie	Zeitschrift für praktische Anästhesie und Wiederbelebung
zit.	zitiert
ZStW	Zeitschrift für die gesamte Strafrechtswissenschaft

1 Einleitung

Ärztliches Handeln wird immer stärker der rechtlichen und damit auch der gerichtlichen Kontrolle unterworfen. So sprach der Präsident des Bundesgerichtshofs anläßlich eines Pressegesprächs Anfang 1986 zur Geschäftslage des Gerichts von einer "unvergleichlichen Zunahme" der zivilrechtlichen Arzthaftungsprozesse in jüngster Zeit, die damit einen wesentlichen Verfahrensbereich darstellten, der zur gegenwärtigen Überlastung des Bundesgerichtshofs geführt habe.[1] Die immer umfänglichere Literatur zum Thema spricht – um nur einige Beispiele zu nennen – von einem "steilen Anstieg" der Arzthaftung schon während der sechziger und siebziger Jahre[2], von einer anhaltenden "lebhaften Konjunktur der Haftpflichtansprüche gegen Ärzte"[3], einem "sprunghaften Anstieg" entsprechender Straf- und Haftpflichtprozesse[4]. Parallel hierzu wird von einem "lawinenartigen Anwachsen" der Aufträge von Kunstfehlergutachten berichtet[5], von einer in vollem Gang befindlichen "Kriminalisierung" ärztlicher Tätigkeit[6]; es wird gar gesprochen vom "Kalten Krieg" zwischen Juristen und Ärzten[7], von einem "Kesseltreiben" gegen letztere[8] oder davon, daß eine ganze Nation "zur Großfahndung nach ärztlichen Kunstfehlern aufgebrochen" sei[9].

Mag manche der gebrauchten Formulierungen übertrieben[10] oder auch

---

1) Ansprache beim Pressegespräch vom 29. Januar 1986, zit. nach der – nicht veröffentlichten – Abschrift der Rede, S.2.
2) Deutsch/Matthies, Arzthaftungsrecht, S.1.
3) Laufs, Arztrecht, Rn.9.
4) Schwab/Kramer/Krieglstein, Rechtliche Grundlagen der ärztlichen Aufklärungspflicht, S.1.
5) Eisenmenger/Liebhardt/Neumeier, Beiträge zur gerichtlichen Medizin 36 (1978), S.215 ff.
6) Ulsenheimer, Inform.d.Berufsverb.d.Dt.Chirurgen 1984, S.77.
7) Kuhlendahl, DÄBl. 1978, S.1984.
8) Dirnhofer in: Schick, Die Haftung des Arztes, S.14.
9) Theissing, Z.f.d.ges.Vers.wiss. 1978, S.195.
10) Vergl. etwa Giesen, Wandlungen des Arzthaftungsrechts, S.7 f, der auch aufgrund internationaler Vergleichszahlen über Häufigkeit, Umfang und Erfolgsquote zivilrechtlicher Arzthaftungsprozesse Anlaß sieht, die verbreitete Meinung, die Gerichte erträken in einer Flut solcher Verfahren mit überwiegend 'arztfeindlichem' Ausgang, zu korrigieren.

von einseitigen Interessen beeinflußt erscheinen, so ist doch an der allgemeinen Tendenz einer "Verrechtlichung der Medizin" nicht zu zweifeln.[1] Wenn auch diese Entwicklung gerade ärztlicherseits oft mit Sorge beobachtet[2] und vor allem auf die Gefahr hingewiesen wird, die Ärzte könnten unter der ständigen Drohung zivilrechtlicher Haftung oder gar strafrechtlicher Verfolgung zu einer allzu "defensiven Medizin" gelangen, die aus juristischer Vorsicht etwa bei der Diagnose zu viel tut oder therapeutisch zu wenig wagt[3], so hat sich doch inzwischen die Erkenntnis durchgesetzt, daß die Heilbehandlung, ja die ärztliche Tätigkeit überhaupt, keineswegs in einem "rechtsfreien Raum" stattfindet, sondern rechtlicher Regelung und Kontrolle unterliegt und unterliegen muß, so umstritten deren Umfang auch im einzelnen sein mag.[4] Der in diesem Zusammenhang oft vernommenen Klage vieler Ärzte über das Schwinden des früheren bedingungslosen Vertrauens des Patienten zu seinem Arzt wird der berechtigte Hinweis entgegengehalten, daß das Vertrauensverhältnis Arzt - Patient auch dadurch gefährdet werden könne, daß sich auf Seiten des Patienten zu Recht oder zu Unrecht das Empfinden des Ausgeliefertseins ohne wirksame Kontrollmöglichkeit ausbreitet.[5]

---

1) Laufs, Arztrecht, Rn.10 ; Lawin in: Lawin/Huth, Grenzen der ärztlichen Aufklärungs- und Behandlungspflicht, S.3 ; Müller-Dietz in: Jung/Schreiber, Arzt und Patient zwischen Therapie und Recht, S.9 ; Weißauer, Inform.d.Berufsverb.d.Dt.Chirurgen 1981, S.69 ff ; vergl. weiter Schreiber/Rodegra in: Jung/Schreiber, a.a.O., S.27 ff, zum geschichtlichen und Buchborn, MedR 1984, S.126 ff, zum geistesgeschichtlichen Hintergrund dieser Entwicklung.

2) Schreiber/Rodegra, a.a.O., S.52, sprechen von einer fatalen Entwicklung für Arzt und Patient ; weiter etwa Kuhlendahl, Arztrecht 1980, S.233 ff.

3) Laufs, Arztrecht, Rn.10 ; ders. MedR 1986, S.164 ; zur Gefahr der defensiven Medizin auch Demling in: Kaufmann, Ärztliches Handeln zwischen Paragraphen und Vertrauen, S.110 ; Wachsmut/ Schreiber, Arzt und Krankenhaus 1981, S.75 ff ; aber auch Schewe, Arztrecht 1979, S.68, der einen solchen "Rückzug in die 'Defensivmedizin'" nicht durch die Rechtsprechung erzwungen sieht.

4) Eser in: Kaufmann, a.a.O., S.112 ff ; Deutsch, Chirurg 1980, S.408 ; Farthmann in: Lawin/Huth, a.a.O., S.33 ; H.-G. Koch, BWÄBL. 1984, S.137 ; Müller-Dietz, a.a.O., S.8 ; Spann, Justitia und die Ärzte, S.12 f ; zur Schutzfunktion des Rechts in diesem Zusammenhang vergl. auch Eser in: v.Troschke/Schmidt, Ärztliche Entscheidungskonflikte, S.209.

5) Hausheer, Schweizerische Juristenzeitung 1977, S.255 ; in diesem Sinn auch Eser, BWÄBl. 1981, S.16 und Schreiber, Chirurg 1980, S.411 f.

Erwähnt sei in diesem Zusammenhang auch die - durch die Praxis sicherlich bestätigte - Auffassung **Weißauers**[1], daß ein gewisser forensischer Druck auch ein Motor sei für die Entwicklung eines medizinischen Fachgebiets, sowohl hinsichtlich der personellen und sachlichen Ausstattung seiner klinischen Abteilungen als auch hinsichtlich seines allgemeinen Leistungsstandards. **Eser**[2] spricht hier zutreffend von einer Leit- und Verstärkungsfunktion des strafrechtlichen Rechtsgüterschutzes.
Damit dienen wohlverstandene rechtliche Regelungen nicht nur dem Interesse des Patienten, sondern letztlich auch dem des Arztes.

Zusammenfassend läßt sich heute mehr denn je die veränderte Beziehung zwischen Medizin und Recht charakterisieren mit den Worten des Schweizer Gerichtsmediziners **Thelin**, nach denen wir "nicht mehr in einer Zeit" leben, "in der die Beziehungen zwischen Arzt und Patient hauptsächlich durch die Pflichten des Arztes gegenüber dem Kranken charakterisiert waren, sondern in einer Epoche, in der der Patient Rechte gegenüber der Medizin geltend macht". ..."Daher sieht sich der Arzt auch immer mehr in ein System sehr verschiedenartiger und genau präzisierter Verpflichtungen eingespannt, die nur noch einen scheinbaren Bezug zur traditionellen ärztlichen Ethik haben. Zwar bleibt das ärztliche Ideal, was es immer war, doch die Gesetzgebung entwickelte sich in anderer Richtung."[3]
Ziel der vorliegenden Untersuchung ist es, aus der Sicht des Strafrechts diese "sehr verschiedenartigen Verpflichtungen" des Arztes darzustellen in einem Bereich der Medizin, der - wie zu zeigen sein wird - zu den für den Patienten besonders risikoreichen gezählt werden muß, und in dem der Arzt mehr als in den meisten anderen Gefahr läuft, auch strafrechtlich für fehlerhaftes Verhalten zur Verantwortung gezogen zu werden: der Anästhesiologie.

---

1) Weißauer, Anästh.u.Intensivmed. 1983, S.103 ; ebenso Laufs, NJW 1987, S.1452.
2) Eser, ZStW 97 (1985), S.44 ff ; in diesem Sinn auch Schreiber, Notwendigkeit und Grenzen rechtlicher Kontrolle der Medizin, S.36.
3) Thelin, Arzt und Recht 1969, S.3.

2 Rechtstatsächliche Angaben

2.1 Allgemeine Entwicklung der rechtlichen Verantwortlichkeit des Arztes

Die zunehmende juristische Auseinandersetzung um ärztliche Tätigkeit findet heute überwiegend auf dem Gebiet zivilrechtlicher Arzthaftung wegen wirklicher oder vermeintlicher Behandlungs- oder Aufklärungsfehler statt.
Demgegenüber bleiben Strafverfahren gegen Ärzte, wenn auch nicht immer in ihrer öffentlichen Beachtung [1], so doch zahlenmäßig, weit hinter den Zivilverfahren zurück. In der Regel steht nicht die strafrechtliche Verurteilung eines Arztes für etwaiges medizinisches Fehlverhalten im Vordergrund, sondern eindeutig das Interesse des Patienten, einen monetären Ausgleich für die erlittene körperliche und seelische Beeinträchtigung zu erhalten.[2]
Detailliertes statistisches Material ist allerdings für beide Bereiche nur lückenhaft vorhanden oder teilweise veraltet.[3] So greift auch die neuere Literatur bezüglich der Anzahl geltend gemachter Haftpflichtansprüche gegen Ärzte auf die von **Weyers** in seinem Gutachten zum 52. Deutschen Juristentag 1978[4] genannten Zahlen zurück.[5] Er schätzt dort die Gesamtzahl solcher jährlich in der Bundesrepublik Deutschland gegen Ärzte und Krankenhausträger wegen Arztfehlern erhobenen Ansprüche auf mindestens 5500[6], von denen allerdings nur 7-8 %, also etwa 450 Fälle, vor die Zivilgerichte kommen[7].

---

1) Vergl. Isele in: Mergen, Die juristische Problematik in der Medizin, Bd. III, S.11.
2) Bodenburg, Der ärztliche Kunstfehler als Funktionsbegriff zivilrechtlicher Dogmatik, S.2 ; ebenso Schewe, Arztrecht 1979, S.64.
3) Vergl. Spann, Z.f.d.ges.Vers.wiss. 1978, S.189.
4) Weyers, Gutachten A zum 52. Deutschen Juristentag, S. 37 ff.
5) So etwa Franzki in: Jung/Schreiber, Arzt und Patient zwischen Therapie und Recht, S.177 ; Giesen, Wandlungen des Arzthaftungsrechts, S.8 ; Herbrand in: Hymmen/Ritter, Behandlungsfehler - Haftung des operativ tätigen Arztes, S.110.
6) Weyers, a.a.O., S.39 ; an anderer Stelle beziffern Weyers und Mirtsching allerdings bereits für das Jahr 1974 die Zahl der geltend gemachten Haftpflichtansprüche mit 5-6000 (JuS 1980, S.317).
7) Weyers, a.a.O., S.40.

Für das Jahr 1980 schätzen **Baur** und **Hess**[1] sowie **Künnell**[2] die Zahl solcher Haftpflichtansprüche auf etwa 6000. Inzwischen dürfte diese Zahl noch deutlich höher liegen, nachdem **Deutsch**[3] und **Reichenbach**[4] für einen entsprechenden Zeitraum 1972-1977 eine Zunahme solcher Ansprüche um 55 % errechnet haben, bezüglich operativ tätiger Ärzte sogar um 74 %.

Entsprechend umfassende statistische Untersuchungen zu strafrechtlicher Verfolgung von Ärzten sind - soweit ersichtlich - bisher nicht durchgeführt worden.[5] Dies erstaunt, da ein Strafverfahren vom einzelnen Arzt als wesentlich gravierenderer Angriff empfunden, und die zweifellos auch steigende Zahl dieser Verfahren von der Ärzteschaft allgemein mit besonderer Besorgnis, teilweise auch mit Bitterkeit, beobachtet wird.[6] Die Zahl zivilrechtlich geltend gemachter Haftpflichtansprüche dient hier regelmäßig als Anhaltspunkt für eine Schätzung der Zahl von Strafverfahren. Allerdings differieren die Angaben insoweit zum Teil erheblich: So kam es **Ulsenheimer**[7] zufolge, der sich auf die Auskunft einer großen Versicherungsgesellschaft beruft, in der Vergangenheit nur höchstens bei 3 % aller Haftpflichtfälle zu staatsanwaltschaftlichen Ermittlungsverfahren.[8] Demgegenüber gehen **Pribilla**[9] und **Deutsch**[10] zum gleichen Zeitpunkt

---

1) Baur/Hess, Arzthaftpflicht und ärztliches Handeln, S.10.
2) Künnell, VersR 1980, S.503 ; ebenso Giesen, JZ 1982, S.346.
3) Deutsch, Arztrecht und Arzneimittelrecht, S.60.
4) Reichenbach, VersR 1981, S.808.
5) Auch Ulsenheimer untersucht lediglich Verteilung und Ausgang arztstrafrechtlicher Verfahren, die über seine Kanzlei geführt wurden (Inform.d.Berufsverb.d.Dt.Chirurgen 1984, S.77 ff) ; vergl. aber Baur/Hess a.a.O., S.11, die für 1980 die Zahl strafrechtlicher Ermittlungsverfahren gegen Ärzte allein in Nordrhein-Westfahlen mit 840 angeben, sowie weitere lokal begrenzte Zählungen bei Ulsenheimer, MedR 1987, S.207.
6) Wachsmuth spricht von einem "Damoklesschwert" für den Arzt (Krankenhausarzt 1975, S.433) ; vergl. auch Deutsch, NJW 1982, S.680, der "den Arzt wegen einer beruflichen Tätigkeit auf die Ebene der Verbrechensbekämpfung gezerrt" sieht.
7) Ulsenheimer in: Opderbecke/Weißauer, Forensische Probleme in der Anaesthesiologie, S.41.
8) So auch Schewe, Arztrecht 1979, S.64.
9) Pribilla in: Opderbecke/Weißauer, a.a.O., S.134.
10) Deutsch, Medizin und Forschung vor Gericht, S.7 ; ebenso Knappen bei Becker/Deutsch/Knappen/Nüßgens, Laryng.Rhinol. 1975, S.787 ; vergl. weiter Bappert, Arzt und Patient als Rechtsuchende, S.122: Strafantrag in 15 % der Zivilrechtsfälle.

(1980) davon aus, daß von den 5-6000 Arzthaftpflichtverfahren in Deutschland pro Jahr etwa 20 % zunächst mit einer Strafanzeige bei der Staatsanwaltschaft eingeleitet werden. Einigkeit besteht aber, daß auch die Zahl der Strafverfahren gegen Ärzte mit dem Vorwurf des Behandlungsfehlers oder Aufklärungsmangels deutlich zunimmt; die Bereitschaft wächst, gegen den behandelnden Arzt zunächst einmal Strafanzeige zu erstatten.[1]

Zwar dürfte auch heute grundsätzlich davon auszugehen sein, daß nur in einer Minderzahl der Fälle der Patient neben dem Schadensersatz wirklich an einer strafrechtlichen Verfolgung des Arztes interessiert ist oder diese gar im Vordergrund steht.[2] Dennoch wird mehr und mehr - besonders von anwaltlich vertretenen Patienten[3] - quasi als Vorbereitung des Zivilverfahrens Strafanzeige erstattet. Durch die Einschaltung der Staatsanwaltschaft kann der real oder vermeintlich geschädigte Patient den Sachverhalt ohne eigenen Kostenaufwand ermitteln lassen. Insbesondere wird die Staatsanwaltschaft gegebenenfalls die Behandlungsunterlagen beschlagnahmen und vor allem ein medizinisches Fachgutachten erstellen lassen darüber, ob die Behandlung lege artis durchgeführt wurde. Nach **Spann**[4] gilt in diesen Fällen das Motto: "Der Staatsanwalt ist der billigste Rechtsanwalt". Oft wird die Strafanzeige als "Eröffnungszug im 'Kampf' um Schadensersatz und Schmerzensgeld" bezeichnet.[5]

Dieser "Eröffnungszug" bringt die genannten Vorteile für den Patienten nicht allein dann, wenn es tatsächlich zu einer strafrechlichen Verurteilung des Arztes kommt. Wird, wie in vielen Fällen, das Straf-

---

1) Dazu Günter, DRiZ 1982, S.326 ; Ulsenheimer, Arzt und Krankenhaus 1980, H.10, S.31 ; eine entsprechende Entwicklung in der Schweiz konstatiert Hausheer, Schweizerische Juristenzeitung 1977, S.255, Fn.55.
2) So auch Spann, Z.f.d.ges.Vers.wiss. 1978, S.190.
3) Vergl. aber Malek/Endriß, Patientenrechte, S.88 f, die aus anwaltlicher Sicht vor einer übereilten Strafanzeige gegen den Arzt warnen, da danach kaum noch eine gütliche Einigung zu erwarten sei.
4) Spann, a.a.O., S.191.
5) Deutsch, Medizin und Forschung vor Gericht, S.7 ; Ulsenheimer in: Opderbecke/Weißauer, Forensische Probleme in der Anaesthesiologie, S.42 ; hierzu weiter Deutsch, NJW 1982, S.681, sowie Bodenburg, Der ärztliche Kunstfehler als Funktionsbegriff zivilrechtlicher Dogmatik, S.3.

verfahren eingestellt[1], bleibt dem Patienten doch das Ermittlungsergebnis als Grundlage der Überlegung, ob er Zivilklage erheben soll oder nicht.

Deutsch[2] weist in diesem Zusammenhang zwar zutreffend darauf hin, daß nach der neueren Rechtsprechung des Bundesgerichtshofs der Patient auch im Zivilrechtsstreit grundsätzlich Anspruch auf Einsicht in die Krankenunterlagen hat[3] und daß er über Anrufung der inzwischen allgemein bei den Ärztekammern eingerichteten Gutachter- und Schlichtungsstellen auch für ihn kostenlose Fachgutachten erlangen kann.[4] Daraus allerdings eine Schadensersatzpflicht des Patienten abzuleiten für Strafanzeigen gegen den Arzt in Fällen, in denen "nicht eine kriminelle Nachlässigkeit offen zutage liegt", weil solche Strafanzeigen mutwillig oder gar sittenwidrig seien[5], geht aber wohl zu weit und entspricht auch nicht der derzeitigen Praxis.[6]

So muß der Arzt in der Praxis auch in der Zukunft mit einer Strafanzeige bereits dann rechnen, wenn aus der Sicht des Patienten hinreichende Anhaltspunkte für eine nicht sachgerecht durchgeführte oder von seinem Einverständnis nicht umfaßte Maßnahme des Arztes gegeben sind.

---

1) Dazu etwa Günter, DRiZ, 1982, S.334 ; Uhlenbruck, Krankenhausarzt 1975, S.439.
2) Deutsch, NJW 1982, S.682.
3) BGH, MedR 1983, S.62, mit weiteren Nachweisen aus der Rechtsprechung.
4) Vergl. dazu Henschel, Aufgabe und Tätigkeit der Schlichtungs- und Gutachterstellen für Arzthaftpflichtstreitigkeiten, S.50 ff.
5) So Deutsch, a.a.O., S.683.
6) Gegen Deutsch insofern zutreffend Stuhr/Stuhr, NJW 1983, S.319.

2.2 Die Situation in der Anästhesiologie

Ein in oben genannter Beziehung besonders "gefahrenträchtiges" medizinisches Fachgebiet ist die Anästhesiologie[1]. Hierfür sind verschiedene Ursachen zu nennen: Zum einen bleibt auch heute noch festzustellen, daß es - trotz aller Fortschritte der modernen Anästhesiologie sowohl im technisch-apparativen Bereich als auch bei Verfeinerung der Methoden und größerer Beherrschung derselben - kein Anästhesieverfahren gibt, das als gänzlich risikolos für den Patienten bezeichnet werden kann.[2] Jede Narkose ist ein tiefgreifender und nicht ungefährlicher Eingriff in die körperliche Integrität des Patienten. So bezeichnete etwa das Oberlandesgericht Celle in einer - allerdings älteren - Entscheidung "jede Narkose (als) eine Vergiftung des Körpers, die hart an die Grenze des Lebens geht und auch von approbierten Ärzten nur bei großer Erfahrung und Übung vorgenommen werden kann".[3]

Mag dies beim heutigen Stand der anästhesiologischen Wissenschaft auch kraß klingen[4], so lautet doch einer der grundlegenden anästhesiologischen Merksätze nach wie vor:
"Es gibt zwar kleine Operationen, aber keine kleinen Narkosen"[5].

---

1) Lehre von der Schmerzbetäubung:
Man unterscheidet hier allgemein zwischen (Voll-) Narkose als reversibler Betäubung des Organismus mit zentraler Schmerz- und Bewußtseinsausschaltung durch Zuführung von Narkosemitteln (Pschyrembel, Klinisches Wörterbuch, Stichwort 'Narkose') und der Lokalanästhesie, bei der durch unterschiedliche Verfahren lediglich eine Betäubung einzelner Körperpartien oder Körperstellen erfolgt (Pschyrembel, a.a.O., Stichwort 'Lokalanästhesie').

2) Fritsche, Anästh.Inform. 1976, S.322 ; Hutschenreuther, Anästh. Inform. 1976, S.261 ; Opderbecke, Anaesthesie und ärztliche Sorgfaltspflicht, S.4 ; Tschirren, Der Narkosezwischenfall, S.11.

3) OLG Celle, Urt. v. 10.1.1951, Sa 146/50, zit. nach Perret, Arzthaftpflicht, S.110.

4) Vergl. aber Günther, Zahnarzt - Recht und Risiko, S.522, der diese Formulierung als heute noch uneingeschränkt gültig bezeichnet.

5) Benad/Schädlich, Grundriß der Anästhesiologie, S. 169 ; Herden/Lawin, Anästhesie-Fibel, S.95 ; Marrubini, Anaesthesist 1958, S.114 ; Opderbecke, Bild der Wissenschaft 1981, S.61 ; Opderbecke/Weißauer, Anäst.Inform. 1973, S.219 ; für den zahnmedizinischen Bereich Günther, a.a.O., S.481, sowie Pilz/Reimann/Krause, Gerichtliche Medizin für Stomatologen, S.82 ; Hutschenreuther warnt in diesem Zusammenhang aber auch vor einer Unterschätzung des Risikos bei Lokalanästhesien, a.a.O., S.261.

Dabei bildet die anästhesiologische Maßnahme eine zusätzliche Belastung des Patienten neben der durch den eigentlichen, meist operativen Eingriff. Mit dieser Doppelbelastung für die Vitalfunktionen des Patienten ist aber grade der Anästhesist, der für die Kontrolle und Aufrechterhaltung dieser Vitalfunktionen verantwortlich ist, konfrontiert.[1]
Auch hat mit den Fortschritten der operativen Medizin und der Ausweitung der Operationsindikationen auch auf extreme Altersgruppen und Risikopatienten[2] statistisch die Zahl der Fälle zugenommen, in denen schon aus biologischen Gründen das Anästhesierisiko besonders hoch ist.[3]
Eine weitere Ursache liegt aber in der Entwicklung der Anästhesiologie selbst: Wurde gerade die klinische Anästhesiologie früher eher als praktisch-manuelle Hilfstätigkeit[4] angesehen und lag als solche meist in der Hand unerfahrener, jüngerer Ärzte oder Krankenschwestern, so hat sie sich heute – nach ihrer auch formellen Anerkennung in der Bundesrepublik Deutschland als eigenständiges Fachgebiet im Jahr 1953 – zu einer hochspezialisierten Fachdisziplin entwickelt.[5] Über die Auswirkungen dieser Entwicklung auf die rechtliche Beurteilung von Narkosezwischenfällen schreibt **Uhlenbruck** bereits 1972: "Im Bereich der Anästhesiologie (ist) an die Stelle weitgehender Empirie eine strenge kausalanalytische Arbeitsweise auf pharmakologischer, biochemischer und physiologischer Grundlage getreten, die die anästhesiologische Tätigkeit und damit das Narkoserisiko durch gesicherte wissenschaftliche Erkenntnisse aus dem Bereich des unaufklärbaren und schicksalhaften Operationsrisikos herausgerückt hat. Narkoseschäden sind nicht länger der notwendige

---

1) Weißauer in: Opderbecke/Weißauer, Forensische Probleme in der Anaesthesiologie, S.34.
2) Opderbecke, Anaesthesie und ärztliche Sorgfaltspflicht, S.4 ; dazu auch Dick, Anästh.u.Intensivmed. 1984, S.347, sowie Nissen, DMW 1960, S.313 ff.
3) Vergl. etwa Spann, Z.f.d.ges.Vers.wiss. 1978, S.190 ; zur Statistik des Anästhesierisikos weiter Hutschenreuther, Anästh.Inform. 1976, S.261 ff, sowie insbesondere Langrehr in: Opderbecke/Weißauer, a.a.O., S.75 ff, und Opderbecke, a.a.O., S.21 ff, jeweils mit zahlreichen weiteren Nachweisen ; vergl. weiter Pribilla in: Mergen, Die juristische Problematik in der Medizin, Bd. I, S.152 ff ; ders., Anästh.Inform. 1979, S.221 ff.
4) Uhlenbruck, NJW 1972, S.2201.
5) Zur Geschichte der Anästhesie vergl. etwa Herden/Lawin, Anästhesie-Fibel, S.2 ff.

Tribut an die moderne Medizin. Sie sind justitiabel geworden."[1]
An anderer Stelle prognostiziert er - mit gutem Recht, wie die spätere Zeit erwiesen hat: "Je ausgeglichener die personelle Situation, je perfekter die Narkosemethoden und ihre Anwendungstechnik, umso strenger werden die Anforderungen sein, die an eine ordnungsgemäße anästhesiologische Versorgung des Patienten zu stellen sind."[2] Häufig wird diese Situation dahingehend beschrieben, daß gerade der Anästhesist Gefahr läuft, wie kaum ein anderer Fachvertreter ein 'Opfer' der Perfektion seiner Methoden zu werden.[3]

Tatsächlich führt aber die Perfektionierung moderner Anästhesieverfahren auch zu einer vermehrten Gefahr technischer Pannen oder menschlicher Fehler, so daß auch in dieser Hinsicht an den Arzt um so größere Anforderungen gestellt werden, je weiter die technische Entwicklung voranschreitet und je anspruchsvoller die angewandten Methoden werden.

Dementsprechend belegen etwa die verschiedenen von **Opderbecke** zusammengestellten Studien die bedeutende Rolle von - vermeidbaren - Fehlern und Mängeln der Narkosetechnik gegenüber den toxischen Einflüssen des Narkosemittels oder auch die große Zahl von Zwischenfällen als Folge mangelhafter Überwachung durch unerfahrenes Personal.[4] Dieses von der ärztlichen Sorgfalt und Erfahrung abhängige "methodische Risiko"[5] beläuft sich in einzelnen Untersuchungen auf bis zu 50 % der untersuchten Zwischenfälle.

So bezeichnen etwa **Lutz** und **Peter**[6] "die Person, die mit der Durchführung der Narkose betraut ist," als wesentlichen "anästhesiologischen Risikofaktor." Und dies gilt keineswegs allein für den klinisch

---

1) Uhlenbruck, NJW 1972, S.2201.
2) Uhlenbruck, Arztrecht 1973, S.185.
3) Opderbecke in: Opderbecke/Weißauer, Forensische Probleme in der Anaesthesiologie, S.13 ; ähnlich auch Pribilla, Anästh.Inform. 1976, S. 613, und Weißauer, Anästh.Inform. 1976, S.267.
4) Opderbecke, Anaesthesie und ärztliche Sorgfaltspflicht, S.21 ff, insbes. S.25 ff ; dazu auch Peter/Unertl/Heurich/Mai/Brunner, Anästh.u.Intensivmed. 1980, S.242 f.
5) Opderbecke, Anaesthesie und ärztliche Sorgfaltspflicht, S.33.
6) Lutz/Peter, Langenbecks Archiv 334 (1973), S.682 ; ähnlich Peter/Unertl in: Lawin/Huth, Grenzen der ärztlichen Aufklärungs- und Behandlungspflicht, S.57.

tätigen Anästhesisten. Betroffen ist jeder Arzt, der anästhesiologisch tätig wird. Das kann, etwa bei kleineren Eingriffen in der Praxis, der niedergelassene Arzt sein oder auch der Operateur im Krankenhaus, der selbst die Anästhesie vornimmt. Betroffen sein kann aber vor allem auch der Zahnarzt: **Günther** etwa berichtet von 44 Fällen, in denen nach Komplikationen bei der Schmerzausschaltung Haftpflichtansprüche gegen Zahnärzte gestellt wurden.[1]

Das somit jeder Betäubung anhaftende medizinische Risiko für den Patienten wird – wie **Weißauer** zutreffend bemerkt[2] – mehr und mehr zugleich zum forensischen Risiko für den Arzt.

Dies wird eindrucksvoll belegt einmal durch den hohen Anteil von Narkosezwischenfällen bei geltend gemachten Haftpflichtansprüchen: **Dirnhofer**[3] beziffert diesen – nach der Statistik der Winterthur-Versicherung, bei der über die Hälfte der in der Bundesrepublik Deutschland praktizierenden Ärzte versichert sind – für den Zeitraum 1969-1979 mit über 10 %. Nach **Herbrand**[4] standen Haftpflichtschäden im Zusammenhang mit Narkose, Operationsvorbereitung, Schmerzbekämpfung und Wiederbelebung unter 16 Gruppen etwa im gleichen Zeitraum an vierter Stelle. Nach **Knappen**[5] ist die Anästhesie sogar das risikoreichste Fachgebiet der Medizin. Entsprechende Zahlen nennt **Weißauer**[6] auch für die USA, allerdings für das Jahr 1969. Inzwischen ist nach **Snow** auch dort die Anästhesiologie das "prozeßträchtigste" Gebiet der Medizin.[7] In Frankreich betrafen nach **Hausheer**[8] im Jahr

---

1) Günther, Zahnarzt – Recht und Risiko, S.523 ff, mit einer Darstellung der Fälle im einzelnen ; zu Anästhesiekomplikationen und Todesfällen in der zahnärztlichen Praxis auch Pilz/Reimann/Krause, Gerichtliche Medizin für Stomatologen, S.81 ff.
2) Weißauer in: Opderbecke/Weißauer, Forensische Probleme in der Anaesthesiologie, S.34 ; ders., Anästh.Inform. 1976, S.267.
3) Dirnhofer in: Schick, Die Haftung des Arztes, S.14.
4) Herbrand in: Hymmen/Ritter, Behandlungsfehler – Haftung des operativ tätigen Arztes, S.108.
5) Knappen bei Becker/Deutsch/Knappen/Nüßgens, Laryng.Rhinol. 1975, S.787.
6) Weißauer, Inform.d.Berufsverb.d.Dt.Chirurgen 1969, S.1 ; ders., MMW 1969, S.1359 ; ebenso Schweisheimer, DÄBl. 1966, S.31.
7) Snow, Manual der Anästhesie, S.19.
8) Hausheer, Schweizerische Juristenzeitung 1977, S.255, Fn.55.

1970 von 155 Schadensersatzbegehren an die drei größten Versicherungsgesellschaften sogar 90 die Anästhesie.

Im strafrechtlichen Bereich ist dieser Anteil sogar noch höher: So betrafen von den von **Ulsenheimer**[1] ausgewerteten 135 arztstrafrechtlichen Verfahren aus den Jahren 1980-1983 49, also über ein Drittel, den Anästhesiebereich. Dieser stand damit unter zehn Fachgebieten unmittelbar nach Verfahren bezüglich chirurgischer Behandlungsfehler an zweiter Stelle.

Dieser vergleichsweise hohe Anteil sowohl zivil- als auch strafrechtlicher Verfahren gegen Anästhesisten sowie deren ständige Zunahme veranlaßten dann auch die Deutsche Gesellschaft für Anästhesiologie und Intensivmedizin und den Berufsverband Deutscher Anästhesisten, diesen Problemen ein eigenes interdisziplinäres Symposium von Medizinern und Juristen zu widmen, das im Oktober 1980 in Nürnberg stattfand.[2]

Weiterhin hat inzwischen - gerade durch die hohe Rate von gegen Anästhesisten eingeleiteten Strafverfahren veranlaßt - der Berufsverband Deutscher Anästhesisten mit Wirkung vom 1. Januar 1981 für alle seine berufstätigen Mitglieder eine Strafrechtsschutzversicherung abgeschlossen.[3]

---

1) Ulsenheimer, Inform.d.Berufsverb.d.Dt.Chirurgen 1984, S.77.

2) Die dort gehaltenen Beiträge und Diskussionen sind wiedergegeben Opderbecke/Weißauer, Forensische Probleme in der Anaesthesiologie.

3) Vergl. die entsprechenden Mitteilungen von Zierl, Anästh.u.Intensivmed. 1981, S.3 f, und Zierl/Weißauer, Anästh.u.Intensivmed. 1984, S.483.

3 Strafrechtliche Bewertung ärztlichen Handelns

3.1 Der Heileingriff als Körperverletzung

Eine wesentliche Ausgangsfrage für die Beurteilung ärztlichen Handelns aus strafrechtlicher Sicht ist die grundsätzliche dogmatische Bewertung des Heileingriffs. Die Frage, ob dieser tatbestandlich als Körperverletzung anzusehen ist, ist eine der am ausgiebigsten und längsten diskutierten im deutschen[1] Strafrecht überhaupt.[2] Der Meinungsstand sei daher im folgenden nur in wesentlichen Zügen dargestellt:

3.1.1 Die Auffassung der Rechtsprechung

Für die Praxis von entscheidender Bedeutung ist zunächst, daß entgegen der Auffassung der ganz überwiegenden Literatur[3] schon das Reichsgericht seit seiner Entscheidung vom 31. Mai 1894[4] ständig davon ausging, daß jede ärztliche Maßnahme, die in die körperliche Integrität des Patienten eingreift, den Tatbestand einer Körperverletzung erfüllt.[5]
Diese Rechtsprechung hat der Bundesgerichtshof fortgeführt.[6] Nach ihr kommt es nicht darauf an, ob die Behandlung fehlerhaft oder kunstgerecht durchgeführt, erfolgreich oder erfolglos ist. Auch ist nicht entscheidend die Dauer des Eingriffs oder, daß er, wie die kunstgerecht durchgeführte Anästhesie, reversibel ist. So führte bereits das Reichsgericht speziell im Hinblick auf die Narkose aus:

---

1) Diese Frage ist aber auch etwa in der Schweiz umstritten, vergl. Hausheer in: Deutsch/Schreiber, Medical Responsibility in Western Europe, S. 741.
2) Zur Geschichte dieser Kontroverse in der Strafrechtswissenschaft Bockelmann, ZStW 93 (1981), S.105 ff.
3) Vergl. dazu sogleich unter 3.1.2.
4) RGSt 25, S.375.
5) RGSt 38, S.34 ; 61, S.393 ; 74, S.92.
6) BGHSt 11, S.111 ; 12, S.379 ; 16, S.309 ; weiter OLG Hamm, MDR 1963, S.520 ; OLG Hamburg, NJW 1975, S.603 ; OLG Karlsruhe, NJW 1983, S.352 ; zustimmend Arzt/Weber, Strafrecht BT LH 1, S.119 f ; Baumann, NJW 1958, S.2092 ff ; Baumann/Weber, Strafrecht AT, S.183 f ; Horn in SK, § 223, Rn. 35 f ; Krey, Strafrecht BT I, S.69 f ; Schwalm, Bockelmann-FS, S.540.

"Da es nach dem Gesetz unerheblich ist, ob die Gesundheitsbeschädigung für eine lange oder für eine kurze Zeit hervorgerufen wird, ist auch die Versetzung in einen Rausch- oder in einen Betäubungszustand, bei dem das Bewußtsein verloren geht, als eine Veränderung des gesunden Zustandes des Betroffenen, als eine Beschädigung seiner Gesundheit...und damit als Körperverletzung im Sinne des Gesetzes zu erachten."[1]

Danach bedarf auch die kunstgerecht durchgeführte anästhesiologische Maßnahme wie jeder ärztliche Eingriff einer besonderen Rechtfertigung, die ihre zunächst indizierte Rechtswidrigkeit entfallen läßt. Erst auf dieser Stufe der Rechtswidrigkeit wird nach der gegenwärtigen Rechtspraxis geprüft, ob der Eingriff rechtmäßig ist oder nicht.[2]

---

1) RG, DR 1942, S.333.

2) Ähnlich auch der Ansatz der zivilrechtlichen Judikatur, soweit sie ärztliches Handeln unter deliktsrechtlichen Gesichtspunkten untersucht: Die nach § 823 Abs. 1 BGB zur Begründung einer Schadensersatzverpflichtung grundsätzlich zu prüfende "Widerrechtlichkeit" einer auch bei einem lege artis durchgeführten Eingriff stattfindenden Verletzung des Körpers entfällt dann, wenn der Eingriff durch die Einwilligung des Patienten gerechtfertigt ist, vergl. etwa BGH, NJW 1963, S.393; 1966, S.1855 ; 1971, S.1887 ; 1974, S.1422 ; 1980, S.1905.

3.1.2 Die Auffassungen der herrschenden Lehre

Diese tatbestandliche Einordnung des Heileingriffs als Körperverletzung durch die Rechtsprechung wird seit jeher von der überwiegenden Literatur[1] abgelehnt, da Rechtsgut der §§ 223 ff. des Strafgesetzbuchs nicht das Selbstbestimmungsrecht des Patienten sei, sondern sein körperliches Wohl und seine körperliche Integrität. Die Behandlung des kranken Patienten zur Wiederherstellung seiner Gesundheit könne aber gerade nicht als Verletzung seines Körpers - im Sinne einer Körperinteressenverletzung[2] - eingestuft werden.[3]

Im Gegensatz zur Judikatur[4] untersucht die Lehre dabei nicht die einzelnen "Verletzungs"-handlungen des Arztes - Injektion, Schnitt etc. - sondern betrachtet den zur Heilung vorgenommenen Gesamteingriff als nicht aufzuspaltende Einheit.[5]

---

1) Vergl. aus dem außerordentlich umfangreichen Schrifttum etwa Blei, Strafrecht II BT, § 14 IV ; Bockelmann, Strafrecht des Arztes, S.66 ff ; Brügmann, NJW 1977, S.1474 ; Engisch, ZStW 58 (1939), S.5 ; ders., ZStW 70 (1958), S. 592 ; Eser, ZStW 97 (1985), S.6 ff; ders. in: Schönke/Schröder, Strafgesetzbuch, § 223, Rn.31 ff ; Grünwald, ZStW 73 (1961), S.9 ; Hardwig, GA 1965, S.166 ; Hirsch in LK, Vor § 223, Rn.3 ff ; Jeschek, Lehrbuch des Strafrechts AT, § 34 III 3a ; Kaufmann, ZStW 73 (1961), S.372 ff ; Krauß, Bockelmann-FS, S.560 ; Maurach/Schröder, Strafrecht BT I, § 8 II 2 ; Niese, E.Schmidt-FS, S.367 ; Proske in: Schick, Die Haftung des Arztes, S.102 ; Rudolphi, JR 1975, S.512 ; E.Schmidt, Der Arzt im Strafrecht, S.69 ff ; ders., Gutachten für den 44. Deutschen Juristentag, Bd. I, 4. Teil, S.21 f ; Tröndle, MDR 1983, S.881 ; ders. in: Dreher/Tröndle, Strafgesetzbuch, § 223, Rn. 9b ; Welzel, Das Deutsche Strafrecht, § 39 I 3a ; Wessels, Strafrecht BT I, § 6 I 2 ; Zipf, Bockelmann-FS, S.583, zu den Differenzierungen innerhalb der herrschenden Lehre vergleiche unten S.16 ff.

2) Vergl. bereits Engisch, ZStW 58 (1939), S.5.

3) Vergl. das in der arztrechtlichen Literatur schon beinahe geflügelte Wort der unzulässigen "Gleichstellung des Arztes mit dem Messerstecher" - so etwa Bockelmann, Strafrecht des Arztes, S.62.

4) Vergl. etwa RGSt 25, 375, 378.

5) Etwa Bockelmann, a.a.O., S.66 ; Hirsch a.a.O. § 223, Rn.3 ; Maurach/Schröder, a.a.O., § 8 II 2.

Ausgehend von dieser weithin gemeinsamen Grundlage gehen die Ansichten allerdings darüber auseinander, welche ärztlichen Maßnahmen insoweit als "Heileingriff" einzuordnen und damit nicht als tatbestandliche Körperverletzung zu werten seien:

Zum Teil wird hier differenziert danach, ob der Eingriff gelungen, d. h. erfolgreich oder mißlungen ist.[1] Nach dieser Auffassung liegt also eine Körperverletzung i. S. d. § 223 StGB bereits tatbestandlich nicht vor, wenn im Gesamtergebnis das körperliche Befinden des Patienten verbessert wurde oder zumindest gleich geblieben ist. Ist sein Zustand hingegen nach dem Eingriff schlechter, als wenn dieser unterblieben wäre, so ist der Tatbestand der Körperverletzung gegeben; diese kann aber durch eine Einwilligung des Patienten, welche ggf. auch das Erfolgsrisiko deckt[2], gerechtfertigt sein.

Die beschriebene Auffassung unterwirft, da der "Erfolg" des Eingriffs zum maßgeblichen Kriterium erhoben wird, den Arzt einem beträchtlichen Erfolgsrisiko. Aus diesem Grunde stellen andere Autoren darauf ab, ob der zum Zweck der Heilung vorgenommene Eingriff kunstgerecht durchgeführt wurde.[3] Sei dies gegeben, so stelle der Eingriff selbst im Falle des Mißlingens keine tatbestandsmäßige Körperverletzung dar.

So berechtigt aus dogmatischer Sicht die vor allem schutzgutorientierte Kritik der genannten Autoren an der Rechtsprechung sein mag, führt sie doch auf der Grundlage des geltenden Rechts in Fällen eines zwar gelungenen bzw. kunstgerecht durchgeführten, aber eigenmächtigen Heileingriffs zu einer beträchtlichen Schutzlücke.[4]

---

1) So etwa Bockelmann, Strafrecht des Arztes, S.66 ff ; Hardwig, GA 1965, S.163 ; Kaufmann, ZStW 73 (1961), S.373 ; Maurach/Schröder, Strafrecht BT I, § 8 II 2.

2) Maurach/Schröder, a.a.O., § 8 II 3.

3) So etwa Engisch, ZStW 58 (1939), S.9 ; E. Schmidt, Der Arzt im Strafrecht, S.69 ff ; Welzel, Das deutsche Strafrecht, § 39 I 3 a.

4) So zutreffend Eser in: Schönke/Schröder, Strafgesetzbuch, § 223, Rn.30; Grünwald, ZStW 73 (1961), S.9 ; Kaufmann, ZStW 73 (1961), S.374; zur insoweit teilweise versuchten Schließung dieser Schutzlücke durch Rückgriff auf die Freiheitsdelikte vergl. unten S. 19.

Eine vermittelnde Auffassung hinsichtlich der Wertung des ärztlichen Heileingriffs als tatbestandliche Körperverletzung vertreten daher - jedenfalls bis zu einer gesetzlichen Neuregelung - etwa **Eser**[1], **Horn**[2] und **Krauß**[3]: Im Interesse eines sachgerechten Ausgleichs zwischen dem Bedürfnis des Patienten nach Wahrung seiner Gesundheit und Achtung seines Selbstbestimmungsrechts einerseits und dem Bedürfnis des Arztes nach einer von strafrechtlicher Diskriminierung freien Tätigkeit andererseits ist nach diesen Autoren zu unterscheiden zwischen Heilmaßnahmen mit bzw. ohne wesentliche <u>Substanzveränderungen.</u> Eine gelungene Heilmaßnahme, die ohne wesentlichen Substanzverlust erfolge, könne schon objektiv keine Körperverletzung, also eine das körperliche Wohlbefinden beeinträchtigende üble Behandlung oder eine "Gesundheitsbeschädigung" i. S. d. § 223 StGB sein, ohne daß es darauf ankomme, ob der Eingriff im Einverständnis des Patienten erfolge. Auch sei die Kunstgerechtheit der Maßnahme nicht entscheidend, wenn nicht die lex artis in so gravierender Weise verletzt werde, daß darin eine "Mißhandlung" i. S. d. § 223 StGB gesehen werden müsse, wie beispielsweise bei einer völlig unzureichenden Betäubung.[4]

Bei Eingriffen mit wesentlichen Veränderungen oder gar Einbußen der körperlichen Substanz sei demgegenüber der Tatbestand der Körperverletzung nur dann ausgeschlossen, wenn ein entsprechendes Einverständnis des Patienten vorliege.[5]

Dieser Auffassung ist in jedem Fall zuzugeben, daß sie de lege lata zumindest in die körperliche Integrität gravierend berührenden Fällen dem Selbstbestimmungsrecht des Patienten einen wirkungsvollen strafrechtlichen Schutz zukommen läßt. Gleichwohl sieht sich die genannte Ansicht mit dem schwer lösbaren Problem konfrontiert, daß ab einer gewissen "Eingriffsschwere" ärztlichen Handelns über die reine körperliche Unversehrtheit hinaus das Selbstbestimmungsrecht des Patienten doch wieder zumindest mit in den Schutzbereich der Körperverletzungsdelikte einbezogen wird.[6]

---

1) Eser, a.a.O., § 223, Rn.31 ff im Anschluß an Schröder in: Schönke/Schröder, Strafgesetzbuch, 17. Auflage, § 223, Rn.8 ff.

2) Horn in SK, § 223, Rn.35 ff.

3) Krauß Bockelmann-FS, S.557.

4) So Eser in: Schönke/Schröder, Strafgesetzbuch, § 223, Rn.32.

5) Eser, a.a.O., § 223 Rn.33 ff.

6) So zutreffend Hirsch in: LK, vor § 223, Rn.4.

Einen Ausweg aus der geschilderten Konfliktsituation, zu einer systematisch klaren, andererseits aber auch den praktischen Schutzbedürfnissen des Patienten gerecht werdenden Lösung zu gelangen, suchen bekanntlich die nunmehr bereits seit Jahrzehnten bestehenden Reformbestrebungen. So wollten schon der Entwurf eines Strafgesetzbuches aus dem Jahre 1962 E 1962 in § 162 und der Alternativentwurf in § 123 wie etwa § 110 des heutigen österreichischen Strafgesetzbuches bei einer grundsätzlichen Ausgliederung des ärztlichen Heileingriffs aus den strafrechtlichen Körperverletzungstatbeständen eigenmächtige ärztliche Maßnahmen einer gesonderten Sanktion unterwerfen.[1]

Erst wenn diese Reformbestrebungen Erfolg zeitigen und entsprechend eine besondere Strafvorschrift über die eigenmächtige Heilbehandlung eingeführt sein wird, die den Schutz des Selbstbestimmungsrechtes des Patienten über seinen Körper sicherstellt, wird sich die gegenwärtige unbefriedigende Rechtslage ändern lassen. Bis dahin wird man jedenfalls für die Praxis auch für die Zukunft den Ausgangspunkt einer nunmehr seit fast 100 Jahren gefestigten höchstrichterlichen Rechtsprechung, wie oben geschildert, zu berücksichtigen haben.

Wie immer de lege lata die Frage der Tatbestandsmäßigkeit des Heileingriffs als Körperverletzung beurteilt werden mag, wird - darauf sei an dieser Stelle ausdrücklich hingewiesen - eine medizinisch fehlerhaft durchgeführte Maßnahme in aller Regel auch nicht durch eine Einwilligung des Patienten gerechtfertigt sein, da dieser generell nur mit einer kunstgerecht durchgeführten Behandlung einverstanden ist.[2] Ein solcher, fehlerhaft durchgeführter Eingriff ist daher grundsätzlich nicht nur tatbestandlich als Körperverletzung, sondern auch als rechtswidrig anzusehen.

---

1) Zur gesetzlichen Regelung de lege ferenda vergl. etwa Wilts, MDR 1970, S.971 und MDR 1971, S.4.
2) Bockelmann, Strafrecht des Arztes, S.61 ; Eser in: Schönke/Schröder, Strafgesetzbuch, § 223, Rn.51 ; Hirsch in: LK, § 226a, Rn.32, jeweils mit weiteren Nachweisen.

3.2 Der Heileingriff als Freiheitsdelikt?

Insbesondere von einzelnen Autoren, welche eine Einordnung des ärztlichen Heileingriffs als tatbestandliche Körperverletzung ablehnen, wird versucht, für Fälle eigenmächtigen ärztlichen Handelns einen auch strafrechtlichen Schutz zu schaffen durch einen Rückgriff auf die Freiheitsdelikte der § 239 StGB - Tatbestand der Freiheitsberaubung - und § 240 StGB - Nötigung -.[1]

Ein eigenmächtiger Heileingriff wird aber allenfalls im Ausnahmefall den Tatbestand einer Nötigung i. S. d. § 240 StGB erfüllen. Dieser setzt voraus, daß der Arzt in einem solchen Fall wirklich Gewalt oder Drohung mit einem empfindlichen Übel anwendet, um die Duldung des Eingriffs zu erzwingen.[2] Keinesfalls reicht es demgegenüber aus, wenn der Arzt etwa gar keiner Ablehnung begegnet oder der Kranke die Behandlung quasi "über sich ergehen läßt" oder mit dem, was ihm geschieht, einverstanden ist.[3]

Dies gilt nach herrschender Ansicht sogar dann, wenn der Patient mit der Betäubung infolge einer Täuschung - falls man eine nicht erfolgte Aufklärung als solche auffassen wollte - einverstanden war[4], denn in einem solchen Fall fehlt es gerade an dem entscheidenden Moment des Zwangs.

Nicht anders wird aber in aller Regel im Ergebnis eine denkbare Subsumtion eines eigenmächtigen ärztlichen Eingriffs unter die Tatbestandsmerkmale der Freiheitsberaubung gemäß § 239 StGB ausfallen: Ist der Patient noch so lückenhaft und unvollständig über die Tragweite des Eingriffs aufgeklärt, erklärt gleichwohl aber sein Einverständnis in die Narkose oder sonstige Betäubung, wird er eben nicht durch Gewalt oder Drohung "des Gebrauchs seiner persönlichen Freiheit beraubt".

Durch einen Rückgriff auf die Freiheitsdelikte ist demnach de lege lata ein strafrechtlich begründeter, wirkungsvoller Schutz des Patienten vor eigenmächtigen Eingriffen in seine körperliche Integrität nicht zu erreichen.

---

1) So etwa E. Schmidt, Der Arzt im Strafrecht, S.91, 110 ff, weiter Kaufmann, ZStW 73 (1961), S.372 m. w. N. ; zum Teil wird sogar eine Anwendung der Ehrenschutzdelikte - insbesondere § 185 StGB - erwogen, so etwa Maurach/Schröder, Strafrecht BT I, § 8 II 2.

2) Bockelmann, Strafrecht des Arztes, S.70 ; ähnlich E. Schmidt, a.a.O., S.112.

3) Bockelmann, a.a.O., S.70 ; Schröder, NJW 1961, S.953.

4) Vergl. etwa Eser in: Schönke/Schröder, Strafgesetzbuch, Vorbem. §§ 234 ff, Rn.21.

Damit zeichnen sich jenseits aller Fragen der dogmatischen Einordnung die beiden Schwerpunkte ab, von denen auch das ärztliche Strafrecht[1] heute entscheidend geprägt wird:

Zur Diskussion stehen zum einen die Fälle, in denen es an einer den rechtlichen Postulaten genügenden, wirksamen Einwilligung fehlt, zum andern diejenigen, in denen dem Arzt auf medizinischem Gebiet, bei der eigentlichen Behandlung, Fehler vorzuwerfen sind.[2]

Gemeinsamer Ausgangspunkt ist in beiden Fällen, daß der Arzt objektiv gegen ihm obliegende Pflichten verstößt. Im Folgenden gilt es daher zunächst, Inhalt, Umfang und Reichweite dieser Sorgfaltspflichten des anästhesiologisch tätigen Arztes zu bestimmen.

4 Der Verantwortungsbereich des Anästhesisten

Vorab stellt sich insoweit aber ein Komplex von Fragen, der wegen seiner übergreifenden Bedeutung bereits an dieser Stelle behandelt werden soll:

Eine strafrechtliche Verantwortlichkeit des Arztes kann nur dort bestehen, wo bestimmte Handlungs- oder Unterlassungspflichten gerade dieses Arztes tangiert sind. Denn anders als im Zivilrecht, welches in § 278 Abs.I BGB und § 831 Abs.I BGB eine Haftung für das Fehlverhalten anderer Personen auch ohne eigene Pflichtverletzung kennt, gilt im Strafrecht der Grundsatz der <u>Eigenverantwortung</u>.[3]

---

1) Auch im Bereich zivilrechtlicher Arzthaftung liegen hier die "Schlüsselstellen", so etwa Schlosshauer-Selbach, DRiZ 1982, S.361.

2) Diesen beiden Fallgruppen gegenüber spielen jedenfalls für die hier behandelte strafrechtliche Verantwortlichkeit des anästhesiologisch tätigen Arztes die Fragen einer überhaupt nicht zu Heilzwecken indizierten Behandlung (vergl. dazu etwa Eser in: Schönke/Schröder, Strafgesetzbuch, § 223, Rn.50) praktisch keine Rolle, sie sollen im Folgenden außer Betracht bleiben.

3) Hanack, ÄM 1959, S.498 ; Kamps, Ärztliche Arbeitsteilung und strafrechtliches Fahrlässigkeitsdelikt, S.222 ; Maihofer, Archiv klin. exp. Ohren-, Nasen- und Kehlkopfheilkunde 187 (1966), S.531; Rieger, DMW 1978, S.771 ; Siegmund-Schultze/Weißauer, Arztrecht 1972, S.44 ; Stratenwerth, E.Schmidt-FS, S.392 f ; ders., Strafrecht AT I, S.308 ; Weißauer, Inform.d.Berufsverb.d.Dt.Chirurgen 1969, S.36 ; Wilhelm, MedR 1983, S.45 ; dies., Verantwortung und Vertrauen bei Arbeitsteilung in der Medizin, S.27 ff.

Das bedeutet, daß strafrechtlich nur derjenige zur Verantwortung gezogen werden kann, der durch sein eigenes rechtswidriges und schuldhaftes Verhalten den Tatbestand einer strafbaren Handlung erfüllt.[1]
Keine Probleme wirft dieser Grundsatz dann auf, wenn der Patient von lediglich einem Arzt behandelt wird. Dieser hat nicht nur zivilrechtlich aufgrund des Behandlungsvertrages für die Qualität seiner ärztlichen Maßnahmen einzustehen, er ist auch strafrechtlich verantwortlich für Mängel dieser Maßnahmen.
Anders ist es aber, wenn die Behandlung von mehreren Personen durchgeführt wird, sei es in Gestalt einer Zusammenarbeit zwischen Operateur und Anästhesist, sei es, daß der anästhesierende Arzt bestimmte Aufgaben an ärztliche oder nichtärztliche Mitarbeiter delegiert.

Der Patient, der ein konkretes Leiden behoben sehen möchte, begibt sich "vorrangig zur Operation und nicht zur Narkose in die Klinik"[2]. Erstere wird daher im Mittelpunkt seines Interesses stehen, der Anästhesie wird er oft gar keine oder nur geringe selbständige Bedeutung zumessen, häufig wird er die gesamte Behandlung als Einheit empfinden.[3] Gerade im klinischen Bereich der Anästhesiologie wird aber in aller Regel nicht ein Arzt alleine tätig, sondern fast immer in enger Kooperation mit andern Vertretern seines Fachs oder solchen anderer Fächer.[4] Zum andern ist die "rapide Expansion medizinischer Leistungen" speziell dieses Fachgebiets[5] undenkbar ohne eine Entlastung des Anästhesisten durch nichtärztliches Personal.

---

1) Goldhahn/Hartmann, Chirurgie und Recht, S.49 f ; Wilhelm, Verantwortung und Vertrauen bei Arbeitsteilung in der Medizin, S.28.
2) BGH, NJW 1980, S.650.
3) Hierzu auch Hümmer, Klinikarzt 1981, S.1133.
4) Die besondere Notwendigkeit rechtlicher Standortbestimmung grade für die Anästhesiologie als Querschnittsfach betont zu Recht Weißauer, Anästh.u.Intensivmed. 1983, S.101 ; weiter ders., Chirurg 1972, S.3 ; Opderbecke, Anaesthesie und ärztliche Sorgfaltspflicht, S.3 ; ders. in: Opderbecke/Weißauer, Forensische Probleme in der Anaesthesiologie, S.13.
5) Opderbecke, Anaesthesie und ärztliche Sorgfaltspflicht, S.40 ; ähnlich Uhlenbruck, NJW 1972, S.2203.

Sowohl im medizinischen Interesse einer reibungslosen und geordneten Zusammenarbeit als auch zur rechtlichen Beurteilung der jeweiligen ärztlichen Tätigkeiten ist hier eine Klärung und Abgrenzung der Verantwortungsbereiche der an der Behandlung beteiligten Personen unerläßlich. Zunächst sollen insofern lediglich die Grundsätze dargestellt werden, ihre Bedeutung im Hinblick auf einzelne Pflichten des Arztes wird an entsprechender Stelle erörtert.

4.1 Das Verhältnis zwischen Anästhesist und Operateur

Der erste Fragenbereich betrifft die Beziehung des Anästhesisten zu dem den eigentlichen Eingriff durchführenden Chirurgen: Noch in den sechziger Jahren, also kurz nach Einführung eines eigenständigen Fachgebiets für Anästhesie, wurde vertreten, daß der Anästhesist lediglich "Erfüllungsgehilfe" des Chirurgen sei und sich dessen Weisungen unterzuordnen habe.[1] Dementsprechend sollte strafrechtlich dem Operateur trotz der Mitarbeit eines Fachanästhesisten eine allumfassende Verantwortung für das gesamte Operationsgeschehen obliegen.[2]

Demgegenüber ist heute wohl allgemein anerkannt, daß beide Fachvertreter gleichwertig und selbständig nebeneinanderstehen und eine Weisungsbefugnis zwischen ihnen grundsätzlich nicht besteht.[3] Die interdisziplinäre Zusammenarbeit zwischen Chirurg und Anästhesist wird vielmehr heute von zwei wesentlichen Grundsätzen beherrscht: dem Grundsatz der strikten Arbeitsteilung und dem Vertrauensgrundsatz.

---

1) So insbesondere Engisch, Langenbecks Archiv 297 (1961), S.237, 246 f, 249 f.

2) Engisch, a.a.O., S.252 ; gegen ihn aus ärztlicher Sicht schon Nissen, Anaesthesist 1963, S.265 ff, und Frey, Anaesthesist 1963, S.270 f.

3) Fieser, Das Strafrecht des Anaesthesisten, S.168 ff ; Hinderling, Anaesthesist 1963, S.268 ; Jung, Saarl.ÄBl. 1971, S.295 ; Kamps, Ärztliche Arbeitsteilung und strafrechtliches Fahrlässigkeitsdelikt, S.219 ; Narr, Ärztliches Berufsrecht, Rn.891 ; Opderbecke, Krankenhausarzt 1967, S.56 f ; ders., Anaesthesie und ärztliche Sorgfaltspflicht, S.13 ; ders., MedR 1984, S.234 ; Rieger, DMW 1978, S.769 ; Stratenwerth, Anaesthesist 1963, S.269 f ; ders., E.Schmidt-FS, S.383 ff ; Siegmund-Schultze/Weißauer, Arztrecht 1972, S.43 ; Weißauer, Anästh.u.Intensivmed. 1982, S.259 f ; ders., MedR 1983, S.93 ; aus rechtsvergleichender Sicht auch Marrubini, Anaesthesist 1958, S.115 f.

Der Grundsatz der Arbeitsteilung in diesem Bereich bedeutet, daß der Chirurg zuständig und verantwortlich ist für die Planung und Durchführung des operativen Eingriffs, der Anästhesist dagegen für Planung und Durchführung des Betäubungsverfahrens sowie für die Überwachung und Aufrechterhaltung der vitalen Funktionen.[1]

Der mit dem Grundsatz der Arbeitsteilung eng zusammenhängende Vertrauensgrundsatz bedeutet, daß jeder der beiden Ärzte im Interesse eines geordneten Operationsablaufs darauf vertrauen kann und muß, daß sein Partner die erforderliche Qualifikation besitzt und seine Aufgaben mit der gebotenen Sorgfalt wahrnimmt. Eine gegenseitige Überwachungspflicht besteht insoweit nicht, es sei denn, es wären grobe Qualifikationsmängel erkennbar. Dieser Grundsatz wurde für den Bereich des Straßenverkehrs entwickelt[2] und zunächst von **Weißauer** auf das Verhältnis zwischen Chirurgie und Anästhesie übertragen.[3] Für diesen Bereich ärztlicher Zusammenarbeit ist der Vertrauensgrundsatz heute in der arztrechtlichen Literatur allgemein anerkannt[4], die fachärztliche Kooperation zwischen Anästhesist und Chirurg wird sogar als "Domäne" des Vertrauensgrundsatzes bezeichnet.[5]

---

1) Dazu schon Bauer, Langenbecks Archiv 282 (1955), S.171 ; weiter Kamps, Ärztliche Arbeitsteilung und strafrechtliches Fahrlässigkeitsdelikt, S.218 f; Opderbecke in: Opderbecke/Weißauer, Forensische Probleme in der Anaesthesiologie, S.15 ; Weißauer, Chirurg 1972, S.4 ; Wiemers, Chirurg 1972, S.2.

2) RG, RGSt 70, S.73 f ; BGH, BGHSt 7, S.118 ; 9, S.92 ; 12, S.83 ; 14, S.211 ; Jagusch, Straßenverkehrsrecht, Einl. Rn.136 ; anders Kamps, Ärztliche Arbeitsteilung und strafrechtliches Fahrlässigkeitsdelikt, S.199, der den Vertrauensgrundsatz sogar gerade für das Arztrecht entwickelt sieht.

3) Weißauer, Anaesthesist 1962, S.239 ff ; ders., Anaesthesist 1964, S.385 ff ; ders., Anästh.Inform. 1971, S.80 ff.

4) Carstensen, Langenbecks Archiv 355 (1981), S.572 ; Carstensen/Schreiber in: Jung/Schreiber, Arzt und Patient zwischen Therapie und Recht, S.172 ; Franzki, Inform.d.Berufsverb.d.Dt.Chirurgen 1985, S.167 ; Hildebrandt, Anästh.u.Intensivmed. 1979, S.417 ; Jung, Saarl.ÄBl. 1971, S.295; Kern, Krankenhauskalender 1982, S.415 ; Opderbecke, Anästh.Inform. 1972, S.223 ; ders., Langenbecks Archiv 355 (1981), S.587 ; Schick in: Schick, Die Haftung des Arztes, S.47 ; Weber, Langenbecks Archiv 355 (1981), S.567 ; Weißauer, Anästh.Inform. 1976, S.25 ; Westermann, NJW 1974, S.581 f ; Wilhelm, MedR 1983, S.49 f ; dies., JurA 1985, S.186.

5) Wilhelm, Verantwortung und Vertrauen bei Arbeitsteilung in der Medizin, S. 73.

Auch der Bundesgerichtshof hat speziell für die Zusammenarbeit zwischen Chirurg und Anästhesist in einer strafrechtlichen Entscheidung aus dem Jahre 1979 die Geltung dieses Grundsatzes ausdrücklich bestätigt.[1]

Inzwischen haben die Fachverbände der Anästhesisten mit den verschiedenen operativen Fächern Vereinbarungen über die interdisziplinäre Zusammenarbeit getroffen, die auf den genannten Grundsätzen aufbauen und sie jeweils konkretisieren.[2] Die "Vereinbarung zwischen dem Berufsverband Deutscher Anästhesisten und dem Berufsverband der Deutschen Chirurgen über die Zusammenarbeit bei der operativen Patientenversorgung"[3] aus jüngster Zeit stellt den Grundsatz der strikten Arbeitsteilung und den Vertrauensgrundsatz zur besonderen Betonung übergreifend den speziellen Leitsätzen voran.

Hier ist anzumerken, daß diesen oder ähnlichen Vereinbarungen der einschlägigen Fachverbände eine <u>unmittelbare</u> rechtliche Bedeutung im Rahmen einer strafrechtlichen Beurteilung ärztlicher Arbeitsteilung zwar nicht zukommen kann. Es darf aber nicht verkannt werden, daß seitens des Gesetzgebers hinsichtlich einer im medizinischen Bereich stattfindenden Arbeitsteilung lediglich die großen Strukturen vorgezeichnet sind - etwa bezüglich der Trennung der Aufgabenbereiche zwischen Arzt und Hilfspersonal in den Gesetzen über die Berufszulassung und die Berufsausübung der Heilberufe oder der Heilhilfsberufe oder bezüglich der Grundsätze einer fachlichen Spezialisierung in den Kammergesetzen der Länder und

---

1) BGH, NJW 1980, S.649 f ; dazu auch Weißauer, Anästh.u.Intensivmed. 1980, S.97 ff, vergl. im einzelnen unten S. 118 f.

2) Deutsche Gesellschaft für Anästhesie und Wiederbelebung/Deutsche Gesellschaft für Chirurgie, Richtlinien für die Stellung des leitenden Anästhesisten, Anaesthesist 1965, S.31 ; Deutsche Gesellschaft für Anästhesie und Wiederbelebung, Empfehlungen zur Organisation der Anästhesie im Rahmen der Neurochirurgie, Anästh. Inform. 1971, S.34 ; dies., Vereinbarung über die Zusammenarbeit in der HNO-Heilkunde, Anästh.Inform. 1975, S.354 ; Berufsverband Deutscher Anästhesisten, Vereinbarung zwischen den Fachgebieten Urologie und Anästhesie über die Aufgabenabgrenzung und die Zusammenarbeit im operativen Bereich und in der Intensivmedizin, Anästh.Inform. 1972, S.219 ; ders., Stellungnahme zur Einrichtung zentraler Anästhesieabteilungen, zur Doppelverantwortung des Operators und zur Fortbildung der Chirurgen auf dem Gebiet der Anästhesiologie, Anästh.Inform. 1975, S.349 ; ders., Vereinbarung zwischen den Fachgebieten Chirurgie und Anästhesie über Aufgabenabgrenzung und die Zusammenarbeit in der Intensivmedizin, Anästh.Inform. 1970, S. 167.

3) MedR 1983, S.21 ; dazu auch Weißauer, MedR 1983, S.97 ff.

in den von ihnen abgeleiteten Weiterbildungsordnungen der Ärztekammern. Angesichts dieser Tatsache werden die genannten detaillierten Fachverbandsvereinbarungen in erheblichem Umfang zu einer Konkretisierung des jeweiligen ärztlichen Berufsbildes[1] beitragen und letztlich auch die jeweils als Sorgfaltsmaßstab heranzuziehende "lex artis"[2] entscheidend mit prägen.[3]

Aus diesem Grunde wird sich in der Regel auch die Rechtsprechung an diesen Vereinbarungen, in denen die Fachgebiete zahlreiche Einzelheiten der spezifischen Behandlungsorganisation im Interesse des Patienten zu regeln bemüht sind, zumindest eng orientieren; die mittelbare Bedeutung dieser Absprachen darf daher nicht unterschätzt werden.

4.2 Das Verhältnis zwischen leitendem Anästhesisten und ärztlichen Mitarbeitern

Der zweite Problembereich umfaßt die Fälle, in denen der leitende Anästhesist bestimmte Aufgaben innerhalb des Operationsbetriebs einzelnen ärztlichen Mitarbeitern zuweist: Auch hier ist von dem Grundsatz der Eigenverantwortung[4] auszugehen, nach dem sich der Arzt strafrechtlich nur wegen eigener Fahrlässigkeiten zu verantworten hat. Danach ist zunächst jeder Mitarbeiter für die sorgfältige Ausführung seiner ärztlichen Tätigkeiten selbst verantwortlich.

---

1) Hierauf verweist etwa auch BGH, NJW 1980, S.649 f.

2) Vergl. dazu unten S.95 f.

3) So auch Wilhelm, Verantwortung und Vertrauen bei Arbeitsteilung in der Medizin, S.19.

4) Vergl. insoweit die Nachweise oben auf S. 20, Fn. 3.

Problematisch ist aber, ob und unter welchen Voraussetzungen auch der leitende Anästhesist bei Fehlern seiner ärztlichen Mitarbeiter strafrechtlich zur Verantwortung gezogen werden kann. Hier ist zunächst ein Blick auf Stellung und Funktion des die Abteilung leitenden Anästhesisten zu werfen:

Die Einteilung der Krankenhäuser in Fachabteilungen soll überschaubare Aufgabengebiete und klar abgrenzbare Verantwortungsbereiche schaffen. Dementsprechend obliegt dem leitenden Arzt die Verantwortung für die ordnungsgemäße Erledigung aller Aufgaben, die seiner Abteilung zugewiesen sind.[1] Er übernimmt die Organisation der Abteilung, die Leitung der Abteilungsärzte sowie die Aufsicht über sie und das sonstige medizinische Personal.[2] Insofern gilt für den Leiter der Anästhesieabteilung gewissermaßen das Prinzip der "Allzuständigkeit"[3], er trägt grundsätzlich die umfassende ärztliche und rechtliche Verantwortung für die medizinische Versorgung der Patienten in seiner Abteilung.[4] **Opderbecke** und **Weißauer**[5] sprechen hier treffend von einer neben der primären Verantwortung des handelnden Arztes bestehenden End- oder Gesamtverantwortung des leitenden Arztes.[6] Nur bei einer schuldhaften Verletzung der im Rahmen dieser Gesamtverantwortung bestehenden eigenen – auch als "sekundäre" Pflichten bezeichneten[7] – Sorgfaltspflichten des leitenden Anästhesisten kommt für seine Person eine strafrechtliche Verantwortung in Betracht.

---

1) Siegmund-Schultze/Weißauer, Arztrecht 1972, S.43.
2) Franzki, Inform.d.Berufsverb.d.Dt.Chirurgen 1985, S.167 ; Ulsenheimer, MedR 1984, S.166 ; Weißauer, Inform.d.Berufsverb.d.Dt.Chirurgen 1980, S.166 ; ders. in: Benzer/Frey/Hügin/Mayrhofer, Lehrbuch der Anaesthesiologie, S.36.
3) Ulsenheimer in: Opderbecke/Weißauer, Forensische Probleme in der Anaesthesiologie, S.47.
4) Uhlenbruck, NJW 1972, S.2204.
5) Opderbecke/Weißauer, Anästh.Inform. 1973, S.217.
6) Ebenso Carstensen/Schreiber in: Jung/Schreiber, Arzt und Patient zwischen Therapie und Recht, S.170.
7) Carstensen/Schreiber, a.a.O., S.170 ; Stratenwerth, E.Schmidt-FS, S.392 ; Ulsenheimer, MedR 1984, S.166 ; Opderbecke/Weißauer, Anästh.u.Intensivmed.1980, S.4.

Dabei bedeutet die beschriebene Gesamtverantwortung des leitenden Anästhesisten selbstverständlich nicht, daß er etwa alle anfallenden Narkosen selbst ausführen oder persönlich unmittelbar leiten und überwachen müßte - hierzu wäre er auch gar nicht in der Lage.[1] Er hat aber den ärztlichen Anästhesiedienst so zu organisieren, gegebenenfalls durch schriftliche Anweisungen zu informieren, zu instruieren, zu überwachen und zu leiten, daß eine ordnungsgemäße Durchführung aller angesetzten Operationen gewährleistet ist.[2]

Dementsprechend kann seine eigene Sorgfaltspflicht dann verletzt sein, wenn er durch eine schuldhafte Nachlässigkeit bei der organisatorischen Aufgabenzuweisung oder aber bei der Unterweisung oder Überwachung seiner Mitarbeiter deren Fehler ermöglicht oder erleichtert hat.[3]

So stellt es nach einem grundsätzlichen, also nicht allein den Anästhesiebereich betreffenden Judikat des Bundesgerichtshofs[4] einen Behandlungsfehler dar, einem Arzt die selbständige Durchführung eines Eingriffs zu übertragen, wenn er für diesen noch nicht ausreichend qualifiziert ist.[5] Bereits in einer - speziell zu einem anästhesiologischen Sachverhalt ergangenen - Entscheidung aus dem Jahr 1982[6] hatte demgemäß der Bundesgerichtshof ein eigenes Verschulden des Leiters der Anästhesieabteilung angenommen, der vorliegend für die Organisation des Personaleinsatzes verantwortlich gewesen war.[7]

Ebenfalls in diesem Zusammenhang ist von großer Bedeutung, daß nach neuerer Rechtsprechung der leitende Arzt auch dafür zu sorgen haben wird, daß nicht übermüdete Ärzte zum Anästhesiedienst eingeteilt werden, daß also sichergestellt ist, daß die behandelnden Ärzte körperlich und geistig in der Lage sind, mit der im Einzelfall erforderlichen Konzentration und Sorgfalt den Eingriff vorzunehmen.[8]

---

1) Siegmund-Schultze/Weißauer, Arztrecht 1972, S.43.
2) Gaisbauer, VersR 1976, S.222.
3) Opderbecke/Weißauer, Anästh.Inform. 1973, S.217 ; Siegmund-Schultze/Weißauer, a.a.O., S.44.
4) BGH, MedR 1984, S.63.
5) Ebenso BGH, MedR 1986, S.39, i. d. S. vergl. auch BGH, NJW 1987, S.1480.
6) BGH, NJW 1983, S.1374.
7) Ähnlich auch LG Hamburg, Urt. v. 9.1.1980, Geschäfts-Nr.100334/77 und 140237/77, bei Opderbecke, Anästh.u.Intensivmed. 1983, S.108 f; zu den Problemen, die diese grundsätzlichen rechtlichen Anforderungen für die Organisation des Anästhesiebetriebs mit sich bringen können, wenn innerhalb der Anästhesieabteilung ein Mangel an qualifizierten Ärzten besteht, vergl. unten S.155 ff.
8) Vergl. BGH, NJW 1986, S.776 ; dazu Weißauer, Anästh.u.Intensivmed. 1987, S.104.

Welche Aufgaben der leitende Anästhesist seinen ärztlichen Mitarbeitern übertragen darf, und wie diese zu überwachen sind, hängt maßgeblich ab von deren Qualifikation sowie von der Schwierigkeit der gestellten Aufgaben. So dürfen dem Facharzt für Anästhesie im Regelfall – falls also nicht besondere Umstände an seiner Qualifikation und Zuverlässigkeit zweifeln lassen – alle allgemein üblichen anästhesiologischen Aufgaben zur selbstständigen und eigenverantwortlichen Erledigung übertragen werden, ohne daß eine Überwachung im Einzelfall erforderlich wäre.[1] Hier kann sich der leitende Anästhesist auf gelegentliche, stichprobenartige Überprüfungen beschränken.[2]

Anders ist es aber, wenn sich der ärztliche Mitarbeiter noch in der Weiterbildung befindet. Hier ist eine sorgfältige Prüfung seitens des leitenden Fachanästhesisten erforderlich, welche Aufgaben jener nach seinem bisherigen Ausbildungsgang, seiner Erfahrung und seiner gezeigten Zuverlässigkeit selbständig wahrzunehmen in der Lage ist.[3] Gerade der junge Arzt, der am Anfang seiner Facharztausbildung steht, muß sorgfältig in die einzelnen Aufgabengebiete eingewiesen und angeleitet werden. Insbesondere die selbständige und eigenverantwortliche Durchführung von Narkosen darf diesem Mitarbeiter in jedem Fall nur schrittweise übertragen werden, nachdem er unter der Aufsicht erfahrener Kollegen ausreichende praktische Erfahrungen sammeln konnte.[4] Ist dies erfolgt, kann aber auch ein Assistenzarzt, der die Facharztqualifikation noch nicht erreicht hat, als Narkotiseur eingesetzt werden.[5]

Entsprechend hat der leitende Anästhesist in diesem Fall für eine ausreichende Kontrolle zu sorgen, die – je nach der Qualifikation

---

1) Carstensen, Langenbecks Archiv 335 (1981), S.572 ; Opderbecke/Weißauer, Anästh.Inform. 1973, S.218 ; Ulsenheimer, MedR 1984, S.166.

2) Rieger, DMW 1980, S.113 ; Siegmund-Schultze/Weißauer, Arztrecht 1972, S.44 ; Weißauer, Anästh.Inform. 1976, S.25 ; Carstensen/Schreiber in: Jung/Schreiber, Arzt und Patient zwischen Therapie und Recht, S.170, verneinen hier sogar jede Überwachungspflicht, was aber der beschriebenen Stellung des leitenden Anästhesisten nicht gerecht wird.

3) Wilhelm, Verantwortung und Vertrauen bei Arbeitsteilung in der Medizin, S.9 ; in diesem Sinn auch Hauenschild, Anästh.Inform. 1978, S.65 ; vergl. auch BGH, NJW 1983, S.1374 f.

4) Opderbecke/Weißauer, a.a.O., S.218 f ; Spann, Ärztliche Rechts- und Standeskunde, S.121 ; wie dieser fließende Übergang vom "Zuschauer" zum selbständigen Anästhesisten in der Praxis aussehen kann, beschreiben ausführlich Opderbecke, Anästh.u.Intensivmed. 1983, S.107 f, und Opderbecke/Weißauer, Anästh.u.Intensivmed 1980, S.4 ff.

5) BGH, VersR 1978, S.84.

des Assistenzarztes – selbstverständlich wesentlich umfassender erfolgen muß als im Fall eines nachgeordneten Facharztes. Auch derartige Überwachungs- und Kontrollaufgaben darf der leitende Anästhesist einem dazu qualifizierten Facharzt seiner Abteilung übertragen.[1]

An dieser Stelle sei darauf hingewiesen, daß sich die beschriebene Endverantwortung des leitenden Arztes nicht allein bezieht auf die fachlich-medizinische Qualität der Behandlung. Sie erstreckt sich nach herrschender Ansicht auch auf die ordnungsgemäße Aufklärung des Patienten. So ging der Bundesgerichtshof bereits 1954 davon aus, daß dem "Vorstand einer ... Klinik eine Leitungs- und Aufsichtspflicht" bezüglich der Patientenaufklärung obliege.[2] Auch in einer späteren Entscheidung führte das Gericht aus, daß "sich die Leitungs- und Aufsichtspflicht, die dem Vorstand einer Klinik obliegt, auch darauf bezieht, daß im Krankenhausbetrieb die ärztliche Aufklärungspflicht beobachtet und ihren Erfordernissen genügt wird".[3]

Demnach hat der leitende Anästhesist Sorge dafür zu tragen, daß es nicht zu Verstößen gegen die ärztliche Aufklärungspflicht kommt. Hierzu ist es nötig, daß er stichprobenweise dem Aufklärungsgespräch nachgeordneter jüngerer und weniger erfahrener Ärzte beiwohnt.[4]

Im Rahmen einer nach den genannten Kriterien zulässigen Delegation bestimmter Tätigkeiten, die durch eine entsprechende Überwachung und Qualitätskontrolle abgesichert ist, darf der leitende Anästhesist nunmehr darauf vertrauen, daß die übertragenen Aufgaben ordnungsgemäß wahrgenommen werden. Geschieht dies im Einzelfall einmal nicht, kommt mangels Verletzung einer eigenen Sorgfaltspflicht eine strafrechtliche Verantwortung des leitenden Arztes nicht in Betracht.[5]

---

1) Siegmund-Schultze/Weißauer, Arztrecht 1972, S.44.
2) BGH, NJW 1956, S.1106.
3) BGH, NJW 1963, S.395 ; ähnlich BGH, NJW 1978, S.1691 ; OLG Hamburg, NJW 1975, S.604 ; vergl. weiter BGH, NJW 1978, S.1906 f, sowie die Empfehlungen der Bundesärztekammer für Richtlinien zur Aufklärung der Krankenhauspatienten über vorgesehene ärztliche Maßnahmen, DÄBl. 1985, S.1272 f.
4) OLG Celle, NJW 1979, S.1251 f ; vergl. auch das von der Deutschen Krankenhausgesellschaft vorgeschlagene Muster einer Dienstanweisung an die Ärzte im Krankenhaus über die Aufklärung und Einwilligung der Patienten vor ärztlichen Eingriffen, Krankenhaus 1980, S.307 ff ; hierzu allgemein auch OLG Köln, NJW 1987, S.2302 f.
5) Fieser, Das Strafrecht des Anaesthesisten, S.131 ; Ulsenheimer, MedR 1984, S.166 ; ähnlich für das Verhältnis zwischen dem rufbereiten und dem diensthabenden Arzt BGH, NStZ 1983, S.263.

4.3 Verhältnis zwischen Anästhesist und nichtärztlichem Hilfspersonal

Der dritte Problembereich umfaßt die Fälle, in denen der anästhesiologisch tätige Arzt bestimmte mit der Betäubung zusammenhängende Tätigkeiten auf nichtärztliches Personal delegiert: Hier kann eine eigene strafrechtlich relevante Pflichtverletzung des Arztes darin liegen, daß er Aufgaben überträgt, die er persönlich wahrnehmen müßte, oder daß er bei der Auswahl oder Überwachung seiner Gehilfen nicht mit der notwendigen Sorgfalt verfahren ist.[1]

Die eigene Sorgfaltspflicht des Anästhesisten besteht also zunächst darin, zu überprüfen, ob eine bestimmte Tätigkeit innerhalb des Betäubungsverfahrens generell einer nichtärztlichen Hilfsperson übertragen werden darf.[2] Dabei ist zu berücksichtigen, daß die Hinzuziehung solcher nichtärztlicher Hilfspersonen aus der modernen Medizin und insbesondere aus dem Klinikwesen nicht mehr wegzudenken ist[3], speziell in einem vergleichsweise hochtechnisierten Bereich wie der Anästhesiologie.[4]

Hierbei muß aber - bei aller Notwendigkeit einer Entlastung des Arztes - die Sicherheit des Patienten vor Gesundheitsschädigungen eine Grenze jeder Aufgabenübertragung auf nichtärztliches Personal darstellen. Wie **Hanack** schon 1959 feststellte, dürfen Maßnahmen, die typischerweise ein medizinisches Studium und ärztliche Ausbildung verlangen, von der Krankenschwester "auch dann nicht vorgenommen werden, wenn sie sich das entsprechende Wissen 'abgeguckt' oder im Selbststudium erworben hat".[5]

Dementsprechend setzt jede Überlassung von Verrichtungen an das nachgeordnete medizinische Personal voraus, daß die Aufgabe nicht

---

1) Engisch, Langenbecks Archiv 288 (1958), S.579 ; Fieser, Das Strafrecht des Anaesthesisten, S.128 ; Goldhahn/Hartmann, Chirurgie und Recht, S.49 f.
2) Fieser, a.a.O., S.131 ; allgemein auch Wilhelm, MedR 1983, S.50 f.
3) So auch BGH, VersR 1975, S.953.
4) Dazu auch Rügheimer, Anästh.Inform. 1976, S.36 ff.
5) Hanack, ÄM 1959, S.500 ; zustimmend Wilhelm, Verantwortung und Vertrauen bei Arbeitsteilung in der Medizin, S.9.

die spezifischen Kenntnisse und Erfahrungen eines approbierten Arztes erfordert.[1] Welche diagnostischen und therapeutischen Verrichtungen wegen ihrer technischen Schwierigkeiten oder ihres hohen Risikos theoretisches ärztliches Wissen und praktische ärztliche Erfahrung erfordern, kann - allein schon wegen der Vielzahl denkbarer Einzelaufgaben - hier nicht abschließend dargestellt werden. Genannt seien aber zunächst einige Tätigkeitsbereiche und Funktionen, die eben aus diesen Gründen ausschließlich dem <u>Arzt</u> vorbehalten sind:

Zum einen sind die <u>Diagnosestellung</u> und die sich daraus ergebenden therapeutischen Schlußfolgerungen eine ausschließlich ärztliche Aufgabe, die niemals auf Assistenzpersonal übertragbar ist.[2] Damit obliegt etwa die Wahl des richtigen Betäubungsverfahrens, die Dosierung der Narkosemittel und Narkoseadjuvantien, die vertiefte Kenntnisse der physiologischen Zusammenhänge und der pharmakologischen Wirkungen dieser Mittel erfordert, allein dem Arzt, der aufgrund seiner wissenschaftlichen Ausbildung über diese Kenntnisse verfügt.[3] Weiterhin ist heute anerkannt, daß die eigentliche <u>Durchführung</u> der Anästhesie wegen ihrer tiefgreifenden Einwirkung auf den Organismus und wegen ihrer schwerwiegenden Risiken eine dem Arzt vorbehaltene Aufgabe ist und nicht zur selbständigen Ausführung auf Schwestern oder Pfleger übertragen werden darf.[4] Dies gilt für alle Anästhesieverfahren, also auch für Kurznarkosen oder Lokalanästhesien, denn gerade etwa Kurznarkosen bei kleineren Eingriffen können er-

---

1) Brenner, Anästh.Inform. 1974, S.100 ; Fieser, Das Strafrecht des Anaesthesisten, S.136 ; Franzki, Inform.d.Berufsverb.d.Dt.Chirurgen, S.167 ; Opderbecke/Weißauer, Anästh.Inform 1973, S.219 ; Weißauer, Anästh.u.Intensivmed. 1982, S.362.

2) Opderbecke, Anaesthesie und ärztliche Sorgfaltspflicht, S.41, der hervorhebt, daß dieser Grundsatz trotz ansonsten zunehmender Delegationsmöglichkeiten stets unverändert bleiben wird ; vergl. weiter Opderbecke/Weißauer, Anästh.Inform. 1974, S.94 ; allgemein auch Brenner, a.a.O., S.100.

3) Opderbecke/Weißauer, Anästh.Inform. 1973, S.219 ; Weißauer, a.a.O., S.362 ; Weißauer/Frey, DMW 1978, S.725.

4) Janssen, HNO 1971, S.163 ; Opderbecke, Anaesthesie und ärztliche Sorgfaltspflicht, S.47 ; ders., Anästh.Inform. 1976, S.31 ; Opderbecke/Weißauer, Anästh.u.Intensivmed. 1983, S.217 ; Pribilla, Anästh.Inform. 1976, S.614 ; Siegmund-Schultze/Weißauer, Arztrecht 1972, S.44 ; Spann, Ärztliche Rechts- und Standeskunde, S.194 ; Ulsenheimer in: Opderbecke/Weißauer, Forensische Probleme in der Anaesthesiologie, S.48 ; Weißauer, Anaesthesist 1963, S.157 ; vergl. auch schon das sog. Famuli-Urteil des Bundesgerichtshofs, BGHSt 16, S.309, 314.

fahrungsgemäß schwerwiegende Komplikationsgefahren mit sich bringen.[1]
Auch solche dürfen nicht einmal dann zur selbständigen und eigenverantwortlichen Durchführung delegiert werden, wenn das betreffende nichtärztliche Personal seit vielen Jahren auf einer Anästhesieabteilung tätig ist und sich als fachlich tüchtig und zuverlässig erwiesen hat.[2]

Auf der anderen Seite darf der Arzt innerhalb des unter seiner Verantwortung und Leitung durchgeführten Anästhesieverfahrens zahlreiche Tätigkeiten auf <u>Assistenzpersonal</u> übertragen.[3] Wieweit dies geschehen kann, hängt wiederum maßgeblich ab vom Ausbildungsstand und der persönlichen Zuverlässigkeit der nichtärztlichen Mitarbeiter; allein schon aus diesem Grund läßt sich eine starre Grenze hier nicht ziehen.[4]

Generell wird man etwa die <u>Übernahme</u> des Patienten vom Pflegepersonal der Station und die Entgegennahme der Krankenpapiere zu den übertragbaren Pflichten rechnen können, auch die Überprüfung der Identität des Patienten, um bei einem umfangreichen Operationsbetrieb mögliche Verwechslungen auszuschließen. Denn bei diesen Tätigkeiten kommt es wesentlich auf die allgemeine persönliche Sorgfalt und Zuverlässigkeit an, nicht dagegen auf speziell dem Arzt eigene Kenntnisse und Fähigkeiten.[5]

Weiter gehört hierzu die unmittelbare <u>technische Vorbereitung</u> der Anästhesie. **Opderbecke** nennt etwa die Bereitstellung des betriebsfertigen Narkosegerätes und des sonstigen erforderlichen Instrumentariums wie Tubus, Laryngoskop, Maske etc., weiter die Vorbereitung der benötigten Medikamente, insbesondere Aufziehen und Kennzeichnung

---

1) Opderbecke, Anaesthesie und ärztliche Sorgfaltspflicht, S.41, 47 ; Uhlenbruck, NJW 1972, S.2203 ; Weißauer, Anästh.u.Intensivmed. 1982, S.362 ; Weißauer/Frey, DMW 1978, S.725 ; vergl. schon den oben, S.8, genannten anästhesiologischen Merksatz: "Es gibt keine kleine Narkose"; bedenklich insoweit Fieser, Das Strafrecht des Anaesthesisten, S.135, der nur intravenöse Narkosen als dem Arzt vorbehalten ansieht oder solche, die die Bedienung technischer Apparate erfordern.
2) Opderbecke/Weißauer, Anästh.Inform. 1973, S.219 f ; Ulsenheimer in: Opderbecke/Weißauer, Forensische Probleme in der Anaesthesiologie, S.48.
3) Hierzu aus der Sicht des nichtärztlichen Hilfspersonals etwa Arens, Anästh.Inform. 1976, S.67, sowie Jung/Jähme/Dürner, Anästh. Inform. 1976, S.114 f.
4) Opderbecke/Weißauer, a.a.O., S.220 ; Hahn, NJW 1981, S.1982.
5) Ebenso Opderbecke, a.a.O., S.45.

der erforderlichen Spritzen und Infusionsvorbereitungen.[1]
Rechtlich erlaubt und aus praktischen Gründen unverzichtbar sind auch technische Hilfeleistungen bei der Narkose wie beispielsweise das Anreichen von Instrumenten.[2] Weiter ist zu denken an eine Übertragung einzelner Überwachungsaufgaben wie Kontrolle und Protokollierung von Blutdruck und Pulsfrequenz oder Überwachung von Atemfrequenz und Atemvolumen des Beatmungsgeräts[3] - jeweils bei einer Gesamtüberwachung durch den anwesenden Anästhesisten.

Ob beziehungsweise in welchen Fällen dagegen die <u>Patientenüberwachung</u> während der Anästhesie zumindest zeitweise vollständig auf nichtärztliches Personal übertragen werden darf, gehört zu den wohl umstrittensten Fragen dieses Bereichs. Sie wird ausführlich im speziellen Teil behandelt, auf den an dieser Stelle verwiesen werden darf.[4]

Auch die <u>postoperative Überwachung</u> des Patienten darf der Anästhesist - solange er überhaupt für diese zuständig ist[5] - weitgehend auf nichtärztliches Personal übertragen ; sie gehört seit jeher zu den weitgehend selbständig ausgeführten Tätigkeiten der Anästhesieschwestern und -pfleger.[6]

Allerdings bedarf es hier einer Anweisung des Arztes - der allein die therapeutischen Entscheidungen zu treffen hat -, in welchen Abständen etwa Blutdruck und Pulsfrequenz zu kontrollieren sind, und darüber, welcher Arzt zuständig, wo er zu finden und wann er zu

---

1) Opderbecke, Anaesthesie und ärztliche Sorgfaltspflicht, S.42 ; ebenso Bappert, Arzt und Patient als Rechtsuchende, S.80 ; Fieser, Das Strafrecht des Anaesthesisten, S.129 ; Opderbecke/Weißauer, Anästh.Inform.1973, S.220 ; vergl. auch Weber, MedR 1986, S.68. wieweit auch die unmittelbare medizinische Anästhesievorbereitung des Patienten, d.h. vor allem die Prämedikation durch Injektionen, Infusionen und ähnliche Maßnahmen auf nichtärztliches Hilfspersonal übertragen werden darf, ist im einzelnen umstritten. Diese Frage wird im speziellen Teil ausführlich behandelt, vergl. unten S.140, hierauf sei an dieser Stelle verwiesen.

2) Fieser, a.a.O., S.135.

3) Opderbecke, a.a.O., S.41 ; ders., Anästh.Inform. 1976, S.32 ; Opderbecke/Weißauer, a.a.O., S.221 ; Uhlenbruck, Arztrecht 1981, S.96 ; Ulsenheimer, in: Opderbecke/Weißauer, Forensische Probleme in der Anaesthesiologie, S.48.

4) Vergl. unten S.155 ff..

5) Vergl. dazu unten S. 161 ff.

6) Opderbecke, a.a.O., S.51 ; ebenso Fieser, a.a.O., S.135 ; Uter, Anästh.u.Intensivmed. 1982, S.333 ; dazu auch Arens, Anästh. Inform. 1976, S.68 ; vergl. auch BGH, MedR 1984, S.143 ff.

rufen ist.[1] Weiterhin hat der Arzt beispielsweise dem Pflegepersonal diejenigen Instruktionen zu geben, die hinsichtlich der Betreuung und Kontrolle eines postoperativen Infusionssystems vonnöten sind, etwa zur Vermeidung einer Entkopplung von Infusionsschläuchen durch besondere Fixierungen oder intensivere Überwachung des Patienten.[2] Auch sonst verbleiben - wie oben dargestellt[3] - beim Anästhesisten auch im Fall einer zulässigen Aufgabendelegation auf nichtärztliche Mitarbeiter die geschilderten "sekundären" Sorgfaltspflichten, bei deren schuldhafter Verletzung wie im Fall eines eigenen Behandlungsfehlers eine Strafbarkeit des Arztes in Betracht kommt: Der Anästhesist darf zu seiner Entlastung jeweils nur Mitarbeiter heranziehen, die den ihnen zugedachten Aufgaben gewachsen sind[4], er ist verantwortlich für die sorgfältige Auswahl, also für die Prüfung der fachlichen und persönlichen Qualifikation der Mitarbeiter, für die Erteilung der erforderlichen generellen und speziellen Weisungen und für die ordnungsgemäße Überwachung.[5]

Hat sich dabei ein Mitarbeiter in langer Zusammenarbeit als fachlich qualifiziert und zuverlässig erwiesen, wird sich der Arzt auch hier grundsätzlich auf die korrekte Durchführung der übertragenen Aufgaben verlassen und sich auf stichprobenartige Überprüfungen beschränken dürfen.[6] Lediglich in speziellen Einzelfällen, etwa bei besonderer Gefährlichkeit von Fehlern oder einer erhöhten Fehlergefahr, kann hier eine zusätzliche Kontrollpflicht des Arztes bestehen. Genannt seien an dieser Stelle etwa die Kontrolle bereitgestellter Blutkonserven oder Spritzenkontrollen, auf die noch einzugehen sein wird.[7]

---

1) Opderbecke, Anaesthesie und ärztliche Sorgfaltspflicht, S.51.
2) BGH, MedR 1984, S.145.
3) Vergl. oben S.20 f.
4) Fieser, Das Strafrecht des Anaesthesisten, S.139 ; Franzki, Inform.d.Berufsverb.d.Dt.Chirurgen 1985, S.167 f.
5) Hahn, NJW 1981, S.1983 f ; Weißauer, Anästh.Inform. 1976, S.25 ; allgemein Steffen, Neue Entwicklungslinien der BGH-Rechtsprechung zum Arzthaftungsrecht, S.37.
6) So schon RG, MMW 1932, S.1139 ; ebenso Carstensen/Schreiber in: Jung/Schreiber, Arzt und Patient zwischen Therapie und Recht, S.173 ; Fieser, a.a.O., S.123 ; Goldhahn/Hartmann, Chirurgie und Recht, S.58 ; Weißauer, a.a.O., S.25 ; zum gegenteiligen Fall vergl. BGH, NJW 1955, S.1487 f.
7) Vergl. unten S.117 f, 120.

5 Aufklärung und Einwilligung des Patienten im Bereich der Anästhesiologie

5.1 Grundsätzliches zur Einwilligung und Aufklärung

Grundlage für das Erfordernis der Einwilligung[1] in den ärztlichen Eingriff ist das Recht des Patienten zur Selbstbestimmung. Er allein hat über seine körperliche Integrität zu disponieren und zu entscheiden. Letztlich geht dieses Erfordernis damit zurück auf Art.2 Abs.2 Satz 1 GG.[2]

Demgegenüber wurde die Annahme einer eigenständigen, von der Bindung an den Willen des Patienten freien Behandlungsbefugnis des Arztes etwa aufgrund seiner medizinischen Kenntnis und Erfahrung oder seiner berufsrechtlichen Bestallung schon vom Reichsgericht ausdrücklich abgelehnt: "Der gelegentlich in der Doktrin gemachte Versuch, ein sogenanntes Berufsrecht des Arztes an sich, oder doch des staatlich geprüften Arztes, zur selbständigen Grundlage irgendwelcher dem letzteren über den Körper von Kranken zustehenden originären Befugnisse zu erheben", erscheine "unzureichend". Es sei nicht einzusehen, wie durch die Approbation "diesem Arzt Gewaltherrschaft über diesen Patienten entstehen soll".[3]

Diesem Zweck, die Entschlußfreiheit des Patienten über Eingriffe in seine körperliche Integrität und damit seine Selbstbestimmung zu garantieren, kann das Erfordernis seiner Einwilligung aber nur gerecht werden, wenn er weiß, worin er einwilligt. So führt etwa der Bundesgerichtshof in einer - allerdings zivilrechtlichen - Ent-

---

1) Die herrschende Lehre (vergl. oben S.15, Fn.1) würde hier überwiegend von einem tatbestandsausschließenden "Einverständnis" sprechen, ohne daß dies aber zu grundsätzlichen Differenzen bezüglich der Wirksamkeitsvoraussetzungen führen würde.

2) Deutsch, VersR 1981, S.296 ; Fiebig, Freiheit für Patient und Arzt, S.127 ; Kern/Laufs, Die ärztliche Aufklärungspflicht, S.9 , Kleinewerfers in: Die Kontrastmittelanwendung in forensischer Sicht, S.8 ; Kloppenburg, MedR 1986, S.18 ; Tempel, NJW 1980, S.611 ; vergl. auch BVerfG, NJW 1979, S.1929 f.

3) RGSt 25, S.379 ; hierzu auch Gallwas, NJW 1976, S.1134 ; zur entsprechenden zivilrechtlichen Problematik Palandt, Bürgerliches Gesetzbuch, § 823, Rn.7 B f ; zu den schweren Konflikten, in die der Arzt hier geraten kann, vergl. Wachsmuth, DMW 1982, S.1527 f.

scheidung aus: Ausgangspunkt der höchstrichterlichen Rechtsprechung zur Aufklärungspflicht des Arztes ist das "auch dem Arzt gegenüber uneingeschränkte Verfügungsrecht des Patienten über seinen Körper, welches erfordert, daß der Patient grundsätzlich seine Einwilligung in einen Eingriff von einer in jeder Hinsicht vollständigen Aufklärung über dessen Wesen und Risiken abhängig machen kann".[1] Eine Einwilligung des Patienten ist also grundsätzlich nur wirksam, wenn er die Art, Bedeutung und Tragweite des Eingriffs in seinen Grundzügen[2], im Großen und Ganzen[3], erkannt hat und danach das Für und Wider des Eingriffs abwägen konnte.[4] Jedem Eingriff hat also grundsätzlich eine Aufklärung von Seiten des Arztes voranzugehen, die dem Patienten die für die Abschätzung dieses Für und Wider des Eingriffs notwendigen Informationen verschafft.[5]

Dabei hat der Arzt diese Aufklärung "im Großen und Ganzen" von sich aus, auch ohne daß der Patient Fragen stellt, zu erteilen.[6] Stellt der Patient dann aber weitere Fragen oder verlangt er eine in alle Einzelheiten gehende Unterrichtung, so muß diese ihm wahrheitsgemäß gegeben werden.[7]

Auf der anderen Seite ist aber in Rechtsprechung und Literatur anerkannt, daß eine Aufklärung nicht erfolgen muß, wenn der Patient erkennbar darauf <u>verzichtet.</u>[8] Von einem solchen Verzicht kann zwar

---

1) BGH, NJW 1974, S.1422.

2) So die Formulierung des BGH, NJW 1956, S.1106 ; ebenso OLG Hamm, MDR 1963, S.520.

3) So neuestens der BGH, NJW 1984, S.1398, und NJW 1986, S.780.

4) BGH , BGHSt 12, S.383.

5) Möglicherweise weitergehende vertragliche Unterrichtungspflichten des Arztes, die mit der Einwilligung des Patienten in seine körperliche Integrität nichts zu tun haben - etwa über die Kosten der Behandlung (vergl. BGH, NJW 1983, S.2630 ; OLG Köln, NJW 1987, S.2304 ; LG Hamburg, NJW 1987, S.2301) - spielen demgegenüber im Bereich der strafrechtlichen Rechtfertigung keine Rolle. Vergl. dazu Bockelmann, Strafrecht des Arztes, S.57, 75 ; Engisch in Engisch/Hallermann, Die ärztliche Aufklärungspflicht aus rechtlicher und ärztlicher Sicht, S.31 f ; Eser in: Schönke/Schröder, Strafgesetzbuch, § 223, Rn.39 ; Schmid, NJW 1984, S.2603.

6) Auf diese sogenannte Spontan- oder Basisaufklärung (Weißauer, Anästh.Inforn. 1978, S.232) beziehen sich die folgenden Ausführungen zum Umfang der Aufklärungspflicht.

7) BGH, VersR 1961, S.1038 VersR 1964, S.614 NJW 1973, S.537 f NJW 1976, S.364 NJW 1980, S.635 ; Weißauer/Frey, DMW 1978, S.727.

8) Vergl. etwa BGH, NJW 1959, S.813 NJW 1973, S.558 NJW 1976, S.364 ; weiter Schwalm, MDR 1960, S.725 ; sowie Eser, a.a.O., Rn.42, und Kern/Laufs, Die ärztliche Aufklärungspflicht, S.118 ff, jeweils mit weiteren Nachweisen.

nicht bereits ausgegangen werden, wenn der Patient schweigt[1] oder sich nur scheu oder vertrauensselig verhält[2]. Der Patient kann aber gerade für die medizinischen Einzelheiten und Risiken der Betäubung im Einzelfall ausdrücklich oder konkludent erklären, daß er an diesen nicht interessiert sei und die Anästhesie vertrauensvoll ohne Kenntnis dieser Einzelheiten in die Hand des Arztes lege.[3]

5.1.2 Bedeutung der ärztlichen Aufklärungspflicht im Strafrecht und im Zivilrecht

An dieser Stelle scheint eine Klärung des Verhältnisses von straf- und zivilrechtlicher Bewertung der ärztlichen Aufklärungspflicht erforderlich: Die insoweit durchaus strengen Anforderungen seitens der Rechtsprechung sind überwiegend im zivilrechtlichen Bereich entwickelt worden, dort also, wo es um Schadensersatz und Schmerzensgeld geht, nicht aber um die strafrechtliche Sanktionierung eines bestimmten Verhaltens als "ultima ratio"[4] im gesetzlichen Instrumentarium.

Aus dieser unterschiedlichen Zielsetzung der Normenkomplexe leitet nun **Hirsch**[5] ab, daß zivilrechtliche Aussagen über die Intensität der Aufklärungspflicht "nicht zur Grundlage strafrechtlicher Beurteilung gemacht werden" dürften, zumal erstere oft nur von dem Bestreben geleitet seien, aus Billigkeitsüberlegungen dem Patienten auch dann zu Schadensersatz zu verhelfen, wenn er einen Behandlungsfehler nicht nachweisen könne. Ähnlich äußert sich **Tröndle**[6], der ebenfalls meint, daß die zivilrechtlichen Entscheidungen zur ärztlichen Aufklärungspflicht nicht wegweisend sein könnten für die strafrechtliche Haftung.

---

1) Vergl. Kern/Laufs, Die ärztliche Aufklärungspflicht, S.120.
2) Eser, Anästh.Inform. 1979, S.218.
3) Weißauer, Anaesthesist 1966, S.101 ; ähnlich Fieser, Das Strafrecht des Anaesthesisten, S.52.
4) Eser, ZStW 97 (1985), S.44 ; Jescheck, Lehrbuch des Strafrechts AT, S.3.
5) Hirsch in: LK, § 226a, Rn.19.
6) Tröndle in: Dreher/Tröndle, Strafgesetzbuch, § 223, Rn.9 o.

Anders als **Hirsch** geht aber **Tröndle**[1] davon aus, daß der Umfang ärztlicher Aufklärungspflicht nur einheitlich beurteilt werden könne.[2] Auch **Eser**[3] erkennt die generelle Bedeutsamkeit zivilgerichtlicher Aufklärungserfordernisse für den Bereich des Strafrechts an, meint aber ebenfalls, daß insoweit Vorsicht geboten sei, als dort die Aufklärungshaftung lediglich als Ersatz für eine nicht durchsetzbare Behandlungsfehlerhaftung herangezogen werde.[4] Auch andere Autoren gehen - allerdings stillschweigend - von einer nicht nach straf- oder zivilrechtlicher Verantwortlichkeit differenzierten Aufklärungspflicht des Arztes aus.[5] In gleicher Weise greift auch die strafgerichtliche Rechtsprechung in Fällen verletzter Aufklärungspflicht auf die entsprechenden zivilrechtlichen Entscheidungen zurück.[6]

In der Tat kann m.E. die Aufklärungspflicht des Arztes nur einheitlich bemessen werden: Grund für den Vorwurf mangelhafter Aufklärung ist im straf- wie im zivilrechtlichen Bereich der unerlaubten Handlung ein nicht durch den Willen des Patienten gerechtfertigter Eingriff des Arztes in dessen körperliche Unversehrtheit. Wenn damit - wenn auch in dogmatisch angreifbarer Weise[7] - dem Selbstbestimmungsrecht des Patienten entscheidende Bedeutung zugemessen wird, so können die Anforderungen an die Aufklärung, die sich aus diesem Recht ableiten, wie dieses Recht selbst nur einheitlich beurteilt werden.

---

1) Tröndle in: Dreher/Tröndle, Strafgesetzbuch, § 223, Rn.9 o ; ders. MDR 1983 S.883 ; ebenso Schuck, Strafrechtliche Bedeutung der Verletzung der ärztlichen Aufklärungslast unter besonderer Berücksichtigung der kosmetischen Chirurgie, S.25.

2) Nach Tröndles Ansicht bedarf daher auch die Rechtsprechung in Zivilsachen der Überprüfung, da insgesamt zu hohe Anforderungen in diesem Bereich gestellt würden.

3) Eser in: Schönke/Schröder, Strafgesetzbuch, § 223, Rn.40.

4) Ähnlich auch Schmid, NJW 1984, S.2601, der gleichfalls eine Überprüfung anregt, ob die strengen Aufklärungsanforderungen auf dem Gebiet strafrechtlicher Verantwortung nicht zu unbilligen Ergebnissen führen.

5) Kern/Laufs, Die ärztliche Aufklärungspflicht, S.176 ff ; Hirsch/Weißauer, MedR 1983, S.41 ff ; Tempel, NJW 1980, S.609 ff ; Weißauer, Anaesthesist 1966, S.107.

6) So nimmt etwa der 4. Strafsenat des Bundesgerichtshofs im sog. Myom-Urteil (BGHSt 11, S.111 f) ausdrücklich auf die für die Patientenaufklärung aufgestellten Grundsätze des sog. ersten Elektroschock-Urteils (BGH, NJW 1956, S.1106) Bezug.

7) Vergl. die Literatur oben S.15, Fn.1.

Im übrigen gewinnt im Bereich zivilrechtlicher Haftung der Vorwurf unzureichender Aufklärung nicht in erster Linie deshalb immer mehr Gewicht, weil die Aufklärungsanforderungen so streng gezogen werden. Grund hierfür ist vielmehr, daß dort grundsätzlich dem Arzt die Beweislast dafür obliegt, daß er den Patienten - dem auch sonst Beweiserleichterungen zugute kommen können - hinreichend aufgeklärt hat.[1] Dies ist im Strafverfahren aber grundlegend anders: Kann hier dem Arzt nicht nachgewiesen werden, daß er unzureichend aufgeklärt hat, ist er nach dem Grundsatz "in dubio pro reo" freizusprechen, während er in gleicher Situation möglicherweise zivilrechtlich verurteilt werden würde.[2]

Damit ist für die Praxis auch bei der Prüfung einer strafrechtlichen Sanktionierung mangelhafter ärztlicher Aufklärung ein Rückgriff möglich auf die von der Zivilrechtsprechung entwickelten Aufklärungserfordernisse.

5.2 Umfang der anästhesiologischen Aufklärung - Allgemeines

Weder Umfang noch Intensität noch sonstige Modalitäten wie etwa der Zeitpunkt einer den rechtlichen Anforderungen genügenden Selbstbestimmungsaufklärung lassen sich allgemeingültig festlegen. Sie hängen ab von der jeweiligen konkreten Lage des Falls, insbesondere von der sachlichen und zeitlichen <u>Dringlichkeit</u> des Eingriffs. Das bedeutet, daß an die Aufklärung des Patienten umso strengere Anforderungen zu stellen sind, je weniger dringlich der Eingriff ist. So unterschied der Bundesgerichtshof in einem Urteil aus dem Jahr 1959[3] insofern zwischen einem erforderlichen und einem nicht erforderlichen, nur "gegebenen" Eingriff. Bei letzterem sei eine Einwilli-

---

1) Ebenso Uhlenbruck, Krankenhausarzt 1975, S.437.
2) Vergl. Franzki, Inform.d.Berufsverb.d.Dt.Chirurgen 1985, S.164 ; ders. in: Hymmen/Ritter, Behandlungsfehler - Haftung des operativ tätigen Arztes, S.106 ; Kern/Laufs, Die ärztliche Aufklärungspflicht, S.182 ; Hirsch/Weißauer, MedR 1983, S.42 ; ähnlich auch Ulsenheimer, MedR 1984, S.165, der aber dennoch auch im Strafverfahren Aufklärungsfehler des Arztes unter anderem wegen der strengen Anforderungen der Judikatur für leichter nachweisbar hält als Behandlungsfehler.
3) BGHSt 12, S.379.

gung des Patienten nur wirksam, wenn er in der Lage gewesen sei, "das Für und Wider genau zu beurteilen und gegeneinander abzuwägen". Gründe und Gegengründe müßten ihm daher "eingehend vom Arzt auseinandergesetzt" und ihm "Gelegenheit zu weiteren Fragen und Zeit zu ruhiger Überlegung" gegeben werden.[1] Vor Eingriffen, bei denen der Patient noch vor einer echten Alternative steht, ob er sich überhaupt behandeln lassen will oder nicht, muß daher die Aufklärung besonders genau erfolgen.[2] Dies gilt grundsätzlich auch dann, wenn der Eingriff zwar objektiv medizinisch indiziert ist, aber nicht unter Zeitdruck vorgenommen werden muß.[3] Gesteigerte Bedeutung kommt der Aufklärung demnach dann zu, wenn es sich lediglich um einen vorbeugenden[4] oder um einen diagnostischen Eingriff[5] handelt. Stets ist hier abzuwägen und genau darüber aufzuklären, in welchem Verhältnis die hierdurch gewonnenen Erkenntnisse zum Eingriffsrisiko stehen. Dies gilt ganz besonders für Diagnosemaßnahmen, die unter Anästhesie durchgeführt werden und so zusätzliche Gefahren für den Patienten mit sich bringen.[6]

Die höchsten Anforderungen an Umfang und Intensität der Aufklärung werden folgerichtig gestellt bei medizinisch nicht indizierten, rein kosmetischen Eingriffen.[7] Zwar weisen verschiedene Autoren zu Recht darauf hin, daß auch kosmetische Operationen durchaus medi-

---

1) BGHSt 12, S.383 ; so bereits Kallfelz, JW 1937, S.928: "Die Aufklärungspflicht nimmt in dem Maße zu, in dem die unbedingte und lebensnotwendige Indikation des beabsichtigten Eingriffs abnimmt." Vergl. hierzu weiter insbesondere Kern/Laufs, Die ärztliche Aufklärungspflicht, S.69.

2) Bockelmann, NJW 1961, S.948 ; ders., Strafrecht des Arztes, S.59 ; Hirsch in: LK, § 226a, Rn.20 ; Kohlhaas, Medizin und Recht, S.115.

3) BGH, NJW 1980, S.2753.

4) So in den Fällen BGHSt 12, S.379 ; OLG Hamm, VersR 1981, S.686.

5) So in den den Entscheidungen des BGH, NJW 1974, S.604 ; NJW 1979, S.1933 ; NJW 1984, S.1395, und des OLG Stuttgart, NJW 1979, S.2355, und MedR 1986, S.41, zugrunde liegenden Fällen.

6) Zur Aufklärung bei Diagnoseeingriffen allgemein Kern/Laufs, a.a.O., S.76 ff ; Uhlenbruck, NJW 1981, S. 1294 f ; speziell für den anästhesiologischen Bereich Opderbecke, Anaesthesie und ärztliche Sorgfaltspflicht, S.38, sowie Stoeckel/Gabriel/Felix, Anästh.Inform. 1978, S.325, die aber zumindest für einzelne Fälle zu Recht darauf hinweisen, daß diagnostische Eingriffe Bestandteil des ärztlich notwendigen Gesamtbehandlungsplans sein und als solche ebenfalls dem Heilerfolg dienen können.

7) Uhlenbruck, NJW 1972, S.2202, und Krankenhausarzt 1975, S.442, übersieht insofern, daß auch ein nicht medizinisch indizierter Eingriff, etwa im Bereich der kosmetischen Chirurgie, durch die Einwilligung des Patienten gerechtfertigt sein kann; vergl. Eser in: Schönke/Schröder, Strafgesetzbuch, § 223, Rn.50.

zinisch indiziert sein können.[1] In sehr vielen Fällen werden aber gerade bei kosmetischen Eingriffen das anästhesiologische Risiko und die medizinische Notwendigkeit der Maßnahme in besonderem Maße divergieren.[2] Insoweit ist in diesen Fällen eine besonders eingehende Aufklärung geboten, die dem Patienten ausreichend Zeit zu ruhiger Überlegung läßt.[3]

Umgekehrt sinken auch die Anforderungen an die Aufklärung des Patienten, je dringender der ärztliche Eingriff aus medizinischen Gründen ist.[4] So führte der Bundesgerichtshof in der bereits zitierten Entscheidung aus, daß der Arzt gegenüber einem Patienten in akut lebensbedrohlicher Lage mit der Einwilligung in einen vital indizierten Eingriff "nicht viele Umstände zu machen" brauche. In einem solchen Fall sei eine echte Entscheidungsalternative nicht gegeben, der Arzt werde daher "unter solchen Verhältnissen die Einwilligung einfach darin erblicken dürfen, daß der Kranke bei ihm zur Behandlung erscheint, oder doch darin, daß er der ihm mitgeteilten Operationsabsicht nicht widerspricht".[5]

Speziell für den Anästhesiebereich kommt die Abhängigkeit des Aufklärungsumfangs auch in folgender Entscheidung des Bundesgerichtshofs zum Ausdruck: Eine Patientin hatte sich wegen eines Keilbeinmeningeoms - ein Tumor im Schläfenbereich - einer Operation in einer neurochirurgischen Klinik unterzogen. Für den sechseinhalb Stunden dauernden Eingriff hatte der Anästhesist die Intubationsnarkose

---

1) So vor allem Schuck, Strafrechtliche Bedeutung der Verletzung der ärztlichen Aufklärungslast unter besonderer Berücksichtigung der kosmetischen Chirurgie, S.59 ff, mit zahlreichen Beispielen ; weiter Bockelmann, Z.f.plastische Chirurgie 1977, S. 51 f ; Eser in: Schönke/Schröder, Strafgesetzbuch, § 223, Rn.50 ; Kleinewerfers, VersR 1962, S.201.

2) So zu Recht Opderbecke, Anaesthesie und ärztliche Sorgfaltspflicht, S.37 ; vergl. weiter insbesondere Kronschwitz, Anästh.Inform. 1978 S.285 ff ; zu diagnostischen Röntgenuntersuchungen Erwe, Die Aufklärungspflicht des Radiologen, S.16 ff.

3) BGH, NJW 1972, S.337 ; OLG Düsseldorf, NJW 1963, S.1679 f.

4) Vergl. insbesondere Kern/Laufs, Die ärztliche Aufklärungspflicht, S.68 ff, mit Beispielen für verschiedene Dringlichkeitsstufen ; weiter Tempel, NJW 1980, S.612.

5) BGHSt 12, S.382.

mit künstlicher Hypothermie[1] gewählt. Durch die Unterkühlung oder durch das Wiedererwärmungsverfahren erlitt die Patientin mehrere Hautschäden, die über die Größe einer Handfläche hinausgingen. Über diese Möglichkeit mußte sie nach Ansicht des Bundesgerichtshofs nicht aufgeklärt werden, da es sich bei dem Eingriff um eine lebensnotwendige Operation gehandelt habe, "bei der die Vorteile der Hypothermie gegenüber der Gefahr einer Hautschädigung so unverhältnismäßig groß waren, daß diese Gefahr als unwesentlich betrachtet werden mußte".[2]

Ist - etwa wegen Bewußtlosigkeit - in einem solchen dringenden Fall die ausdrückliche Einwilligung des Kranken überhaupt nicht zu erlangen, genügt nach ganz herrschender Ansicht sogar die sogenannte "mutmaßliche Einwilligung". Hier kann und muß der Patient nicht aufgeklärt werden, für diese dann angenommene mutmaßliche Einwilligung kommt es darauf an, ob er, wenn er vollständig aufgeklärt und befragt werden könnte, die Einwilligung in den Eingriff erteilen würde. Dabei kann etwa die Auskunft naher Angehöriger zur Ermittlung des mutmaßlichen Willens des Betroffenen herangezogen werden.[3] Deren Ansicht kommt allerdings lediglich indizielle, keinesfalls aber stellvertretende Bedeutung zu, denn letztlich ist allein maßgeblich, wie der Patient bei Kenntnis und Würdigung der Sachlage entschieden haben würde.[4]

---

1) Herabsetzung der Körpertemperatur.

2) BGH, VersR 1965, S.140 f ; zustimmend Weißauer, Anaesthesist 1966, S.105.

3) BGHZ 29, 51 f, 185 ; Eser in: Auer-Menzel-Eser, Zwischen Heilauftrag und Sterbehilfe, S.116 f.

4) RG, RGSt 61, S.256 ; Bockelmann, NJW 1961, S.949 ; Eser, Anästh.Inform. 1979, S.213 ; Kern/Laufs, Die ärztliche Aufklärungspflicht, S.68.

5.3 Umfang der anästhesiologischen Aufklärung im Einzelnen

Hinsichtlich des Aufklärungsumfangs empfiehlt sich zweckmäßigerweise eine Unterteilung nach drei wesentlichen Bereichen:
Der erste läßt sich umschreiben mit den Begriffen Diagnose- oder Befundaufklärung[1]. Wiewohl der Umfang einer diesbezüglichen Aufklärungspflicht umstritten ist[2], wird der Patient doch in jedem Fall zu erfahren haben, daß er überhaupt krank ist, da er ohne diese Mindestinformation eine irgendwie geartete Entscheidung über eine Behandlung nicht treffen können wird.

Weiterhin hat er zu erfahren, daß er überhaupt behandelt wird, wie diese Behandlung aussieht und welche Folgen sie voraussichtlich mit sich bringen wird. Hierzu gehört aber auch, daß der Patient erfährt, wie sich seine Krankheit mutmaßlich weiterentwickeln wird, wenn der Eingriff nicht erfolgt.[3] Diese Informationen werden im folgenden als Verlaufsaufklärung bezeichnet.[4]

Schließlich ist der Patient grundsätzlich auch über die Gefahren und potentiellen Nebenfolgen eines ärztlichen Eingriffs zu unterrichten - sogenannte Risikoaufklärung.[5]

---

1) Deutsch, Arztrecht und Arzneimittelrecht, S.43 ; Dreher in: Dreher/ Tröndle, Strafgesetzbuch, § 223, Rn.9 k ; Eser, Anästh.Inform. 1979, S.217 ; Kern/ Laufs, Die ärztliche Aufklärungspflicht, S.54.

2) Vergl. dazu sogleich unten S.44.

3) Vergl. hierzu OLG Hamm, Arzt und Krankenhaus 1986, S.325 f.

4) Ebenso Deutsch, Arztrecht und Arzneimittelrecht, S.44 ; Kern/Laufs, Die ärztliche Aufklärungspflicht, S.58. Bezüglich dieses Bereichs besteht allerdings in der Literatur keine einheitliche Terminologie. Die etwa von Deutsch, a.a.O., S.44, gesondert aufgeführte Aufklärung über das Risiko der Nichtbehandlung läßt sich aber - wie er auch selbst andeutet - unschwer unter den Begriff der Verlaufsaufklärung fassen. Demgegenüber entspricht die von Bodenburg, NJW 1981, S.602, zusätzlich genannte "nachwirkende Aufklärung" wohl eher der unten dargestellten Sicherungsaufklärung ; ähnlich Deutsch, a.a.O., S.44.

5) Eser, Anästh.Inform. 1979, S.215 ; Hirsch in: LK, § 226a, Rn.27 ; Kern/ Laufs, a.a.O., S.67.

5.3.1 Diagnoseaufklärung

Wie bereits angedeutet, besteht in der Frage, wie weit der Arzt aus gegenwärtiger strafrechtlicher Sicht zu einer Mitteilung des Befundes verpflichtet ist, d. h. mit anderen Worten, wie weit die Wirksamkeit einer erteilten Einwilligung des Patienten von einer solchen Mitteilung abhängt, keine Einigkeit:

Hier wird von Teilen der Lehre aus grundsätzlichen Erwägungen im Hinblick auf das Rechtsgut der Körperverletzungstatbestände vertreten, daß eine Diagnoseaufklärung für die Wirksamkeit der Einwilligung überhaupt nur dann und insoweit erheblich sein könne, als die Diagnose für die Abwägung des Für und Wider eines Eingriffs für den Patienten aufgrund ausdrücklicher Nachfrage oder sonst erkennbar von Bedeutung sei.[1] Im Regelfall sei eine Mitteilung des Befundes daher zwar nicht ausgeschlossen, eine entsprechende Pflicht des Arztes aber eher die Ausnahme.[2]

Auch bei grundsätzlicher Anerkennung der dieser Auffassung zugrundeliegenden Annahme, es gehe nicht an, im Rahmen der Körperverletzungstatbestände ein allgemeines arztethisches Postulat von mehr "Wahrheit am Krankenbett" mit strafrechtlichen Mitteln durchzusetzen[3], drängt sich doch die Frage auf, wie weit der Patient tatsächlich eine verständige Entscheidung über den ihm angeratenen Eingriff unter Abwägung der Risiken treffen kann, wenn er nicht ein Mindestmaß an Informationen auch darüber erhält, <u>was</u> ihm im einzelnen fehlt.[4]

---

1) So insbesondere Eser, ZStW 97 (1985), S.22 f ; ders. in: Schönke/Schröder, Strafgesetzbuch, § 223, Rn.41 ; Grünwald, ZStW 73 (1961), S.19 ff ; Maurach/Schröder, Strafrecht BT I § 8 II 2.

2) In diesem Sinn Eser, a.a.O., § 223, Rn.41.

3) So Eser a.a.O., Rn.41.

4) So m. E. zu Recht: Kaufmann, ZStW 73 (1961), S.384.

Denn zum einen kann es - wie bereits **Eberhard Schmid** ausgeführt hat[1] durchaus sein, daß der Patient sich bei diesem ihn behandelnden Arzt für leichtere Eingriffe bei weniger gefährlichen Krankheiten gerne und zuversichtlich anvertrauen, ihm also seine Einwilligung zu dem Eingriff erteilen will, daß er aber in Fällen hochgefährlicher Erkrankung es vorzieht, sich etwa von einem anderen, von dessen Erfolgen er gehört hat, operieren zu lassen.

Zum anderen wird der Patient eine sachgerechte Entscheidung über das Für und Wider des Eingriffs im Regel-, nicht lediglich im Ausnahmefall, nicht treffen können, wenn er nicht auch über die Art seiner Erkrankung, ihre Risiken und Gefährlichkeit sowie ihre zu erwartende weitere Entwicklung informiert wird.[2]

Mit eben dieser Begründung hat auch etwa bereits das Reichsgericht - im übrigen vom Standpunkt der Rechtsprechung, die auch im Rahmen der Körperverletzungsdelikte dem Selbstbestimmungsrecht des Patienten entscheidende Bedeutung beimißt[3], konsequent - dargelegt, daß nur, wenn der Patient "wahrheitsgemäß über die Natur seines Leidens unterrichtet" wird, er sachgemäß darüber entscheiden könne, ob er sich überhaupt einer Heilbehandlung und welcher er sich unterziehen will.[4]

---

1) E. Schmidt, Arzt im Strafrecht, S.105.

2) Insoweit geht die Diagnoseaufklärung dann in die Verlaufsaufklärung über - vergleiche oben S.43.

3) Vergl. zur Kritik im einzelnen oben S.15 ff.

4) RGSt 66, 182 ; ähnlich auch OLG Stuttgart, NJW 1958, S.262 ; weiter Hirsch in: LK, § 226 a, Rn.24 ; Horn in: SK, § 226 a, Rn.14 ; Tröndle in: Dreher/Tröndle, Strafgesetzbuch, § 223, Rn.9 k.

An dieser Stelle darf darauf hingewiesen werden, daß im Regelfall, in dem die anästhesiologische Maßnahme lediglich zur Unterstützung des eigentlichen Heileingriffs dient, entsprechend der grundsätzlich auch im Bereich der Aufklärung geltenden Regel der ärztlichen Arbeitsteilung die Aufklärungspflicht über den ärztlichen Befund beim Operateur liegt. Dieser hat zunächst die Krankheit zu diagnostizieren und danach den indizierten Eingriffs auszuwählen. Erst im Anschluß daran erfolgt sekundär die Wahl der unterstützenden Anästhesiemaßnahmen.[1] Eine gesonderte - lediglich auf die Betäubung gerichtete - Diagnoseaufklärung durch den Anästhesisten kann daher in aller Regel entfallen.[2]

Die ansonsten mit der oben skizzierten, die ärztliche Aufklärungspflicht allgemein betreffende Kontroverse zusammenhängenden für den Bereich der Diagnoseaufklärung so umstrittenen Fragen etwa der Mitteilung eines Krebsbefundes oder einer infausten Prognose[3] stellen sich daher für den Fachbereich der Anästhesiologie nicht. Sie bedürfen daher im Rahmen der vorliegenden Arbeit keiner weiteren Vertiefung.

---

1) Weißauer, Anaesthesist 1966, S.105.

2) Ebenso Kern/Laufs, Die ärztliche Aufklärungspflicht, S.141 ; Uhlenbruck, Arztrecht 1981, S.95. Eine andere Frage ist es, wie weit etwa der Anästhesist im Rahmen einer klinikorganisatorischen Aufgabendelegation auch diese ursprünglich beim Operateur liegenden Aufklärungspflichten mit übernimmt - zur Zulässigkeit einer solchen Delegation im umgekehrten Fall vergl. unten S. 88 f.

3) Dazu etwa Bauer, Bockelmann-FS, S.497 ; Deutsch, NJW 1980, S.1305; Helmchen in: Heim, Ärztliche Aufklärungspflicht, S.81 ff ; Schreiber in: Heim, a.a.O., S.71 ff.

Dient ausnahmsweise die Betäubung als sogenannte "Heilanästhesie" eigenständigen therapeutischen Zwecken, wie etwa bei der Injektion von Lokalanästhetika zur Blockade unerwünschter Fehlleistungen des Reflexapparats oder der Anwendung von Neurolytika[1] bei chronischen Schmerzen im Rahmen der Schmerztherapie[2], so ist die entsprechende Diagnose dem Patienten von dem die Behandlung durchführenden Arzt mitzuteilen.

5.3.2 Verlaufsaufklärung

5.3.2.1 Gesonderte Anästhesieaufklärung?

Für den Bereich der anästhesiologischen Verlaufsaufklärung ist zunächst zu untersuchen, ob überhaupt bzw. wann gesondert über die Betäubung aufgeklärt werden muß. Hierzu schreibt etwa **Uhlenbruck** - ohne allerdings das Problem zu vertiefen: "Jede anästhesiologische Maßnahme erfordert ... eine aufgrund umfassender ärztlicher Aufklärung wirksame Zustimmung des Patienten oder seines gesetzlichen Vertreters."[3] Wie er geht **Hutschenreuther**[4] davon aus, daß infolge der allgemein geltenden Regel, wonach der Patient über Art, Bedeutung und Folgen des Eingriffs wenigstens in Grundzügen unterrichtet sein muß, der Anästhesist grundsätzlich verpflichtet ist, "dem Patienten sachliche Informationen über die Art und Bedeutung sowie auch Folgen und Risiken einer Anästhesie zu vermitteln". Ähnlich, allerdings meist ohne weitere Diskussion der Problematik, äußert sich die allgemeine anästhesiologische Fachliteratur: "Die Einwilligung des Patienten in die Anästhesie ist aber nur dann wirksam, wenn der

---

1) Zur Nervenblockade verwendete Substanzen.
2) Vergl. Niesel, Anästh.Inform. 1978, S.329 ; Weißauer, Anästh.u. Intensivmed. 1986, S.209.
3) Uhlenbruck, NJW 1972, S.2202 - allerdings geben die meisten dort (Fn.10) von ihm angeführten Nachweise aus der Literatur für die hier interessierende Frage kaum etwas her ; ähnlich Kern, Krankenhauskalender 1982, S.421, Fn.17.
4) Hutschenreuther, Anästh.Inform. 1978, S.237.

Patient in einem Aufklärungsgespräch Kenntnis von den damit einhergehenden Maßnahmen und Risiken erhält und sich entsprechend entscheiden kann."[1]

Demgegenüber gehen zahlreiche andere Autoren von einer im Regelfall sehr eingeschränkten Aufklärungspflicht bezüglich der Anästhesie aus: So meint **Schulz**: "Der Patient, der sich einer Operation unterziehen muß, rechnet ohne weiteres mit ihrer (der Narkose) Anwendung. Er erwartet sie sogar, weil sie ihm die Schmerzlosigkeit des Eingriffs sichert. Wenn daher der Arzt auch den Patienten über den beabsichtigten Eingriff und die dabei möglichen Folgen aufklären muß, braucht sich diese Aufklärungspflicht nicht auch auf die für die Durchführung des Eingriffs oder der Operation notwendige Narkose erstrecken, es sei denn, daß gerade bei dem Patienten besondere Umstände vorliegen, die Schwierigkeiten bei der Anwendung jeder Art von Narkose erwarten lassen. Grundsätzlich umfaßt daher die Zustimmung zu einer Operation auch die dazu notwendige Narkose."[2] Ähnlich wie er gehen auch andere Stimmen in der Literatur davon aus, "daß der Patient mit der Einwilligung zum operativen Eingriff zugleich auch stillschweigend sein Einverständnis mit der dazu notwendigen Anästhesie erteilt hat".[3] Der Patient setze "heute bei der Einwilligung selbst in relativ kleine Eingriffe in aller Regel die Anästhesie als selbstverständlich voraus".[4] **Opderbecke** nimmt in diesem Zusammenhang sogar an, daß der Patient – von Bagatelleingriffen abgesehen – im Regelfall überhaupt nur unter der stillschweigenden Voraussetzung in den Eingriff einwilligt, daß dieser unter angemessener Schmerzausschaltung erfolgt.[5]

---

1) So Lutz, Anästhesiologische Praxis, S.10 ; wie er Dudziak, Lehrbuch der Anästhesiologie, S.63 f ; Hügin in: Benzer/Frey/Hügin/Mayrhofer, Lehrbuch der Anaesthesiologie, S.379.
2) Schulz , Arztrecht für die Praxis, S.361.
3) So Kern/Laufs, Die ärztliche Aufklärungspflicht, S.141 ; ebenso Boiger, Anästh.u.Intensivmed. 1986, S.274 ; Gaisbauer, VersR 1976 S.217 ; Opderbecke, Anaesthesie und ärztliche Sorgfaltspflicht, S.35 ; ders. in: Lawin/Huth, Grenzen der ärztlichen Aufklärungs- und Behandlungspflicht, S.35 ; Opderbecke/Weißauer, DÄBl. 1982, Heft 10, S.54 ; Uhlenbruck, Arztrecht 1981, S.95, dieser allerdings in sich widersprüchlich ; Weißauer, Anästh.Inform. 1978, S.232 ; Weißauer/Frey, DMW 1978, S.726.
4) Weißauer, Anaesthesist 1966, S.102.
5) Opderbecke, Anaesthesie und ärztliche Sorgfaltspflicht, S.35.

An dieser Stelle sei zur Klarstellung folgendes angemerkt: In der zuletzt benannten Ansicht liegt nicht etwa eine grundsätzliche Abweichung von der in der bereits zitierten Entscheidung des Reichsgerichts[1] zum Ausdruck gekommenen Auffassung, daß die Anästhesie als Eingriff in die Integrität des Körpers nicht ohne Einwilligung des Patienten vorgenommen werden darf. Ihr liegt lediglich der Gedanke zugrunde, daß eine gesonderte Aufklärung dort nicht erforderlich ist, wo dem Patienten die näheren Bedingungen eines Eingriffs – hier also die Schmerzausschaltung – ohnehin schon bekannt sind. Denn die Aufklärung des Patienten ist weder ein "Formalakt"[2] noch ein "leeres Ritual"[3]: Bei einem bereits von anderer Seite instruierten oder sonst ausreichend vorinformierten Patienten kann die Aufklärung ihren oben beschriebenen Zweck von vornherein nicht erfüllen, er gibt seine Einwilligung unter Einbeziehung dieses Vorwissens, seine Aufklärung durch den behandelnden Arzt kann daher entfallen.[4]

Für den Bereich der Anästhesie berufen sich die letztgenannten Autoren teilweise[5] auch auf zwei zivilrechtliche Entscheidungen des Bundesgerichtshofs, in denen er – allerdings eher beiläufig – feststellt, daß "bei einem Durchschnittspatienten heute die Kenntnis vorausgesetzt werden (kann), daß ein schwerwiegender Eingriff unter Maßnahmen der Schmerzausschaltung erfolgen wird und wohl auch, daß diese Maßnahme wie jeder bedeutende ärztliche Eingriff seine Risiken hat"[6], und darauf hinweist, daß allgemeine Anästhesiegefahren fast jeder schweren Operation eigen seien.[7]

---

1) RG, DR 1942, S.333.
2) Kern/Laufs, Die ärztliche Aufklärungspflicht, S.112.
3) Geilen in: Mergen, Die juristische Problematik in der Medizin, Bd. II, S.31.
4) Ganz herrschende Ansicht: vergl. etwa Bockelmann, Strafrecht des Arztes, S.59 ; Deutsch, Arztrecht und Arzneimittelrecht, S.45 ; Engisch in: Engisch/Hallermann, Die ärztliche Aufklärungspflicht aus rechtlicher und ärztlicher Sicht, S.27 ; Eser, Anästh. Inform.1979, S.218 ; Geilen, a.a.O., S.31.
5) Kern/Laufs, a.a.O., S.141.
6) BGH, NJW 1974, S. 1423. In diesem Fall hätte nach Ansicht des Gerichts aber aus andern Gründen dennoch über das Anästhesieverfahren aufgeklärt werden müssen.
7) BGH, VersR 1976, S.370.

Ohne an dieser Stelle bereits etwas über die praktische Bedeutung und Häufigkeit dieser Fälle aussagen zu wollen, ist m.E. jedenfalls dem Ausgangspunkt der zuletzt genannten Ansicht zuzustimmen: Berührt wird die Aufklärungspflicht über den Verlauf der Behandlung und ihr Risiko. Einen im Hinblick auf seine Häufigkeit[1] vergleichbaren Eingriff, der daher sowohl dem Verlauf nach als auch hinsichtlich seines Schweregrades allgemein bekannt ist, bildet etwa die Appendektomie[2]. Zu dieser hat der Bundesgerichtshof ausgeführt, daß es als Allgemeinwissen bei einem normal informierten Patienten vorausgesetzt werden kann, daß die Operation zwar keineswegs ein Bagatelleingriff ist, aber andererseits auch keine Risiken in sich birgt, die über die allgemeinen Gefahren vergleichbarer Eingriffe hinausgehen. Daher könne sich der Arzt insoweit auf den Hinweis beschränken, eine Operation sei eben eine Operation, und Zwischenfälle seien nie auszuschließen.[3]

Gleichfalls muß der Patient in der Regel nicht über sogenannte Nebeneingriffe aufgeklärt werden, also über ärztliche Maßnahmen, die bekanntermaßen Bestandteil des geplanten Gesamteingriffs sind, etwa Infusionen oder Einspritzungen, und die von seiner Einwilligung in den Gesamteingriff mit umfaßt werden.[4]

Übertragen auf die hier gestellte Frage im Anästhesiebereich bedeutet dies: Soweit es tatsächlich um solch einen schwerwiegenden Eingriff geht, der, wie allgemein bekannt ist, nur unter Betäubung durchgeführt wird, und soweit dieser Betäubung nur ganz allgemein bekannte Risiken anhaften, ist der Durchschnittspatient[5] in aller Regel kraft

---

1) Weißauer, Anästh.u.Intensivmed. 1984, S.360, schätzt die Zahl jährlich durchgeführter Narkosen auf über fünf Millionen.
2) Operative Blinddarmentfernung.
3) BGH, NJW 1980, S.635 ; ähnlich schon BGH, NJW 1978, S.2337.
4) Hahn, Die Haftung des Arztes für nichtärztliches Hilfspersonal, S. 70 ; Weißauer, Anaesthesist 1966, S.102 ; dazu auch BGH, NJW 1980, S.1903.
5) Allerdings liegt hier bereits eine gewichtige Einschränkung: Es muß sich tatsächlich um einen "Durchschnittspatienten" in diesem Sinn handeln. Treten bei dem Patienten aus irgendeinem Grunde Fehlvorstellungen zutage, sind sie durch eine angemessene ärztliche Aufklärung zu korrigieren; ebenso Wießauer in: Benzer/Frey/Hügin/Mayrhofer, Lehrbuch der Anaesthesiologie, S.37.

dieses Vorwissens ausreichend informiert. Er gibt mit seiner Einwilligung in den Eingriff dann stillschweigend auch die in die Betäubung in Kenntnis deren Risikos. Im Fall einer solchen "Standardnarkose"[1] ist daher eine gesonderte Aufklärung über die Betäubung und das allgemeine Narkoserisiko nicht erforderlich.

Bereits über die Tatsache einer Betäubung ist der Patient umgekehrt immer dann explizit zu informieren, wenn - abweichend von der oben geschilderten Situation - die Notwendigkeit einer solchen Betäubung für ihn nicht ohne weiteres erkennbar ist. Dies kann vor allem bei leichteren Eingriffen der Fall sein, insbesondere auch bei solchen, die ambulant durchgeführt werden. Weiter seien hier vor allem auch schmerzhafte diagnostische Maßnahmen genannt, wie etwa eine Röntgenuntersuchung in Narkose, bei denen der Patient nicht damit rechnet, betäubt zu werden.[2]

Allerdings wird es auch in den oben genannten schweren Fällen praktisch kaum je vorkommen, daß tatsächlich die Aufklärung darüber entfällt, daß überhaupt ein Betäubungsverfahren angewendet werden wird. Zum einen wird - worauf **Kronschwitz** zutreffend hinweist[3] - der Operateur, wenn er den Patienten über den operativen Eingriff aufklärt, ihn auch darüber unterrichten, "daß die Operation in Narkose vorgenommen wird". Dies wird dem Patienten aber insbesondere dadurch nochmals vor Augen geführt, daß in der Praxis vor jeder Anästhesie die spezielle Narkosevisite steht, in der sich der verantwortliche Anästhesist persönlich über Anamnese und Allgemeinzustand des Patienten informiert, um danach das Anästhesierisiko

---

1) Kronschwitz, Anästh.Inform. 1976, S.366.
2) Fieser, Das Strafrecht des Anaesthesisten, S.62 ; Kern/Laufs, Die ärztliche Aufklärungspflicht, S.141 ; Opderbecke, Anaesthesie und ärztliche Sorgfaltspflicht, S.35 ; Opderbecke/Weißauer, DÄBl. 1982, Heft 10, S.54 ; Weißauer, Anaesthesist 1966, S.102 ; Weißauer/Frey, DMW 1978, S.726 ; zur Anästhesieaufklärung bei diagnostischen Maßnahmen insbesondere Stoeckel/Gabriel/Felix, Anästh. Inform. 1978, S.325 ff.
3) Kronschwitz, a.a.O., S.366.

abschätzen sowie das Verfahren und die Prämedikation auswählen zu können.[1]

Praktisch bedeutsam ist daher weniger die Frage, ob darüber aufzuklären ist, daß überhaupt eine Anästhesie stattfindet, als vielmehr die, in welchem Umfang der Patient über diese unterrichtet werden muß.

5.3.2.2 Aufklärung über Verfahrensalternativen

Bei zahlreichen Eingriffen stehen mehrere mögliche Betäubungsverfahren zur Wahl. Hier ist grundsätzlich - also auch dann, wenn der Patient selbstverständlich davon ausgeht, betäubt zu werden - über die verschiedenen Möglichkeiten der Anästhesie aufzuklären. Denn eine gegebenenfalls insofern vorliegende stillschweigende Einwilligung des Patienten kann überhaupt nur dahin verstanden werden, daß generell eine Schmerzausschaltung erfolgt. Über die Art des Betäubungsverfahrens ist damit noch nichts gesagt. Denn daß die Einwilligung in eine Operation immer das stillschweigende Einverständnis des Patienten mit jeder beliebigen Anästhesie beinhalten würde, kann keineswegs unterstellt werden.[2]

In diesem Zusammenhang ist vor allem der Fall zu nennen, in dem der Eingriff wahlweise in Vollnarkose oder in Lokal- bzw. Regionalanästhesie durchgeführt werden kann. Grade bei kleineren Eingriffen wird der Patient oft eine Lokalanästhesie erwarten, bei größeren dagegen eher eine Narkose.[3]

Andererseits ist speziell die sich nur in partieller Betäubung auswirkende Leitungsanästhesie, die auch bei größeren Eingriffen anwendbar ist, dem Patienten oft unbekannt.[4] Er wird daher generell eher von einer Narkose ausgehen. Oft werden auch - worauf etwa Eser[5]

---

1) Vergl. etwa Herden/Lawin, Anästhesie-Fibel, S.84 ff ; Lutz, Anästhesiologische Praxis, S.3 ; sowie unten S. 93 ff.
2) Weißauer, Anaesthesist 1966, S. 102 ; ders., Anästh.Inform. 1974, S.230.
3) Weißauer, Anästh.Inform. 1974, S.230 ; ähnlich Fieser, Das Strafrecht des Anaesthesisten, S.62.
4) Kern/Laufs, Die ärztliche Aufklärungspflicht, S.141.
5) Eser, Anästh.Inform. 1979, S.215.

zu Recht hinweist - gegen dieses Verfahren wegen seiner häufigen Eingriffsnähe zum Rückenmark[1] besondere Ängste und Vorbehalte bestehen.[2]

Für einen solchen Fall, in dem eine Operation nicht unter Allgemeinnarkose, sondern unter Leitungsanästhesie (hier Periduralanästhesie) vorgenommen wurde, hat der Bundesgerichtshof in seiner Grundsatzentscheidung vom 12. Februar 1974[3] eine entsprechende Aufklärungspflicht ausdrücklich bestätigt: Es könne nicht davon ausgegangen werden, "daß ein verständiger Patient ... an der Entscheidung zwischen Allgemeinnarkose und Periduralanästhesie uninteressiert sei". Auch könne nicht - wie das Berufungsgericht gemeint hatte - angenommen werden, "daß sich der wesentliche Unterschied zwischen den beiden Arten der Schmerzausschaltung dem Verständnis eines sachgemäß belehrten Laien entziehe". "Der grundlegende Unterschied zwischen der Ausschaltung des Bewußtseins und der Ausschaltung des Schmerzgefühls in einem bestimmten Körperbereich bei allenfalls gedämpftem Bewußtsein sowie der dazu erforderliche Eingriff" könnten dem Patienten durchaus erklärt werden. Es könne "auch nicht von vornherein angenommen werden, dieser Unterschied der Methode, der das subjektive Erleben der Operation wesentlich beeinflußt, werde dem Patienten gleichgültig sein". Hinzu komme, daß möglicherweise zwar die spezifischen Risiken der beiden Grundverfahren im Ergebnis gleichwertig seien, daß die einzelnen Risiken aber ganz verschiedener Natur seien. So sei gerade die Gefahr einer Beinlähmung - die der Patient hier erlitten hatte - der Periduralanästhesie als typisches Risiko eigen, der Allgemeinnarkose aber fremd. "Die Wahl zwischen zweierlei Gefahrengruppen, die Leben und Wohlbefinden wesentlich betreffen, darf dem Patienten nicht ohne triftige Gründe vorenthalten werden."[4]

---

1) Allgemein wird bei der Lokalanästhesie das Anästhetikum direkt an den das Operationsgebiet versorgenden Nerven angesetzt. Man unterscheidet dabei verschiedene Einzelverfahren nach dem Ort der Nervenblockade wie die Lokalanästhesie im engeren Sinn, bei der lediglich ein peripherer Nerv blockiert wird, die Plexusanästhesie zur Betäubung einer gesamten Extremität, die Periduralanästhesie, bei der das Betäubungsmittel außerhalb der harten Rückenmarkshaut in den Wirbelkanal injiziert wird, oder die Spinalanästhesie, bei der diese Injektion innerhalb der harten Rückenmarkshaut erfolgt; vergl. etwa Herden/Lawin, Anästhesie-Fibel, S.160.
2) Eser, Anästh.Inform. 1979, S.215 ; ebenso Weißauer, Anästh.Inform. S.230 ; Weißauer/Frey, DMW 1978, S.726.
3) BGH, NJW 1974, S.1422.
4) BGH, a.a.O., S.1423.

Problematisch ist in diesem Zusammenhang allerdings eine - ebenfalls zivilrechtliche - Entscheidung des Oberlandesgerichts Karlsruhe[1]: In dem der Entscheidung zugrunde liegenden Fall war es bei einem Patienten während einer Prostataoperation unter Allgemeinnarkose nach 35 Minuten zum Herzstillstand gekommen. Sofort eingeleitete Wiederbelebungsmaßnahmen hatten zwar Erfolg, es war aber während der Zeit des Herzstillstandes wegen mangelnder Gehirndurchblutung zu einem schwerwiegenden Ausfall der Gehirnfunktionen gekommen, der zu einer dauerhaften Reduzierung des geistigen und körperlichen Zustandes beim Patienten führte. Auch hier war der Patient nicht darüber aufgeklärt worden, daß der Eingriff auch unter Lokalanästhesie hätte durchgeführt werden können. Dennoch verneinte das Gericht im vorliegenden Fall eine Verletzung der ärztlichen Aufklärungspflicht: Zwar müsse der Patient in der Regel über die beiden Grundverfahren der Schmerzausschaltung, nämlich Allgemeinnarkose und Leitungsanästhesie und ihre teilweise unterschiedlichen Risiken aufgeklärt werden. Dieser Aufklärung bedürfe es aber nicht, "wenn ein verständiger Patient ... an der Entscheidung zwischen Allgemeinnarkose und Leitungsanästhesie uninteressiert" sei.[2] Das war nach Ansicht des Gerichts hier deshalb der Fall gewesen, weil das Risiko des Herzstillstandes mit der Folge der Sauerstoffmangelschädigung des Großhirns bei beiden Grundverfahren der Anästhesie ungefähr gleich groß sei. Maßgeblich für die Entscheidung zwischen Allgemeinnarkose und Leitungsanästhesie wäre aber in diesem Fall gerade dieses Risiko des Herzstillstandes gewesen, da der Patient nach seiner Behauptung eine Leitungsanästhesie gewählt hätte, wenn dieses Risiko bei dieser nicht oder nur in geringerem Maße bestanden hätte. Auch im übrigen sei über die Alternative der Leitungsanästhesie nur dann aufzuklären gewesen, wenn diese Methode zur Zeit des Eingriffs schonender als die Allgemeinnarkose gewesen wäre. Dies hatte der Sachverständige aber verneint.

Nach **Eser**[3] liegt diese Entscheidung letztlich - trotz scheinbaren Widerspruchs - auf der Linie der zitierten BGH-Judikatur, da sie

---

1) OLG Karlsruhe, VersR 1978, S.549.
2) OLG Karlruhe, a.a.O., S.549.
3) Eser, Anästh.Inform.1979, S.215.

im Klartext bedeute, daß, soweit es um die Wahl zwischen zwei verschiedenen Verfahren geht, nur solche Faktoren aufklärungsbedürftig seien, die nicht beiden gemeinsam, sondern nur für das eine oder andere spezifisch seien. Auch **Kern** und **Laufs**[1] sehen in dieser Entscheidung eine Fortentwicklung der genannten BGH-Rechtsprechung, da die Aufklärung bei alternativen Behandlungsmethoden nur den Zweck verfolge, Unterschiede der Verfahren aufzuzeigen; entscheidend für die Wahl des Patienten seien aber die unterschiedlichen Risiken.

In der Tat werden die unterschiedlichen Risiken der Behandlungsalternativen ein wesentlicher Gesichtspunkt für die Wahl des Patienten sein. Auch die Rechtsprechung hat in jüngster Zeit mehrfach betont, daß der Arzt - vor allem auch bei Unfallpatienten - nicht stets jede theoretisch noch in Betracht kommende Behandlungsmethode mit dem Patienten erörtern muß, wenn diese nicht weniger risikoreich ist.[2]

Die Wahl zwischen den beiden Grundverfahren der Anästhesie hat aber für den Patienten eine ganz andere Bedeutung als die zwischen zwei chirurgischen Operationsmethoden. Mancher Patient möchte 'nichts sehen und nichts hören' und wünscht sich daher auch für einen kleineren Eingriff eine Narkose mit vollständiger Bewußtseinsausschaltung. Andere haben gerade Scheu, die Kontrolle über ihr Bewußtsein zu verlieren und ziehen auch für nicht ganz kleine Eingriffe eine Lokal- bzw. Regionalanästhesie vor.[3] Daher kann m.E. aus der Tatsache, daß ein spezielles Risiko beiden Verfahren gleichermaßen anhaftet, nicht geschlossen werden, der Patient sei an der grundsätzlichen Wahl zwischen Allgemeinnarkose und Leitungsanästhesie uninteressiert. Auch der Bundesgerichtshof hat ausgeführt, daß nicht nur bei unterschiedlichem Risiko der Methoden dem Patienten überlassen bleiben müsse, auf welches er sich einlassen will. Ihm müsse auch dann die Wahl offenstehen, wenn zwischen den Behandlungsarten wesentliche Unterschiede bestünden.[4]

---

1) Kern/Laufs, Die ärztliche Aufklärungspflicht, S.87.
2) BGH, MedR 1983, S.23, für den Fall zweier alternativer Operationsmethoden ; ähnlich OLG Frankfurt, NJW 1983, S.1382 ; OLG Bremen, Arzt und Krankenhaus 1986, S.176.
3) Opderbecke, Anaesthesie und ärztliche Sorgfaltspflicht, S.35.
4) BGH, a.a.O., S.24.

Die Entscheidung über die Wahl alternativer Betäubungsverfahren darf daher dem Patienten grundsätzlich nicht vorenthalten werden, er ist stets über das alternativ zur Verfügung stehende Verfahren aufzuklären.[1]
Speziell bei mehreren zur Verfügung stehenden Alternativverfahren ohne ins Gewicht fallende Unterschiede hinsichtlich des Risikos steht natürlich in erster Linie das Selbstbestimmungsrecht des Patienten in Frage.[2] Gleichwohl sollte m. E. bis zu einer gesetzlichen Neuregelung[3] auch in diesen Fällen, in denen der Patient seine Entscheidung aus den dargestellten Gründen tatsächlich bei einer diesbezüglichen Aufklärung anders treffen würde - und nur diese können überhaupt strafrechtlich relevant werden - diesem Recht zur Selbstbestimmung auch ein im Rahmen der Körperverletzungstatbestände strafrechtlich abgesicherter Schutz zugebilligt werden.

Die aufgezeigten Grundsätze für die Aufklärung bei Behandlungsalternativen gelten nicht nur für die wahlweise Möglichkeit zwischen Allgemeinnarkose und Periduralanästhesie, sondern etwa auch für die Möglichkeit der Spinalanästhesie.[4] Auch hier hat daher zumindest eine Aufklärung über die unterschiedlichen Grundverfahren zu erfolgen. Aus gleichen Gründen, insbesondere angesichts der häufig vorliegenden besonderen Vorbehalte gegen die rückenmarksnahen Verfahren der Regionalanästhesie, sollte aber auch zwischen diesen und anderen Methoden der Regionalanästhesie differenziert und der Patient über das jeweils gewählte Verfahren informiert werden.[5]

---

1) Ob die Entscheidung des Oberlandesgerichts Karlsruhe dennoch im Ergebnis zutreffend ist, weil sich hier ein einzelnes Risiko verwirklicht hatte, über das nicht aufzuklären war, und es daher möglicherweise am 'Rechtswidrigkeitszusammenhang' zwischen Aufklärungspflichtverletzung und Schaden fehlt, bedarf hier keiner Entscheidung - dagegen mit gewichtigen Gründen Schmid, NJW 1984, S.2604 ; Bedenken auch bei BGH, NJW 1984, S.1395 f ; offengelassen von BGH, NJW 1986, S.1541 f ; vergl. weiter Dunz, MedR 1984, S.1984.

2) Zu dieser Problematik im einzelnen oben, S. 13 ff.

3) Vergl. dazu oben S.18.

4) Ebenso Niesel, Anästh.Inform. 1978, S.328 ; Weißauer, Anaesthesist 1966, S.104.

5) Lutz, Anästhesiologische Praxis, S.11 ; Weißauer, Anästh.Inform. 1978, S. 233.

Gleichfalls sollte - wegen der grundsätzlich unterschiedlichen Empfindung des Verfahrens - dem Patienten mitgeteilt werden, ob eine Allgemeinnarkose als intravenöse oder als Maskennarkose ausgeführt wird.[1]

Demgegenüber dürfte die Frage, welche Narkotika im einzelnen verwendet werden, für die Entscheidung des Patienten von untergeordneter Bedeutung sein, so daß hierüber nur auf Nachfragen, nicht aber im Rahmen der Basisaufklärung informiert werden muß.[2]

Anderes gilt allerdings dann, wenn etwa die vergleichsweise hohe Gefährlichkeit eines Betäubungsmittels bereits in der Fachliteratur beschrieben wurde. Will der Arzt dennoch an diesem Medikament oder Verfahren festhalten, und stehen andererseits Behandlungsweisen zur Verfügung, die sich in der Vergangenheit als optimal erwiesen haben, so muß er auch diese Umstände dem Patienten mitteilen.[3]

Neben der Wahl des Verfahrens hat die Aufklärung dem Patienten auch die wesentlichen Gründen deutlich zu machen, die den Arzt zur Wahl des einen oder anderen Verfahrens bewegen.[4]

---

1) Wie hier Fieser, Das Strafrecht des Anaesthesisten, S.55 ; a.A., aber ohne Begründung, Weißauer, Anaesthesist 1966, S.104.

2) Weißauer, Anaesthesist 1966, S.104.

3) Vergl. OLG Düsseldorf, MedR 1984, S.28 ff.

4) Dudziak, Lehrbuch der Anästhesiologie, S.63 ; Hutschenreuther, Anästh. Inform. 1978, S.237 ; Weißauer, Anäst.Inform. 1978, S.233.

5.3.2.3 Aufklärung über Verfahrensänderung oder -erweiterung

An dieser Stelle stellt sich die Frage, wie sich die Pflicht des Arztes, den Patienten über die Art des Betäubungsverfahrens aufzuklären, auswirkt, wenn während des Eingriffs eine Änderung oder Erweiterung der Betäubung erforderlich wird: Ist der Patient vorher über diese Möglichkeit zu informieren, oder kann diesbezüglich - zumindest in der Regel - von seiner mutmaßlichen Einwilligung in die Änderung oder Erweiterung ausgegangen werden?

Dieses Problem reduziert sich für den Bereich der Anästhesiologie praktisch auf den Fall, in dem der Eingriff zunächst unter Regionalanästhesie begonnen wurde und dann unter Vollnarkose fortgesetzt werden muß, ohne daß dies vorher mit dem Patienten erörtert worden wäre.[1] Demgegenüber betrifft die allgemein im Arztstrafrecht bedeutsame Situation, daß sich während des Eingriffs unvorhergesehen der medizinische Befund verändert, und damit weitergehende operative Maßnahmen erforderlich werden, die Aufklärungspflicht des Operateurs, nicht die des Anästhesisten.[2]

Lutz[3] zufolge soll der Anästhesist von seinem Patienten neben der schriftlichen Einwilligung in das von ihm grundsätzlich vorgeschlagene Betäubungsverfahren auch das Einverständnis in eine aus medizinischen Gründen gebotene Änderung oder Erweiterung der Betäubung einholen und den Patienten entsprechend informieren. Auch **Opderbecke** fordert, daß der Patient auf die Notwendigkeit hinzuweisen ist, den Eingriff unter Umständen in Allgemeinanästhesie fortzusetzen und zu beenden.[4]

---

1) In seltenen Ausnahmefällen kann sich allerdings auch die umgekehrte Situation ergeben, daß - etwa wegen unvorhergesehener Intubationsschwierigkeiten - eine zunächst als Allgemeinbetäubung vorgesehene Anästhesie als Lokalanästhesie fortgesetzt werden muß -. Hier gelten die folgenden Ausführungen entsprechend.

2) Vergl. dazu insbesondere BGH NJW 1977, S.377 f, mit Besprechungen von Dunz, DMW 1978, S.1226 f, und Barnickel, DMW 1978, S.1531 ; weiter Eser, BWÄBl. 1981, Heft 10, Sonderbeilage, S.3.

3) Lutz, Anästhesiologische Praxis, S.11.

4) Opderbecke, Anaesthesie und ärztliche Sorgfaltspflicht, S.36.

Demgegenüber will **Weißauer**[1] für diesen Fall der Anästhesieerweiterung grundsätzlich eine Orientierung am mutmaßlichen Willen des Patienten genügen lassen, also daran, wie dieser vermutlich entscheiden würde, wenn seine Einwilligung eingeholt werden könnte. Nach seiner Ansicht darf der Anästhesist mit Ausnahme exzeptioneller Fälle, in denen der Patient vor der Operation erklärt hat, er lehne ein bestimmtes Anästhesieverfahren schlechterdings ab, davon ausgehen, "daß der Patient einer sachlich gebotenen Änderung oder Erweiterung des Betäubungsverfahrens seine Zustimmung nicht versagen würde".[2]
Zweifelhaft ist allerdings, ob dieser Rückgriff auf die mutmaßliche Einwilligung des Patienten den Arzt hier überhaupt entlasten kann. Zwar kommt es für die Anästhesieerweiterung selbst darauf an, ob nach der nunmehr entstandenen Lage dieser Rechtfertigungsgrund eingreift. Ein strafwürdiges Handeln des Arztes kann aber in seinem Verhalten bei dem vor der Anästhesie geführten Aufklärungsgespräch liegen, wenn mit der Möglichkeit einer solchen Anästhesieerweiterung gerechnet werden mußte.[3] So führte bereits der Bundesgerichtshof in seiner berühmten 'Myom-Entscheidung'[4] aus, daß eine Fahrlässigkeit des Arztes darin liegen könne, daß er es vor der Operation versäumt, sich der Zustimmung des Patienten zu der möglicherweise erst während des Eingriffs offenbar werdenden Notwendigkeit einer Eingriffserweiterung zu vergewissern. Der Arzt hätte in jenem Fall vor der Operation an die Möglichkeit der Erweiterung denken, die Patientin darüber aufklären und ihre Einwilligung einholen müssen.[5]

---

1) Weißauer, Anaesthesist 1966, S.101.
2) Weißauer, a.a.O., S.101.
3) Zur Unterscheidung dieser beiden Zeitpunkte zutreffend Hirsch in: LK, § 226a, Rn.35 ; vergl. weiter Brenner, Arzt und Recht, S.50 ; OLG Frankfurt, NJW 1981, S.1322 f.
4) BGHSt 11, S.115.
5) BGHSt 11, S.113: in dem zugrunde liegenden Fall sollte der Patientin eine große Gebärmuttergeschwulst entfernt werden. Während der Operation stellte sich heraus, daß wegen einer Verwachsung eine Entfernung des Myoms nur mit gleichzeitiger Entfernung der Gebärmutter möglich war, die der Arzt auch kunstgerecht, aber ohne Einwilligung der Patientin vornahm. Vergl. auch den ähnlichen Fall des OLG Karlsruhe, VersR 1980, S.1054, sowie Eser in: Schönke/Schröder, § 223, Rn.44 ; Kern/Laufs, Die ärztliche Aufklärungspflicht, S.131 f ; Schwab/Kramer/Krieglstein, Rechtliche Grundlagen der ärztlichen Aufklärungspflicht, S.34 ; Tempel, NJW 1980, S.613.

Ähnlich liegt es aber in diesem Bereich der Anästhesie: Die Notwendigkeit der Umstellung von Regionalanästhesie auf Allgemeinnarkose kann sich nicht nur ergeben bei nachträglicher Erweiterung des Befundes, sondern vor allem aus Mängeln des Anästhesieverfahrens selbst. So fordert etwa Snow, daß der Anästhesist bei einer Spinal- oder Periduralanästhesie vorsichtshalber stets ein funktionsfähiges Narkosegerät zur Verfügung haben müsse, um notfalls auch eine Allgemeinanästhesie durchführen zu können.[1] Die Notwendigkeit, den Eingriff unter Vollnarkose fortzusetzen, weil die Regionalanästhesie nicht "sitzt"[2], muß somit als naheliegend und stets als aufklärungsbedürftig angesehen werden.

Dementsprechend enthält auch der vom Berufsverband Deutscher Anästhesisten schon 1978 empfohlene und inzwischen weit verbreitete Aufklärungs- und Anamnesebogen für Anästhesisten[3], der die Basisaufklärung des Patienten mit seiner entsprechenden Einwilligungserklärung verbindet, die Erklärung, daß der Patient mit medizinisch angezeigten Änderungen und Erweiterungen des Anästhesieverfahrens einverstanden ist.

Weiter bestehende Streitfragen, die auch den Verlauf der Behandlung betreffen, wie die, ob aufgeklärt werden muß über die Person und Qualifikation des behandelnden Arztes oder die Absicht, den Eingriff in einer sogenannten "Parallelnarkose" durchzuführen, hängen so eng mit der Aufklärung über das Risiko der Behandlung zusammen, daß sie dort an entsprechender Stelle erörtert werden sollen.

---

1) Snow, Manual der Anästhesie, S.158.
2) So etwa in den Fällen BGH, NJW 1974, S.1422, und NJW 1974, S.1424.
3) Abgedruckt bei Weißauer, Anästh.Inform. 1978, S.246 ff ; die inzwischen überarbeiteten Neufassungen sind wiedergegeben in Anästh.u.Intensivmed. 1981, S.53 und 329 ; dazu jeweils Weißauer, Anästh.u.Intensivmed. 1981, S.52, 328.

5.3.3 Risikoaufklärung

5.3.3.1 Allgemeines zur Aufklärungsbedürftigkeit von Anästhesierisiken

Um eine dem Selbstbestimmungsgedanken gerecht werdende Einwilligung geben zu können, bedarf der Patient auch der Informationen über die Gefahren des geplanten ärztlichen Eingriffs, also über mögliche dauernde oder vorübergehende Nebenfolgen, die sich auch bei der Anwendung der größtmöglichen ärztlichen Sorgfalt, d.h. auch bei fehlerfreier Durchführung[1] des Eingriffs nicht mit Gewißheit ausschließen lassen.

Dies ist heute im Grundsatz allgemein anerkannt[2], in den Einzelheiten aber außerordentlich umstritten.[3] Denn stets wird sich in der Praxis die Frage stellen, über welche Risiken des Eingriffs der Patient aufzuklären ist: praktisch über jedes auch nur in außerordentlich seltenen Fällen vorkommende Risiko oder nur über bestimmte Hauptrisikogruppen, das Risiko im Großen und Ganzen?

Vom Ausgangspunkt einer 'informierten Einwilligung' erscheint eine möglichst umfassende Aufklärung geboten. Speziell im anästhesiologischen Bereich sollte aber ein Umstand nicht aus dem Blick verloren werden, der nichts mit einer ärztlichen Forderung nach bedingungslosem Vertrauen in die ärztliche Kunst zu tun hat und der gerade von in diesem Bereich tätigen Medizinern immer wieder betont wird: Eine allein auf rechtliche Absicherung zielende 'Totalaufklärung' kann speziell in der Anästhesie auch eine zusätzliche medizinische Gefährdung des Patienten mit sich bringen. Ein 'überaufgeklärter'

---

1) Über die Möglichkeiten von Fehlern des Arztes und deren Folgen braucht der Patient demgegenüber nicht aufgeklärt zu werden. Er willigt ohnehin nur in eine kunstgerecht durchgeführte Behandlung ein, so daß ein fehlerhaft durchgeführter Eingriff generell nicht gerechtfertigt sein wird; vergl. Franzki, Unfallversicherung 1981, S.639 ; Kern/Laufs, Die ärztliche Aufklärungspflicht, S.68 ; Kohlhaas, Medizin und Recht, S.97 ; Laufs, NJW 1986, S.1520 ; BGH, NJW 1985, S.2193, MedR 1986, S.147.
2) Vergl. statt aller Kern/Laufs, a.a.O., S.67.
3) Eser, Anästh.Inform. 1979, S.216, hält den Umfang der Risikoaufklärung sogar für den "Hauptschauplatz der Auseinandersetzung zwischen Medizinern und Juristen"; ähnlich Baur, Arzt und Krankenhaus 1981, S.311.

Patient kann unter Umständen ein beunruhigter Patient sein, entsprechend kann der Bedarf an zu verabreichenden Beruhigungs- und Narkosemitteln steigen und so zu einer zusätzlichen Belastung der Vitalfunktionen führen.[1] Auch zur Vermeidung einer solchen Gefahr bedarf es einer möglichst klaren Bestimmung und Abgrenzung der aufklärungspflichtigen Risiken.

Während früher die Rechtsprechung - insbesondere des Bundesgerichtshofs - Aufklärung gefordert hatte über alle "typischen" Risiken des Eingriffs, d.h. über solche Risiken, die mit einer gewissen statistischen Häufigkeit grade und nur bei diesem speziellen Eingriff auftreten[2], hat sie zwar grundsätzlich daran festgehalten, daß gerade über die eingriffsspezifischen Risiken aufzuklären sei, ist aber immer stärker von einer hauptsächlich an der sogenannten "Komplikationsdichte" orientierten Risikoaufklärung abgerückt.[3]

Heute wird als entscheidend angesehen, wieweit für einen "<u>verständigen Patienten</u>"[4] in entsprechender Lage unter Berücksichtigung der Dringlichkeit des Eingriffs das betreffende Risiko nach seiner Art und Häufigkeit für die Entscheidung über den Eingriff ins Gewicht fallen würde.[5] Bei dieser Beurteilung, welches Risiko für die Entscheidung des Patienten ernsthaft ins Gewicht fallen kann, ist die Häufigkeit der speziellen Komplikation[6] nur noch ein Faktor unter verschiedenen anderen. Neben ihr sind insbesondere auch die Gefährlichkeit des Eingriffs überhaupt, die Größe und Dauer der möglicher-

---

1) So etwa Baumann/Kimmel/Pfeiffer in: Lawin/Huth, Grenzen der ärztlichen Aufklärungs- und Behandlungspflicht, S.44 ; Opderbecke, Bild der Wissenschaft 1981, Heft 2, S. 61 ; Rügheimer in: Opderbecke/Weißauer, Forensische Probleme in der Anaesthesiologie, S.10, der meint, daß der Umfang der Aufklärungspflicht nach der Rechtsprechung inzwischen die Grenze des für den Patienten Zumutbaren überschritten habe ; weiter Stoeckel/Gabriel/Felix, Anästh. Inform. 1978, S.325 f ; Weißauer in: Opderbecke/Weißauer, a.a.O., S.34 f ; ders., Anästh.u.Intensivmed. 1984, S.360.

2) So etwa BGH, NJW 1956, S.1106 f ; VersR 1959, S.156 ; BGHZ 29, S.182 ; OLG Stuttgart, NJW 1958, S.262 f, sowie Kern/Laufs, Die ärztliche Aufklärungspflicht, S.103 f, mit einer Übersicht über die von der Rechtsprechung als "typische Gefahren" eingestuften Risiken.

3) Vergl. Eser, Anästh.Inform. 1979, S.216 ; Kern/Laufs, a.a.O., S.100 ; Tempel, NJW 1980, S.611.

4) Zu diesem Begriff Steffen, MedR 1983, S.88 ff.

5) Etwa BGH, NJW 1977, S.337 f ; NJW 1980, S.1907 ; OLG Stuttgart, VersR 1981, S.691 ; zahlreich weitere Nachweise bei Hirsch in: LK, § 226a, Rn.27.

6) Dabei kommt es nicht auf die allgemeine Statistik, sondern auf die Komplikationsdichte in der jeweiligen konkreten Klinik an; vergl. BGH, NJW 1980, S.1907 ; OLG Bremen, MedR 1983, S.111.

weise eintretenden Schädigung oder gegebenenfalls vorliegende Sonderinteressen des Patienten, die eine an sich sehr selten auftretende Nebenfolge für ihn als besonders schwerwiegend erscheinen lassen, zu berücksichtigen. Dabei hat der Arzt grundsätzlich auch solche Risiken in Betracht zu ziehen, mit denen er unter den konkreten Umständen rechnen muß, auch wenn er sie nicht positiv kennt, etwa, weil sie bisher nicht in der Literatur beschrieben wurden.[1]
Rechnet ein Patient mit einem solchen eingriffsspezifischen Risiko nicht, so ist er über diese konkrete Gefahr aufzuklären. Dies muß nicht in allen Einzelheiten geschehen, der Patient muß aber das einzelne Risiko in groben Umrissen vermittelt erhalten.[2]

5.3.3.2 Allgemeines Anästhesierisiko

Generell nicht aufklärungsbedürftig sind demgegenüber solche Folgen und Risiken, die nach allgemeiner Erfahrung mit jedem ärztlichen Eingriff verbunden sind.[3] Jeder verständige Patient weiß heute, daß es kein Anästhesieverfahren gibt, welches gänzlich risikofrei wäre[4], und daß es auch bei kleineren Eingriffen zu schweren Zwischenfällen kommen kann, wenn ungünstige Umstände zusammentreffen. Das bedeutet, daß über das sogenannte 'allgemeine Anästhesierisiko', also über Gefahren, die schlechthin jeder Betäubung anhaften, nicht gesondert aufgeklärt werden muß. Auch der Bundesgerichtshof hat das "allgemeine Anästhesierisiko" geradezu als Musterbeispiel für eine allgemeine, nicht aufkärungsbedürftige Operationsgefahr, mit der der Patient rechnen müsse, bezeichnet.[5]

---

1) BGH, MedR 1986, S.79 ; dazu Kern, Chirurg 1986, S.174 f.
2) OLG Frankfurt, VersR 1979, S.651 f ; Kern/Laufs, Die ärztliche Aufklärungspflicht, S.95 ; vergl. auch OLG Köln, NJW 1987, S.2302.
3) Eser in: Schönke/Schröder, Strafgesetzbuch, § 223, Rn.41.
4) Opderbecke, Anaesthesie und ärztliche Sorgfaltspflicht, S.35.
5) BGH, VersR 1976, S.370 ; in diesem Sinn auch BGH, VersR 1981, S.456: "Die Kenntnis von der Gefahr eines Narkosezwischenfalls kann bei einem Laien vorausgesetzt werden."

Problematisch ist allerdings, welche Risiken es sind, die tatsächlich allgemein bekanntermaßen jeder Anästhesie anhaften, so daß von einem Durchschnittspatienten erwartet werden kann, daß er die Einwilligung in den Eingriff im Bewußtsein dieser Risiken erteilt: Genannt wird hier in der Literatur[1], der sich jetzt auch der Bundesgerichtshof[2] angeschlossen hat, die Möglichkeit einer Embolie oder einer Thrombose.

Umstritten ist dagegen bereits, ob der anästhesierende Arzt den Patienten über die Möglichkeit eines Herzstillstandes im Zusammenhang mit der Betäubung aufklären muß. Zwar wird allgemein das Risiko eines Herzstillstandes als Risiko angesehen, welches nicht typisch ist für ein bestimmtes Betäubungsverfahren, sondern mit dem allgemein, d.h. gleichermaßen bei der Vollnarkose als auch bei der Lokalanästhesie, gerechnet werden muß.[3] Beispielsweise geht Eser aber davon aus, daß diese Möglichkeit vom Patienten in vielen Fällen verdrängt wird. Die Gefahr des anästhesiebedingten Herzstillstandes könne also nicht als allgemein bekannt vorausgesetzt werden, über sie sei daher aufzuklären.[4]

Demgegenüber hält **Weißauer** auch die Gefahr des Herzstillstandes als allgemeines Anästhesierisiko angesichts der hohen Anzahl jährlich durchgeführter Narkosen für allgemein bekannt und daher nicht für aufklärungsbedürftig.[5]

In der Rechtsprechung finden sich zu dieser Frage zwei zivilrechtliche Entscheidungen des Oberlandesgerichts Karlsruhe mit unterschiedlichem Ergebnis: So hielt das Gericht im Jahr 1977[6] eine Auf-

---

1) Eser, Anästh.Inform. 1979, S.216 ; ders. in: Schönke/Schröder, Strafgesetzbuch, § 223, Rn.41 ; Hirsch in: LK, § 226a, Rn.27 ; Kern/Laufs, Die ärztliche Aufklärungspflicht, S.141 ; Nüßgens bei Becker/Deutsch/Knappen/Nüßgens, Laryng.Rhinol. 1975, S.794 ; Tempel, NJW 1980, S.611.
2) BGH, NJW 1986, S.780.
3) BGH, NJW 1974, S.1422 ; OLG Karlsruhe, VersR 1978, S.549 ; Kern/Laufs, a.a.O., S.104 ; Weißauer, Anästh.u.Intensivmed. 1984, S.360.
4) Eser, Anästh.Inform. 1979, S.217 ; im Ergebnis ebenso Kern/Laufs, a.a.O., S.141.
5) Weißauer, a.a.O., S.360.
6) OLG Karlsruhe, VersR 1978, S.549.

klärung des Patienten über die Möglichkeit eines Herzstillstandes nicht für nötig, da ihm diese Gefahr bekannt gewesen sei. In einer späteren Entscheidung aus dem Jahr 1983[1] meinte allerdings derselbe Senat, daß in dem zu entscheidenen Fall keinerlei Anhaltspunkte dafür bestanden hätten, daß der einwilligungsberechtigten Mutter des Patienten die Möglichkeit von Komplikationen überhaupt bekannt war, und daß sie deshalb über das Risiko des Herzstillstandes unter Vollnarkose hätte angemessen aufgeklärt werden müssen.

Dem Ausgangspunkt der letztgenannten Entscheidung ist m.E. insoweit zuzustimmen, als das Gericht dort ausführt, daß das Wissen um das Erfordernis einer Betäubung jedenfalls bei einfacheren Bevölkerungsschichten nicht gleichzusetzen sei mit dem Wissen um die mit einer Vollnarkose verbundenen Risiken – hier das des Herzstillstandes. Diese Gefahr des Herzstillstandes mit der dann häufig auftretenden Blutunterversorgung des Gehirns und schweren Hirnschädigungen ist einer der gravierendsten Anästhesiezwischenfälle überhaupt. Vor einer Einwilligung in die Anästhesie sollte sich der Patient dieses Risiko – auch wenn es sich sehr selten verwirklicht – nochmals vor Augen führen und daher gesondert darauf hingewiesen werden. Dementsprechend enthielt auch der ursprüngliche, aus dem Jahr 1978 stammende, vom Berufsverband Deutscher Anästhesisten empfohlene Aufklärungsbogen für Anästhesisten[2] den Hinweis auf "schwere Anästhesiezwischenfälle (Herz, Kreislauf, Atmung, Nervensystem)", die auch bei gesundheitlicher Vorbelastung sehr selten seien. Mit einer derartigen Formulierung ist es m.E. möglich, dem Patienten dieses eventuell unbekannte oder verdrängte Risiko ins Bewußtsein zu rufen, ohne ihn allzusehr zu ängstigen – die überarbeiteten Fassungen aus dem Jahr 1981[3] verzichten demgegenüber leider auf den in Parenthese angefügten erläuternden Zusatz.

---

1) OLG Karlsruhe, MedR 1985, S.79.
2) Bei Weißauer, Anästh.Inform 1978, S.246 ff.
3) Anästh.u.Intensivmed. 1981, S.53, 329.

5.3.3.3 Einzelne spezielle Anästhesierisiken

5.3.3.3.1 Zahnschäden

Als spezielles Anästhesierisiko, das - jedenfalls bei einem nicht vital indizierten Eingriff - für die Entscheidung des Patienten ernsthaft ins Gewicht fallen könne, und über das er daher aufzuklären sei, wird für die Intubationsnarkose[1] die Gefahr von Zahnschäden oder sogar Zahnverlust durch die Intubation genannt.[2] Diese Gefahr besteht ganz besonders dann, wenn bei dem Patienten bereits schadhafte bzw. gelockerte Zähne vorhanden sind. **Weißauer** bezeichnet die Entfernung locker sitzender Zähne, die sich vor der Einleitung der Narkose als erforderlich erweisen kann, sogar als unvermeidliche Nebenwirkung dieses Verfahrens, über die daher aufzuklären sei.[3] An anderer Stelle[4] meint er allerdings, daß trotz der relativen Häufigkeit dieser Schäden diese im Regelfall nicht so schwer wiegen würden, daß sie für die Entscheidung eines verständigen Patienten ins Gewicht fielen. Daher sei über dieses Risiko nur bei individuell gesteigerter Gefahrenlage aufzuklären.

Die Möglichkeit intubationsbedingter Zahnschäden besteht aber bereits bei Parodontose oder Karies.[5] Angesichts der weiten Verbreitung dieser Vorschädigungen und der Endgültigkeit eines möglichen Zahnverlustes ist daher m.E. stets über dieses Risiko aufzuklären.

Jahn[6] referiert in diesem Zusammenhang allerdings eine nicht veröffentlichte Entscheidung des Landgerichts Passau aus dem Jahr 1971[7],

---

1) Hier wird während der Narkose ein Rohr oder Schlauch durch Mund oder Nase zur Beatmung des Patienten eingeführt. Gleichzeitig wird durch diesen Tubus das Zurückfallen der Zunge und die Aspiration von Sekret oder Magensaft verhindert.
2) Ärztlicherseits vergl. Dudziak, Lehrbuch der Anästhesiologie, S.64 ; Hauenschild, Anästh.Inform. 1978, S.66 ; Kronschwitz, Anästh.Inform. 1978, S.286 ; Opderbecke, Anaesthesie und ärztliche Sorgfaltspflicht, S.37 ; ebenso Fieser, Das Strafrecht des Anaesthesisten, S.59.
3) Weißauer, Anaesthesist 1966, S.104.
4) Weißauer, Anästh.Inform. 1978, S.233.
5) Vergl. Dudziak, a.a.O., S.64.
6) Jahn, Anästh.Inform. 1976, S.275.
7) Urteil v. 22.6.1971 / 3 O 198/69.

in der es um Haftpflichtansprüche wegen mangelhafter Aufklärung über solche möglichen Zahnschädigungen ging. Das Gericht verneinte in diesem Fall - es hatte sich bei der Voruntersuchung des Patienten nichts ergeben, wonach schon konstitutionell mit solchen Schäden zu rechnen gewesen wäre - wegen der geringen Komplikationsdichte eine diesbezügliche Aufklärungspflicht.

Demgegenüber ging das Landgericht Aachen in einer Entscheidung aus dem Jahr 1973[1] zu Recht davon aus, daß Zahnschäden eine typische Gefahr bei der Intubationsnarkose darstellten. In dem der Entscheidung zugrunde liegenden Fall war es durch die Intubation zu einer Lockerung von vier Vorderzähnen gekommen; über eine solche Gefahr hätte der Patient nach Auffassung des Gerichts aufgeklärt werden müssen.

5.3.3.3.2 Lagerungsschäden

Besondere Bedeutung gerade auch im Hinblick auf die ärztliche Aufklärungspflicht hat in jüngster Zeit die Problematik der Lagerung des Patienten während der Operation und der Betäubung erlangt. Mit dem Verlust der Schmerzempfindung in der Narkose verliert der Patient zugleich auch diejenigen Reflexe, welche ihn ansonsten vor lagerungsbedingten Schädigungen - sei es durch Überstreckung oder Dehnungen, sei es durch Druck auf Extremitäten - schützen.[2] Gleichzeitig führt die narkosebedingte Muskelerschlaffung dazu, daß der Schutz des Muskelmantels gegen Druckverletzungen darunterliegender Nerven weitestgehend fortfällt.[3]

In dieser Situation besteht im besonderen Maße die Gefahr einer Schädigung peripherer Nerven, die sich in den meisten Fällen zurückbildet, manchmal allerdings auch zu dauerhaften Lähmungserscheinungen der betroffenen Extremität führen kann.[4]

---

1) Urteil v. 13.2.1973 / 12 O 368/71, ebenfalls bei Jahn, Anästh.Inform. 1976, S.275.

2) Eberhardt, MedR 1986, S.117 ; Horatz/Schöning in: Benzer/Frey/Hügin/ Mayrhofer, Lehrbuch der Anaesthesiologie, S.43 ; Opderbecke, Anaesthesie und ärztliche Sorgfaltspflicht, S.63.

3) Opderbecke, a.a.O., S.63.

4) Vergl. bereits die von Goldhahn/Hartmann, Chirurgie und Recht, S.55 f, berichteten Fälle ; weiter BGH, NJW 1984, S.1403, und MedR 1985, S.173.

Problematisch ist im vorliegenden Zusammenhang, inwieweit der Patient über diese Risiken aufgeklärt werden muß:

Weißauer sah in einer älteren Veröffentlichung[1] Lagerungsschäden als vergleichsweise häufiger vorkommend als schwere Anästhesieschäden (Herzstillstand etc.) an, hielt sie aber für nicht so gravierend, daß sie für die Entscheidung eines verständigen Patienten ins Gewicht fallen könnten. Der Bundesgerichtshof hat in jüngster Zeit[2] für den Sonderfall einer Lagerung des Patienten in der sogenannten 'Knie-Ellenbogenlage' während einer Bandscheibenoperation[3] mit überzeugender Begründung die gegenteilige Ansicht vertreten: Einer Narkose mit dieser Lagerungsmethode hafte spezifisch die besondere Gefahr von Nervenschädigungen an, die sich - wie der Sachverständige ausgeführt hatte - im Regelfall zurückbildeten, manchmal aber auch zu Dauerschäden und damit zu einer erheblichen Beeinträchtigung der Gesundheit des Patienten führen könnten[4]. Es handele sich daher um ein "spezifisches, für den nicht informierten Patienten überraschendes Risiko gerade dieser Operationsmethode", über das der Patient auch dann aufgeklärt werden müsse, wenn es nur sehr selten aufträte.[5] Zu Recht stellt der Bundesgerichtshof in dieser Entscheidung maßgeblich darauf ab, daß bei dieser speziellen, atypischen Operationslagerung das Risiko von Nervenschäden auch durch noch so sorgfältige Vorsichtsmaßnahmen nicht in allen Fällen ausgeschaltet werden kann.[6]

Demgegenüber wird bei typischen Operationslagerungen - d. h. im vorliegenden Zusammenhang solchen, die nicht unter dem Gesichtspunkt besonders ungünstiger Druckbelastungen einzelner Körperbereiche spezielle Gefahren für die dort verlaufenden Nervenbahnen mit sich bringen - die Gefahr solcher Schäden durch sorgfältige Kontrolle und Abpolsterung voll beherrschbar sein.

---

1) Weißauer, Anästh.Inform. 1978, S.233, ohne Differenzierung nach der Art der Lagerung.
2) BGH, MedR 1985, S.173.
3) Bei dieser Operationslagerung sitzt der Patient kniend auf den Unterschenkeln auf, während seine Unterarme aufliegen, und sein Kopf in einer Stütze gehalten wird.
4) Der Fall einer Nervenschädigung bei einer solchen Operationslagerung lag bereits der Entscheidung BGH, NJW 1984, S.1403, zugrunde.
5) Zustimmend jetzt Weißauer, Inform.d.Berufsverb.d.Dt.Chirurgen 1985, S.129 f ; desgleichen Eberhardt, MedR 1986, S.120 ; Hirsch/Weißauer, Anästh.u.Intensivmed. 1986, S.237 ; Teichner, DMW 1986, S.273.
6) BGH, MedR 1985, S.174, allerdings wurde in diesem Fall dann von seiten des Oberlandesgerichts Schleswig, an welches zur Sachentscheidung zurückverwiesen wurde, die Kausalität der Aufklärungspflichtverletzung verneint, da der Patient auch bei ausreichender Aufklärung in den Eingriff eingewilligt hätte, NJW 1987, S.712 f - vergl. im einzelnen unten, S. 97 f.

Treten hier gleichwohl Lagerungsschäden auf, so liegt ein ärztlicher Behandlungsfehler durch Unterlassen entsprechender Maßnahmen und Kontrollen nahe.[1] Eine Aufklärung des Patienten über mögliche Fehler des Arztes ist aber nicht erforderlich, darf also im Fall einer typischen Operationslagerung diesbezüglich unterbleiben.

Inzwischen enthalten auch die anästhesiologischen Aufklärungs- und Anamesebögen für Erwachsene und Kinder[2] sogar unabhängig von der gewählten Operationslagerung einen Hinweis auf solche Lagerungsschäden.

Umstritten und bislang höchstrichterlich nicht geklärt ist aber die Frage, wer für die Aufklärung über solche Lagerungsrisiken verantwortlich ist: Der Operateur oder der Anästhesist?[3] Denn einerseits richtet sich die - unter Umständen risikoreichere - Lagerung des Patienten primär nach den Erfordernissen des operativen Eingriffs. Andererseits schafft doch erst der Anästhesist durch die Narkose mit dem Abbau der Schutzreflexe und des stützenden Muskeltonus' die Voraussetzungen für solche Schädigungen.

Auch die Vereinbarungen[4] zwischen den einzelnen Facharztverbänden haben bisher nicht zu einer grundsätzlichen Abgrenzung der Verantwortungsbereiche für die Lagerung des Patienten geführt, sie bezeichnen diese als gemeinsame Aufgabe von Operateur und Anästhesist. Dementsprechend sehen **Hirsch/Weißauer**[5] auch die Aufklärung über Lagerungsschäden als "im Grenzbereich der Pflichten zwischen Operateur und Anästhesist" angesiedelt.

Wird in der medizinisch-interdisziplinären und juristischen Diskussion zur Frage der Verantwortung für die Patientenlagerung und ihre Kontrolle zunehmend nach differenzierenden Lösungen gesucht[6], so kann m. E. die Frage der diesbezüglichen Aufklärungszuständigkeit einheitlich beantwortet werden:

---

1) Eberhardt, MedR 1986, S.120.

2) Anästh.u.Intensivmed. 1981, S.53, 329.

3) Letztlich offengelassen von BGH, MedR 1985, S.173.

4) Vergl. etwa die Vereinbarung des Berufsverbandes Deutscher Anästhesisten mit dem Berufsverband der Deutschen Chirurgen über die Zusammenarbeit bei der operativen Patientenversorgung, MedR 1983, S.22, Ziff. III ; eine Überarbeitung dieses Abkommens insbesondere bezüglich der Frage der Lagerungsverantwortung regt daher Hempel an, Inform.d. Berufsverb.d.Dt.Chirurgen 1986, S.61.

5) Hirsch/Weißauer, Anästh.u.Intensivmed. 1986, S.237.

6) Vergl. die Nachweise unten S. 150 ff.

Aufklärung ist zu verlangen bei bestimmten Operationsmethoden, die von Anfang an eine spezielle, besonders gefahrenträchtige Lagerung erfordern. Das spezifische Risiko besteht hier nicht in der stets vorhandenen Wirkung der Betäubung auf die Schutzreflexe des Patienten und der Muskelrelaxierung, sondern ist von vornherein erhöht durch die Besonderheit der geplanten Operation. Von deren speziellen Bedürfnissen hängt die Wahl gerade dieser risikoträchtigen Lagerung ab. Der Chirurg trägt die ärztliche und rechtliche Verantwortung dafür, daß die mit der von ihm gewünschten Lagerung verbundene Risikoerhöhung sachlich gerechtfertigt ist.[1] Unabhängig von der Frage, wieweit der Anästhesist verantwortlich ist für die Details der Polsterung und die intraoperative Lagerungskontrolle[2], liegt damit die Pflicht, den Patienten über ein operationsbedingtes spezifisches Lagerungsrisiko aufzuklären, nicht bei ihm, sondern beim Operateur.[3]

5.3.3.3.3 Postspinale Kopfschmerzen

Vereinzelt wird auch die Gefahr kurzzeitiger starker Kopfschmerzen, die infolge einer bei der Spinalanästhesie beabsichtigten, bei der Epi- oder Periduralanästhesie unbeabsichtigten Duraperforation auftreten können, als aufklärungspflichtiges Risiko angesehen.[4] Hier ist aber mit **Weißauer**[5] nochmals auf den bereits genannten Grundsatz zu verweisen, daß eine Aufklärung über Nebenwirkungen und Gefahren dann unterbleiben kann, wenn diese so viel weniger gravierend sind als die positiven Folgen der Behandlung, daß sie ein vernünftiger Mensch in der Lage des Patienten

---

1) Weißauer, MedR 1983, S.95.

2) Dazu unten S. 152.

3) Ebenso Steffen, Neue Entwicklungslinien der BGH-Rechtsprechung zum Arzthaftungsrecht, S.74 ; Teichner, DMW 1986, S.273 f. Das gleiche dürfte gelten, wenn etwa wegen einer extrem langen Operations- und damit Narkosedauer auch bei einer Standardlagerung ein verläßlicher Schutz gegen Lagerungsschäden nicht erreicht werden kann - eine diesbezügliche Aufklärungspflicht liegt gleichfalls beim Operateur.

4) So Dudziak, Lehrbuch der Anästhesiologie, S.64 ; Hutschenreuther, Anästh. Inform. 1978, S.238.

5) Weißauer, Anaesthesist 1966, S.105.

für die Entscheidung, sich der Behandlung zu unterziehen oder sie abzulehnen, nicht als bedeutsam ansähe. Anders als die Gefahr eines dauerhaften Zahnverlustes handelt es sich hier um eine zwar unangenehme, aber doch nur temporäre Beeinträchtigung. Daher kann bei einer medizinisch erforderlichen Anästhesie die Wirksamkeit der Einwilligung m.E. nicht von der Aufklärung über dieses Risiko abhängen.[1]

Bedeutung kommt aber auch dieser unbedeutenden Gefahr dann zu, wenn entweder der Eingriff selbst nicht dringend indiziert oder aber die Betäubung medizinisch nicht erforderlich ist. Hier muß - wie oben dargestellt - die Information über das sonst erforderliche Maß hinausgehen. Niesel[2] nennt in diesem Zusammenhang insbesondere auch den Einsatz der Regionalanästhesie in der <u>Geburtshilfe</u>. Bei der Häufigkeit einer solchen postanästhesiologischen Nachwirkung von etwa 0,5%[3] ist in diesem Fall auf dieses Risiko aufmerksam zu machen.[4]
Dementsprechend enthält auch das seit 1983 in Gebrauch befindliche Merkblatt zum Aufklärungsgespräch über die geburtshilfliche Leitungsanästhesie[5] den Hinweis auf die Möglichkeit dieser Neben- bzw. Nachwirkung.

---

1) So auch, allerdings ohne Differenzierung, Fieser, Das Strafrecht des Anaesthesisten, S.59.
2) Niesel, Anästh.Inform. 1978, S.329.
3) Nach Hutschenreuther, Anästh.Inform. 1978, S.238, liegt die Gefahr solcher Nachwirkungen sogar im Prozentbereich, er hält daher unabhängig von der Dringlichkeit der Betäubung eine Erwähnung im Aufklärungsgespräch für erforderlich, was aber aus den genannten Gründen zu weitgehend erscheint.
4) Ebenso Niesel, a.a.O., S.329.
5) Erschienen im Perimed-Verlag.

5.3.3.4 Sonderinteressen des Patienten

Ob ein spezielles Risiko für einen verständigen Patienten von so gravierender Bedeutung ist, daß es bei seiner Entscheidung über den Eingriff ernsthaft ins Gewicht fällt, kann nicht allgemein entschieden werden, sondern hängt auch ab von den konkreten Bedürfnissen des jeweiligen Patienten. So gibt es Patienten, für die auch eine atypische, an sich nur außerordentlich selten auftretende Gefahr von gesteigerter Bedeutung ist.[1]
Im anästhesiologischen Bereich wird dies aktuell für die sehr selten auftretende Schädigung der Stimmbänder bei der Intubationsnarkose, die sich in einer kurzzeitigen Heiserkeit nach der Betäubung, aber auch in einer langfristigen geringen Änderung der Stimmlage und -reinheit auswirken kann.[2] Für einen Sänger beispielsweise kann diese atypische Nebenfolge die Gefährdung der wirtschaftlichen Existenz bedeuten.[3] Gleiches gilt etwa im Fall eines Schauspielers oder sonst berufsmäßigen Sprechers.[4]
Das Oberlandesgericht Celle[5] nahm sogar im Fall eines Vertreters, der eine Kropfoperation hatte durchführen lassen und dabei eine Stimmbandlähmung und Rekurrenzverletzung mit der Folge dauerhafter Stimmschwäche und Heiserkeit erlitten hatte, an, daß er über dieses Risiko auch deswegen hätte aufgeklärt werden müssen, weil er in

---

1) Hirsch in: LK, § 226a, Rn.27 ; E.Schmidt, Langenbecks Archiv 273 (1953), S.424 ; Tempel, NJW 1980, S.612 ; OLG Karlruhe, NJW 1966, S.399, zum Fall einer Kropfoperation bei einer Chefsekretärin.
2) Kronschwitz, Anästh.Inform. 1978, S.286 ; zu medizinischen Einzelheiten Snow, Manual der Anästhesie, S.113 ff.
3) Weißauer, Anaesthesist 1966, S.105, nennt dies den Paradefall für ein dementsprechendes Sonderinteresse ; ebenso Hutschenreuther, Anästh.Inform. 1978, S.238.
4) Eser in: Schönke/Schröder, Strafgesetzbuch, § 223, Rn.41 ; Kronschwitz, a.a.O., S.287 ; Lutz, Anästhesiologische Praxis, S.60, meint sogar, daß die Gefahr von Stimmbandschäden bei der Intubationsnarkose stets mitgeteilt werden sollte. Dies erscheint aber angesichts des äußerst seltenen Auftretens dieser Komplikation und ihrer meist nur geringfügigen Beeinträchtigung zu weitgehend.
5) OLG Celle, NJW 1978, S.593.

seinem Beruf besonders auf den Gebrauch einer voll funktionsfähigen Stimme angewiesen sei. Maßgeblich war aber in diesem Fall der Gesichtspunkt, daß die Komplikationshäufigkeit dieser schweren Folge bei jenem Eingriff im Prozentbereich lag. Aus diesem Grund ist m.E. diese Entscheidung auf den Bereich der Intubationsnarkose, bei dem Stimmbandschädigungen in aller Regel nur leicht sind und sich in den meisten Fällen zurückbilden, nicht übertragbar.

Ein Patient aber, bei dem die genannten Sonderinteressen in oben ausgeführter Weise vorliegen, ist über dieses Risiko aufzuklären.[1]

5.3.3.5 Risikoerhöhende Umstände

5.3.3.5.1 Gesundheitlich-konstitutionell bedingte Gefahrerhöhung

Grundsätzlich aufklärungsbedürftig sind auch solche Risiken der Anästhesie, die zwar normalerweise nicht ernsthaft für eine Entscheidung des Patienten ins Gewicht fallen oder unter das allgemeine Anästhesierisiko eingeordnet werden können, wenn sie im Einzelfall aufgrund bestimmter Umstände in gesteigertem Maße bestehen.

An erster Stelle sind hier die individuellen Gefahren zu nennen, die dem Patienten etwa wegen seines hohen Alters, seines schlechten Allgemeinzustandes, komplizierender Vor- oder Nebenerkrankungen oder sonstiger Besonderheiten drohen.[2] **Opderbecke**[3] nennt in diesem Zusammenhang als weiteres Beispiel das Vorhandensein einer zusätzlichen Halsrippe, die bei dem betreffenden Patienten bei einer bestimmten Operationslagerung das Risiko von Nervenschädigungen deutlich erhöht.[4]

---

1) Fieser, Das Strafrecht des Anaesthesisten, S.60 ; Hauenschild, Anästh.Inform. 1978, S.67 ; Kronschwitz, Anästh.Inform. 1978, S.286 ; Opderbecke, Anaesthesie und ärztliche Sorgfaltspflicht, S.37 f ; Weißauer, Anaesthesist 1966, S.105.
2) Zur Bedeutung dieser Faktoren speziell im Anästhesiebereich vergl. etwa Dick, Anästh.u.Intensivmed. 1984, S.347 f ; Hümmer, Klinikarzt 1981, S.999 f, sowie Hutschenreuther, Anästh.Inform. 1976, S.261 ff.
3) Opderbecke, a.a.O., S.37.
4) Zur Frage, inwieweit der Patient auf das Vorhandensein einer solchen Halsrippe präoperativ zu untersuchen ist, vergl. unten, S. 124 f.

Aufgrund einer solchen Sonderkonstitution können bestimmte Risiken nach ihrer Häufigkeit oder auch nach der Schwere der drohenden Gefahr Bedeutung über das regelmäßige Maß hinaus gewinnen, so daß der Patient seine Entscheidung davon abhängig machen will und daher insoweit aufgeklärt werden muß.[1]

5.3.3.5.2 Besondere Kliniksituation

Problematisch ist in diesem Zusammenhang, wieweit der Patient aufzuklären ist über risikoerhöhende Umstände, die entweder in der Person des behandelnden Arztes begründet sind oder auch in der speziellen Situation der behandelnden Einrichtung, etwa des betreffenden Krankenhauses.

Die Rechtsprechung hat zu dieser Frage bereits mehrfach Stellung genommen und entschieden, daß etwa im Fall schlechter hygienischer Klinikverhältnisse und eines dadurch gesteigerten Eingriffsrisikos der Patient hiervon unterrichtet werden muß.[2]

Für den Anästhesiebereich von größerer praktischer Bedeutung dürfte in diesem Zusammenhang die gerade in kleinen Krankenhäusern oft immer noch unzureichende apparative und vor allem personelle Ausstattung mit Fachärzten dieser Richtung sein. **Lauterbacher**[3] errechnete nach einer Erhebung des Berufsverbandes Deutscher Anästhesisten noch für das Jahr 1980, daß zu diesem Zeitpunkt 1375 Akut- und 1208 Sonderkrankenhäuser überhaupt keine Anästhesieabteilung hatten.

---

1) Vergl. auch Boiger, Anästh.u.Intensivmed. 1986, S.274 ; Uhlenbruck, Arztrecht 1981, S.95 ; Weißauer, Anaesthesist 1966, S.105; ders., Anästh.Inform. 1978, S.232.

2) BGH, NJW 1971, S.241 ; im Grundsatz bestätigend BGH, NJW 1984, S.327 ; NJW 1984, S.655 ; ähnlich auch BGH, VersR 1978, S.84 , weiter OLG Köln, NJW 1978, S.1690, mit kritischer Anmerkung von Weimar, Med. Klinik 1979, S.588 ; zustimmend Kern/Laufs, Die ärztliche Aufklärungspflicht, S.110.

3) Lauterbacher in: Opderbecke/Weißauer, Forensische Probleme in der Anaesthesiologie, S.24. Opderbecke, Anästh.u.Intensivmed. 1983, S.105 f, weist darauf hin, daß die ungünstige Personalsituation auch begünstigt wird durch den Umstand, daß die sogenannten 'Anhaltszahlen' der Deutschen Krankenhausgesellschaft, nach denen die Anzahl der ärztlichen Klinikmitarbeiter in der Regel bemessen wird, nicht zwischen Fachärzten und Ärzten in der Weiterbildung unterscheiden ; dazu weiter Opderbecke/Weißauer, Anästh.Inform. 1973, S.216 ; dies., Anästh.u.Intensivmed. 1980,S. 5 ff ; dies., MedR 1984, S.134 ff, sowie Hirsch, Anästh.u.Intensivmed. 1984, S.194 ; zur mittlerweile positiven Entwicklung der personellen Ausstattung innerhalb der bestehenden Anästhesieabteilungen vergl. aber Hauenschild, Anästh.u.Intensivmed. 1984, S.65 ff, und Anästh.u.Intensivmed. 1986, S.102 ff.

Eine solche Situation unzureichender Personalausstattung war auch in dem Fall gegeben, welcher der bereits erwähnten Entscheidung des Bundesgerichtshofs[1] zugrunde lag: An dem betreffenden Krankenhaus gab es zum Zeitpunkt des zu beurteilenden Eingriffs (1962) noch keinen Fachanästhesisten, daher waren möglicherweise die Voraussetzungen für eine Allgemeinnarkose weniger günstig. Der Chirurg, der überdies mit der Methode der Leitungsanästhesie besser vertraut war, führte daher den Eingriff unter diesem Betäubungsverfahren durch. Hierzu führte der Bundesgerichtshof aus: "Wenn sich der Chirurg wirklich durch die besonderen Verhältnisse im Krankenhaus und die Einseitigkeit seiner praktischen Erfahrung an der Anwendung der Narkose gehindert sah, hatte er umso mehr Anlaß, den Patienten hiervon zu unterrichten, wobei es ihm natürlich freistand, ihn von etwaigen Vorzügen der von ihm vorgeschlagenen Methode zu überzeugen. Indem er dies nicht tat, hinderte er den Patienten an der eigenen Entscheidung darüber, ob er sich überzeugen lassen oder die ohne weiteres mögliche Überweisung in ein mit Narkose arbeitendes Krankenhaus bevorzugen wollte."[2]

Besteht daher für die in Betracht kommende anästhesiologische Maßnahme und die anästhesiologische Versorgung nur ein so unterdurchschnittlicher Standard in der apparativen Ausstattung und in der Ausbildung und Erfahrung der behandelnden Ärzte, daß sich das Risiko für den Patienten dadurch erhöht, so ist er hierüber aufzuklären.

Eine Ausnahme von dieser Aufklärungspficht über ein solchermaßen erhöhtes Risiko besteht nach den dargelegten Grundsätzen nur dann, wenn der Eingriff so dringend ist, daß eine Verlegung des Patienten in eine andere Klinik nicht mehr in Betracht kommt, und wenn dem Patienten, der gerettet werden will, keine Wahl bleibt, den Eingriff abzulehnen.[3]

---

1) BGH, NJW 1974, S.1422.
2) BGH, a.a.O., S.1423.
3) So auch Weißauer in: Heim, Ärztliche Aufklärungspflicht, S.61.

5.3.3.5.3 Anästhesie durch ärztliche Anfänger

Mit dieser Problematik in engem Zusammenhang steht die heftig umstrittene Frage, ob der Patient auch darüber aufgeklärt werden muß, daß einem in der Facharztausbildung stehenden Assistenzarzt die Anästhesie zur - selbständigen oder unselbständigen - Durchführung überlassen werden soll:

Das Oberlandesgericht Köln[1] hatte in einem solchen Fall gefordert, daß der Patient über den Ausbildungsstand des in der Weiterbildung befindlichen Arztes hätte aufgeklärt werden müssen, da die selbständige Durchführung des Eingriffs durch den Assistenzarzt das Operationsrisiko nicht unerheblich erhöht habe. Da die Patientin vorliegend nicht darüber informiert worden war, daß der die Operation vornehmende Arzt einen derartigen Eingriff vorher noch nie und eine vergleichbare Operation erst ein- oder zweimal selbst ausgeführt hatte, sah das Gericht ihre Einwilligung als unwirksam an.[2]

Der Bundesgerichtshof als Revisionsgericht stimmte dieser Entscheidung dagegen lediglich im Ergebnis - er bejahte eine Haftung des Arztes -, nicht aber in der Begründung zu[3]: Nachdem er zunächst den Grundsatz bestätigt, daß risikoerhöhende Umstände dem Patienten mitzuteilen seien, fährt er fort: "Wird indessen wie im Streitfall die Operation einem noch in der Facharztausbildung stehenden, unerfahrenen Assistenzarzt zur selbständigen Durchführung übertragen, steht im Vordergrund nicht die mangelnde Aufklärung des Patienten über sein dadurch gesteigertes Operationsrisiko. In erster Linie[4] liegt vielmehr in einer solchen Maßnahme, wenn sie den Patienten zusätzlich gefährden kann, ein Verstoß gegen die bei der Behandlung geschuldete ärztliche Sorgfaltspflicht, in diesem Sinne steht ein Behandlungsfehler in Frage."[5] Im amtlichen Leitsatz wird dieser Teil der Entscheidungsgründe sogar dahingehend zusammengefaßt, daß

---

1) OLG Köln, VersR 1982, S.453, dieser Fall betraf allerdings keine Anästhesie, sondern eine Lymphdrüsenextirpation.
2) Zu dieser Entscheidung Uhlenbruck, DMW 1981, S.1630, und DMW 1982, S.235 ; ablehnend Barnickel, DMW 1982, S.197 ; kritisch auch Kern, Chirurg 1983, S.558 f.
3) BGH, NJW 1984, S.654.
4) Auf den außerordentlich behutsamen Charakter dieser Formulierungen weist mit Recht Franzki, MedR 1984, S.187, hin.
5) In diesem Sinn auch BGH, MedR 1986, S.39 ; zustimmend Franzki, MedR 1984, S.187.

"unter dem rechtlichen Gesichtspunkt einer Verletzung der ärztlichen Aufklärungspflicht ... Ersatzansprüche dadurch grundsätzlich nicht begründet" würden, daß also mit anderen Worten über den genannten Umstand auch bei einer Risikoerhöhung nicht aufzuklären sei.[1]

Die Literatur stellt in dieser Frage ganz überwiegend darauf ab, ob durch die Qualifikation des behandelnden Arztes das Risiko für den Patienten steigt.[2] Nach ihr besteht eine Pflicht zur Aufklärung des Patienten über den Aus- und Weiterbildungsstand des Arztes, der die Behandlung durchführen soll, dann, wenn damit zu rechnen ist, daß ein verständiger Patient seine Einwilligung von der Qualifikation des Arztes abhängig machen würde.

Dies sei von vornherein nicht der Fall bei Maßnahmen, die der Arzt nach seinem Weiterbildungsstand bereits mit der erforderlichen Sicherheit beherrsche.[3] Führe ein für die entsprechende Maßnahme noch nicht ausreichend qualifizierter Arzt die Behandlung aber "im Schoß der Abteilung" durch, also unter Überwachung und Anleitung eines Facharztes, der bei Komplikationen jederzeit eingreifen könne, so stelle sein Ausbildungsstand ebenfalls keine Erhöhung des Risikos dar und müsse nicht mitgeteilt werden.[4]

In all diesen Fällen ist es also gerade nicht erforderlich, daß der Arzt im Rahmen seiner Aufklärungspflicht spontan Auskunft über seinen Ausbildungs- und Erfahrungsstand gibt und quasi "mit seiner Erfolgs- (und Mißerfolgs-) Statistik an das Krankenbett tritt".[5]

---

1) Vergl. speziell hierzu aber Giesen in seiner Urteilsanmerkung, JZ 1984, S.331, der m.E. zu Recht grade diesen Leitsatz der Entscheidung für mißverständlich hält, da der Bundesgerichtshof auch hier grundsätzlich zugestehe, daß auch der niedrigere Standard in der Ausbildung und Erfahrung der behandelnden Ärzte ein risikoerhöhender und damit aufklärungsbedürftiger Umstand sein kann; vergl. BGH, NJW 1984, S.654, unter Ziff. II 1 c der Entscheidung.

2) Bockelmann, JZ 1962, S.562 ; Boiger, Anästh.u.Intensivmed. 1986, S.276 ; Deutsch, NJW 1984, S.650 ; einschränkend aber ders., NJW 1982, S.2587, wo er meint, eine Zustimmung zu einer unüberwachten Anfängeroperation wäre wegen des zu hohen Risikos unwirksam ; weiter Fehse, Arzt und Krankenhaus 1986, S.13 f ; Giesen, JZ 1982, S.354 ; ders., Wandlungen des Arzthaftungsrechts, S.37 f ; Kern/Laufs, die ärztliche Aufklärungspflicht, S.14 ; Schmid, NJW 1984, S.2602 f ; Uhlenbruck, DMW 1982, S.236 ; Weißauer in: Heim, Ärztliche Aufklärungspflicht, S.63 ; Weißauer/Hirsch, Anästh. u.Intensivmed. 1983, S.335 ; Wilhelm, Verantwortung und Vertrauen bei Arbeitsteilung in der Medizin, S.21.

3) Weißauer/Hirsch, a.a.O., S.335.

4) Weißauer/Hirsch, a.a.O., S.335 ; ebenso Weißauer, a.a.O., S.63 ; ähnlich auch Deutsch, Arztrecht und Arztneimittelrecht, S.47.

5) Diese Befürchtung äußert Franzki, MedR 1984, S.187.

Anders ist es aber, wenn ein noch nicht ausreichend qualifizierter Arzt einen Eingriff ohne Anleitung und Überwachung durchführen soll: Nach einer Untersuchung von **Peter** und Mitarbeitern[1] stellt ein Anästhesist im ersten Weiterbildungsjahr einen 20-fach höheren Risikofaktor dar als der Facharzt für Anästhesie. Auch der Bundesgerichtshof hat etwa im sogenannten "Dammschnitt-Urteil"[2] ausgeführt, daß "auch Zwischenfälle und Mißerfolge, die im Einzelfall nicht mit voller Sicherheit zu vermeiden sind, ... einem erfahrenen und fähigen Arzt in zahlreichen Gebieten um ein vielfaches seltener als einem weniger geübten und geschickten" unterlaufen.
Der Patient darf aber darauf vertrauen, in der Fachabteilung eines Krankenhauses nach den Maßstäben des aktuellen fachärztlichen Leistungsstandards behandelt zu werden, und gibt auch auf dieser Grundlage seine Einwilligung.[3] Ist dies aufgrund unzureichender Personalausstattung des Krankenhauses nicht möglich, so muß nach der Auffassung der genannten Autoren der Patient hierüber aufgeklärt werden.[4] In diesem Sinn ist auch das Oberlandesgericht Karlsruhe[5] zu verstehen, wonach der Patient nur verlangen könne, durch einen durchschnittlich qualifizierten Fachanästhesisten betäubt zu werden. Sei dies gegeben, bedürfe es keiner Aufklärung darüber, daß das Narkoserisiko allgemein von der Qualifikation des durchführenden Arztes abhängt, denn dies sei selbstverständlich.

Diese Auffassung bewegt sich in dem allgemein anerkannten Rahmen, daß der Patient über für seine Entscheidung gravierend ins Gewicht fallende Umstände, also insbesondere solche, die das Eingriffsrisiko deutlich erhöhen, informiert werden muß.

---

1) Peter/Unertl/Heurich/Mai/Brunner, Anästh.u.Intensivmed. 1980, S. 242 ff. Eyrich in: Heim, Ärztliche Aufklärungspflicht, S.34, weist in diesem Zusammenhang zutreffend darauf hin, daß letztlich nicht der Anfänger für den Patienten gefährlich ist, sondern die - aus welchen Gründen auch immer - mangelhafte Aufsicht.
2) BGH, NJW 1978, S.1681.
3) Weißauer/Hirsch, Anästh.u.Intensivmed. 1983, S.335.
4) Vergl. die oben, S.67, Fn.2, aufgeführte Literatur ; auf das höhere Risiko bei einem Eingriff durch einen darin unerfahrenen Arzt stellen auch BGH, NJW 1980, S.2753, und OLG Celle, NJW 1978, S.593, ab.
5) OLG Karlsruhe, VersR 1978, S.549.

Zwar mögen, wenn gleichzeitig ein Behandlungsfehler gegeben ist und der Patient daraus einen Schaden davonträgt, zivilrechtliche Ansprüche sich in erster Linie hieraus ergeben. Unabhängig vom konkreten Ausgang der Behandlung muß der Patient m.E. aber nicht einen Eingriff in seine körperliche Integrität hinnehmen, der von vorneherein wegen mangelnder ärztlicher Qualifikation mit einem höheren Risiko belastet ist, ohne daß er dies weiß und entscheiden kann, ob er dieses spezifisch höhere Risiko eingehen will. Eine mangelhafte Aufklärung des Patienten auch in diesem Punkt führt daher grundsätzlich zur Unwirksamkeit der Einwilligung insgesamt.

5.3.3.5.4 Parallelnarkose

Dasselbe hat aus den oben genannten Gründen dann zu gelten, wenn im Einzelfall die geplante Anästhesie unter einem von vorneherein größeren Risiko steht aufgrund des Umstandes, daß die Betäubung im Rahmen einer sogenannten "Parallelnarkose" durchgeführt werden soll.

Dieser Begriff umschreibt eine Organisation des Anästhesiebetriebs, in dem der qualifizierte Fachanästhesist gleichzeitig die Narkoseführung an mehreren Operationstischen leitend überwacht, die unmittelbare Patientenüberwachung an den einzelnen Tischen aber in der Hand von nichtärztlichem Hilfspersonal[1], etwa einer Anästhesieschwester oder aber in der Hand eines noch unerfahrenen Assistenzarztes[2] liegt. Allerdings ist mit dieser Organisationsform durchaus nicht immer eine Risikoerhöhung für den Patienten verbunden, sondern nur in bestimmten Fällen[3] - allein um diese geht es hier. Pribilla weist in diesem Zusammenhang trotz grundsätzlicher Zustimmung zwar mit Recht auf die ärztlich-psychologischen Probleme hin, die entstehen, wenn der Patient darüber aufgeklärt werden muß, daß die personelle Situation im anästhesiologischen Bereich eine ausreichende Überwachung durch den Fachanästhesisten während der Operation nicht erlaube.[4]

Handelt es sich um einen verschiebbaren Eingriff, hat der Patient m.E. aber ein Recht darauf zu erfahren, daß die unzureichende Personalausstattung eine Organisation des Operationsplans erfordert, in der eine dementsprechende Überwachung durch einen ausreichend qualifizierten Anästhesisten nicht gewährleistet ist, um sich ggf. für einen Eingriff in einer anderen Klinik entscheiden zu können.[5]

---

1) Sogenannte "nichtärztliche Parallelnarkose".

2) "ärztliche Parallelnarkose".

3) Zur Frage, wann im einzelnen von einer Risikoerhöhung ausgegangen werden muß, bzw. wann dies nicht der Fall ist, vergl. unten S. 155 ff.

4) Pribilla, Anästh.Inform. 1976, S.614.

5) Ebenso Uhlenbruck, NJW 1972, S.2205 ; ders., Arztrecht 1973, S.188.

5.3.3.5.5 Neue Medikamente, neue Verfahren

Eine erhöhte Gefahrenlage kann sich für den Patienten auch aus der Verwendung neuer Narkosemittel oder -verfahren ergeben. Auszugehen ist auch insoweit zunächst von dem Grundsatz, daß der Patient bei gegenüber der Normalsituation gesteigerten Risiken auf diese gesondert hinzuweisen ist.[1] Soweit allerdings die Anwendung neuartiger Medikamente in Frage steht, ist zu beachten, daß heute generell die Verwendung neuer Arzneimittel in einem beträchtlichen Maße reglementiert ist durch das Arzneimittelgesetz in seiner geltenden Fassung aus dem Jahre 1976, in Kraft seit dem 01.01.1978.[2] Danach müssen Fertigarzneimittel - also auch Anästhetika - durch das Bundesgesundheitsamt zugelassen werden, bevor sie in den Verkehr gebracht werden dürfen. Eine solche Zulassung erfolgt gemäß § 25 AMG i. V. m. § 22 Abs. 2 AMG nur, wenn u. a. detaillierte Ergebnisse verschiedener pharmakologischer und toxikologischer Versuchsreihen und einer klinischen Prüfung vorgelegt werden. Angesichts dieser Umstände wird man, wenn das Bundesgesundheitsamt aufgrund des eingehenden Prüfungsverfahrens für das betreffende Medikament die arzneimittelrechtliche Zulassung einmal erteilt hat, nicht mehr von einer risikoerhöhenden Situation bei Anwendung dieses neuen Mittels sprechen können, eine diesbezügliche besondere Aufklärungspflicht besteht damit nicht.

---

1) Engisch in: Engisch/Hallermann, Die ärztliche Aufklärungspflicht aus rechtlicher und ärztlicher Sicht, S.35 ; Eser in: Schönke/Schröder, Strafgesetzbuch, § 223, Rn.41 ; Hirsch in: LK, § 226a, Rn.27 ; Kohlhaas, Medizin und Recht, S.88 ff ; speziell für die Anästhesie Fieser, Das Strafrecht des Anaesthesisten, S.55, 60.

2) Gesetz über den Verkehr mit Arzneimitteln vom 24.08.1976, BGBl 1976 I, 2445 ; zur Geschichte des Arzneimittelrechts in der BRD vergl. etwa Deutsch, Arztrecht und Arzneimittelrecht, S.247 ff.

Ganz anders verhält es sich aber, wenn etwa ein Anästhetikum oder Anästhesieadjuvanz zur Anwendung kommen soll, welches vor einer solchen Zulassung sich noch in der Phase der klinischen Erprobung und Prüfung befindet.[1] In diesem Fall stellen §§ 40, 41 AMG[2] auch hinsichtlich der Aufklärung des Patienten strenge Anforderungen, wobei zu unterscheiden ist, ob es sich um wissenschaftliche Experimente an gesunden Probanden oder die Erprobung eines Arzneimittels am kranken Patienten handelt.

Für den ersten Fall verlangt § 40 Abs. 1 Ziff. 2 AMG ausdrücklich, daß die Person, bei der die Prüfung durchgeführt werden soll, ihre Einwilligung hierzu erteilt hat, nachdem sie durch einen Arzt über Wesen, Bedeutung und Tragweite der klinischen Prüfung aufgeklärt worden ist. In diesem Fall wird es also nicht ausreichen, den Patienten allein über die bereits positiv erkannten Gefahren aufzuklären. Er muß vielmehr auch über solche Nebenwirkungen informiert werden, die aufgrund der gegebenen wissenschaftlichen Erkenntnisse und nach den bisherigen Erfahrungen bei Erprobung und Anwendung des neuen Mittels nicht ausgeschlossen werden können. Nach § 40 Abs. 2 AMG ist auch die auf Grundlage einer solchen Aufklärung erteilte Einwilligung nur dann wirksam, wenn sie von einem geschäftsfähigen Patienten höchstpersönlich und schriftlich erteilt worden ist.

---

1) Zu den einzelnen Phasen dieser klinischen Prüfung vergl. etwa Meurer, Arzneimittelprüfung in strafrechtlicher Sicht, in: Arzneimittel in der modernen Gesellschaft: Hilfe oder Risiko für den Patienten?, S.220 ff oder Deutsch, Arztrecht und Arzneimittelrecht, S.272 ff.

2) Zu diesem Problemkreis insgesamt vor Inkrafttreten des Arzneimittelgesetzes mit jedoch nach wie vor lesenswerten Ausführungen vergl. Oelkers, Grundlagen und Umfang der ärztlichen Aufklärungspflicht, insbesondere bei der Anwendung neuartiger Medikamente, S.77 ff.

Für die klinische Erprobung eines Arzneimittels am Kranken, welche gemäß § 41 Ziff. 1 AMG generell überhaupt nur durchgeführt werden darf, wenn die Anwendung des Mittels zum Zweck der Heilung indiziert ist, modifizieren § 41 Ziff. 2 - 7 AMG die allgemeinen Regeln des § 40 AMG hinsichtlich der Aufklärung und Einwilligung insbesondere dahingehend, daß unter bestimmten Umständen auch die Einwilligung des gesetzlichen Vertreters oder Pflegers nach entsprechender Aufklärung ausreicht, wenn der Kranke nicht fähig ist, Wesen, Bedeutung und Tragweite der klinischen Prüfung einzusehen und seinen Willen hiernach zu bestimmen. In besonders dringenden Fällen, in denen also "eine Behandlung ohne Aufschub erforderlich ist, um das Leben des Kranken zu retten, seine Gesundheit wieder herzustellen oder sein Leiden zu erleichtern, und eine Erklärung über die Einwilligung nicht herbeigeführt werden kann", kann sogar auf die Einwilligung des gesetzlichen Vertreters oder Pflegers verzichtet werden - § 41 Ziff. 5 Satz 2 AMG.

Verstösse gegen diese Sonderregelungen unterliegen - nach heutiger Praxis - neben der allgemeinen strafrechtlichen Sanktion der §§ 223 ff. StGB[1] zusätzlich der speziellen der § 96 Nr. 10 AMG und § 97 Abs. 1 AMG, wonach ein vorsätzlicher Verstoß mit Freiheitsstrafe bis zu einem Jahr oder mit Geldstrafe geahndet werden kann, ein fahrlässiger Verstoß als Ordnungswidrigkeit mit einer Geldbuße bis zu 50.000,-- DM.

---

1) Siebert, Strafrechtliche Grenzen ärztlicher Therapiefreiheit, S.127.

Auf dem anfangs dargelegten Grundsatz einer gesteigerten Aufklärungspflicht bei erhöhten Risiken ist mangels einer insoweit bestehenden Sonderregelung zurückzugreifen, wenn ein neuartiges Betäubungsverfahren zur Anwendung kommen soll. Soweit dieses praktisch wesentlich weniger erprobt ist und aufgrund dieser Tatsache seine Ungefährlichkeit - im Vergleich zu lang erprobten - noch nicht feststeht, muß der Patient gleichfalls eine entsprechende Aufklärung erfahren.[1]

5.3.3.6 Unterschiedliche Risikobewertung durch Anästhesisten und Operateur

An dieser Stelle sei abschließend auf ein Problem hingewiesen, das sich speziell im Bereich der anästhesiologischen Risikoaufklärung dann stellen kann, wenn die Behandlung von mehreren Ärzten gleichzeitig - etwa von Operateur und Anästhesist - durchgeführt werden soll und beide über den Grad des Risikos allgemein oder auch spezieller Eingriffsrisiken unterschiedlicher Ansicht sind.
Grundsätzlich hat der Operateur trotz der Regel der strikten Arbeitsteilung, von der auch hier auszugehen ist, bei der Wahl des Operationszeitpunkts oder -verfahrens auch die Belastungen durch die Anästhesie mit zu berücksichtigen.[2] Er muß dem Patienten bei seiner Aufklärung einen Überblick

---

1) Weißauer, Anaesthesist 1966, S.105 ; allgemein auch Siebert, Strafrechtliche Grenzen ärztlicher Therapiefreiheit, S.126 ff.

2) Weißauer/Frey, DMW 1978, S.727.

über die Gesamtsituation geben, denn nur so wird es diesem möglich sein zu entscheiden, ob er das Operationsrisiko auf sich nehmen will oder nicht.

Durchaus denkbar ist aber, daß etwa der Operateur den Eingriff für weitgehend gefahrlos erachtet oder zumindest der Belastung der vitalen Funktionen, für deren Aufrechterhaltung nicht er, sondern der Anästhesist verantwortlich ist, eine geringere Aufmerksamkeit schenkt, während der Anästhesist - möglicherweise aufgrund einer eingehenden Anamneseerhebung - den Eingriff für risikoreicher hält.[1]

Grundsätzlich sollten in der Praxis beide Ärzte versuchen, durch Absprachen solche Meinungsverschiedenheiten in der Risikobewertung zu beseitigen, allein schon um den Patienten nicht durch unterschiedliche Aussagen seiner behandelnden Ärzte zusätzlich zu beunruhigen. **Opderbecke** schlägt zur praktischen Lösung dieses Problems eine anschließende gemeinsame Patientenaufklärung durch Operateur und Anästhesisten vor.[2]

Sollte eine entsprechende Einigung in der Praxis einmal nicht möglich sein, bleibt festzuhalten, daß, wenn das Betäubungsverfahren in der Hand des Anästhesisten liegt, dieser die Verantwortung für die Durchführung der Betäubung trägt. Unabhängig von der Berücksichtigung des Anästhesierisikos durch den Operateur ist also er verpflichtet, sorgfältig zu prüfen, ob gegen den Eingriff unter dem Gesichtspunkt der Belastung der vitalen Funktionen oder wegen spezieller Narkoserisiken Bedenken bestehen.[3] Ist dies der Fall, ergeben sich also zusätzliche Risikofaktoren und Komplikationsmöglichkeiten auf anästhesiologischem Gebiet, ist damit auch der Anästhesist verantwortlich für die entsprechende Aufklärung des Patienten und die Herbeiführung seiner Einwilligung.[4]

---

1) Vergl. etwa Opderbecke in: Opderbecke/Weißauer, Forensische Probleme in der Anaesthesiologie, S.14 f ; Weißauer, MedR 1983, S.94.
2) Opderbecke, a.a.O., S.15 ; Weißauer in: Opderbecke/Weißauer, a.a.O., S.35 ; ders. in: Heim, Ärztliche Aufklärungspflicht, S.68.
3) Weißauer, Anaesthesist 1966, S.103.
4) Fieser, Das Strafrecht des Anaesthesisten, S.70 ; Opderbecke, Anaesthesie und ärztliche Sorgfaltspflicht, S.37 ; Weißauer, Anästh.Inform. 1971, S.228 f.

5.4 Personelle Beschränkung der Einwilligung

Anders als in den oben[1] genannten Fällen kommt es für die Wirksamkeit bzw. Unwirksamkeit der Einwilligung nicht auf eine Erhöhung des Risikos durch die Qualifikation des Anästhesisten an, wenn der Patient von vornherein ausdrücklich seine Einwilligung auf die Behandlung durch einen bestimmten Arzt beschränkt hat. Dies kann etwa der Fall sein, wenn der Patient sich bei einer besonders risikoreichen Behandlung an einen besonders qualifizierten Arzt wendet.[2]

Zwar ist grundsätzlich davon auszugehen, daß - im Krankenhaus - der Patient mit einer Behandlung durch den nach dem Dienstplan zuständigen Anästhesisten einverstanden ist. Wie er aber über das "Ob" des Eingriffs entscheidet, muß er auf der Grundlage seines Selbstbestimmungsrechts auch entscheiden können, <u>wer</u> ihn behandelt.[3]

Eine solche beschränkende Entscheidung muß aber auch tatsächlich vorliegen: So hatte etwa in einem Fall des Oberlandesgerichts Celle[4] die Patientin zwar den Wunsch geäußert, vom Chefarzt persönlich operiert zu werden. Dieser hatte jedoch lediglich zugesichert, "er werde sie operieren, wenn es ihm möglich sei, und sich das in den Operationsplan einfügen lasse". Damit hatte sich die Patientin - stillschweigend - einverstanden erklärt. Tatsächlich nahm dann ein in der Weiterbildung zum Facharzt stehender Arzt unter Assistenz eines Oberarztes den Eingriff vor. Hierüber mußte die Patientin nach Auffassung des Gerichts nicht aufgeklärt werden.

Anders lag es dagegen in einem Fall des Oberlandesgerichts München aus dem Jahr 1983[5]: Dort war für eine Augenoperation die Teilnahme

---

1) Vergl. oben, S. 76 ff.
2) Deutsch, NJW 1982, S.2586 ; vergl. dazu schon BGH, VersR 1957, S.408 f.
3) So auch aus ärztlicher Sicht für die Wahl eines bestimmten Operateurs Hümmer, Klinikarzt 1981, S.1132 ; weiter Weißauer in: Heim, Ärztliche Aufklärungspflicht, S.63 ; Weißauer/Hirsch, Anästh.u. Intensivmed. 1983, S.333 ; ebenso Eser in: Schönke/Schröder, Strafgesetzbuch, § 223, Rn.39, und Kern/Laufs, Die ärztliche Aufklärungspflicht, S.14, die aber m.E. zu eng allein auf die vertragliche Seite abstellen.
4) OLG Celle, NJW 1982, S.706.
5) OLG München, NJW 1984, S.1412.

der Chefärztin der Anästhesieabteilung nicht nur unverbindlich in Aussicht genommen worden, sondern dem Patienten zugesagt, wobei "erkennbar war, daß dieser Umstand von Bedeutung für den Entschluß war", den Eingriff grade in diesem Krankenhaus vornehmen zu lassen. Unter diesen Umständen - so entschied das Gericht - komme es nicht darauf an, ob durch den Austausch des Narkosearztes tatsächlich objektiv eine Risikoerhöhung für den Patienten gegeben war. Dies sei für die Frage eines Verstoßes gegen die Aufklärungspflicht ohne Belang. Wenn der Patient nur durch die Leiterin der Anästhesieabteilung betäubt werden wollte und dies somit Bedingung seiner Einwilligung war, durfte davon lediglich in Notfällen - ein solcher lag nicht vor - ohne seine vorherige Zustimmung abgewichen werden.[1]

5.5 Person des Aufzuklärenden

Für die Frage, wer aufzuklären ist, bestehen im Bereich der Anästhesiologie keine Besonderheiten gegenüber anderen ärztlichen Eingriffen, sie sei daher nur kurz umrissen:
Einwilligungsberechtigt ist grundsätzlich der Patient selbst. Dabei hängt die Einwilligungsbefugnis nach ganz herrschender Ansicht von der natürlichen Einsichts- und Urteilsfähigkeit ab, also davon, ob der Patient die Bedeutung und Tragweite des Eingriffs hinreichend zu beurteilen vermag.[2] Ist dies der Fall, so muß er in der oben beschriebenen Art und Weise aufgeklärt werden. Ist diese Voraussetzung dagegen nicht gegeben, fehlt dem Patienten somit - wegen Alters, Krankheit oder auch Bewußtlosigkeit - die eigene Entscheidungsfähigkeit, so kommt es auf die Einwilligung seines gesetzlichen Vertreters an.[3] Ist ein solcher - etwa bei einem bewußtlosen volljährigen Kranken - nicht vorhanden, so bedarf es der Bestellung

---

1) OLG München, NJW 1984, S.1413.
2) Vergl. statt aller Hirsch in: LK, § 226a, Rn.16, mit zahlreichen weiteren Nachweisen.
3) Vergl. etwa Kohlhaas, Medizin und Recht, S.85 ff.

eines Pflegers nach § 1910 Abs. 2 BGB.[1] In diesen Fällen ist die Einwilligung des Vertreters abhängig von einer ihm gegenüber erfolgten Aufklärung.

Erst wenn dessen Einwilligung in Notfällen aus Zeitgründen nicht mehr eingeholt werden kann, darf insoweit auf die sogenannte 'mutmaßliche Einwilligung' zurückgegriffen werden, also darauf, wie sich der Kranke, wenn er befragt werden könnte, entscheiden würde.[2] Lediglich in diesem Fall entfällt eine Aufklärungspflicht des Arztes.

5.6 Person des Aufklärungspflichtigen

5.6.1 Behandelnder Anästhesist

Für die Frage, wer den Patienten aufklären muß, ist von dem Grundsatz auszugehen, daß die Verantwortung für die Information des Patienten bei dem den Eingriff eigenverantwortlich durchführenden Arzt liegt.[3]

Von vornherein unproblematisch ist daher der Fall, in dem die Behandlung insgesamt nur durch <u>einen</u> Arzt erfolgt - dieser ist aufklärungspflichtig. Bei einer Behandlung durch mehrere Ärzte liegt gemäß dem oben skizzierten Vertrauensgrundsatz und dem der strikten Arbeitsteilung die Verantwortung für die anästhesiologische Aufklärung beim Anästhesisten.[4]

---

1) Kern/Laufs, Die ärztliche Aufklärungspflicht, S.24 ; Schlosshauer-Selbach, DRiZ 1982, S.363.
2) So die herrschende Meinung: RG, RGSt 61, S.256 ; BGH, BGHZ 29, S.52, 185 ; Eser in: Schönke/Schröder, Strafgesetzbuch, § 223, Rn.38 ; Hirsch in: LK, § 226a, Rn.35 ; Horn in: SK, § 223, Rn.15 ; Kern/Laufs, a.a.O., S.25 ; Tröndle in: Dreher/Tröndle, Strafgesetzbuch, § 223, Rn.9a , vergl. auch oben S.42.
3) BGH, NJW 1961, S.2203 ; NStZ 1981, S.351 ; OLG Hamburg, NJW 1975, S.604, mit Anmerkung von Rudolphi, JR 1975, S.512 ; Eser, Anästh. Inform.1979, S.218 ; Kamps, Ärztliche Arbeitsteilung und strafrechtliches Fahrlässigkeitsdelikt, S.112 ; Kern/Laufs, a.a.O., S.11.
4) Eser, Anästh.Inform. 1979, S.219 ; Rüping, DMW 1977, S.369 ; Schewe, Arztrecht 1979, S.67 ; Weißauer, Anaesthesist 1966, S.102.

5.6.2 Delegation der Aufklärung auf andere Ärzte

Problematisch ist in diesem Zusammenhang, wie weit – grade im Bereich einer größeren Klinikorganisation – die Aufklärung des Patienten etwa vom Chirurgen mit übernommen werden kann, bzw. wie weit sie innerhalb einer Anästhesieabteilung auf ärztliche Mitarbeiter delegiert werden kann:
Nach dem Zweck der Aufklärung kommt es grundsätzlich nicht darauf an, von wem der Patient die notwendigen Informationen erhält, sondern allein darauf, daß er ausreichend unterrichtet ist.[1] Für die Anästhesie kann also im Einzelfall durchaus etwa der Chirurg die Aufklärung mit übernehmen.[2] **Weißauer**[3] weist allerdings m.E. zutreffend darauf hin, daß die Kenntnis über die wesentlichen Umstände der anästhesiologischen Maßnahmen oft nur der Arzt zuverlässig vermitteln kann, der hierfür zuständig ist. Das gilt insbesondere dann, wenn der Operateur nicht mit Sicherheit vorhersagen kann, ob der Anästhesist sich bei der Wahl des Betäubungsverfahrens für eine allgemeine oder regionale Anästhesie entscheidet.[4]
Zu beachten bleibt in jedem Fall, daß zwar die Durchführung der Aufklärung delegiert werden kann, daß aber grundsätzlich die Verantwortung hierfür beim Anästhesisten verbleibt.[5] So entfällt seine Pflicht zur persönlichen Aufklärung des Patienten "ausnahmsweise nur dann, wenn er davon überzeugt sein darf, daß die Aufklärung bereits durch einen anderen Arzt ... hinreichend erfolgt ist".[6]

---

1) BGH, VersR 1963, S.659 ; Kern, MedR 1986, S.179 ; Kern/Laufs, Die ärztliche Aufklärungspflicht, S.11 ; Kleinewerfers, VersR 1981 S.102 ; bedenklich insoweit OLG München, NJW 1983, S.2642.
2) Kern/Laufs, a.a.O., S.140, die dies aus Gründen der ärztlichen Führung sogar als wünschenswert bezeichnen ; ähnlich auch Gramberg-Danielsen, Die Haftung des Arztes, S.11 ; Hümmer, Klinikarzt 1981, S.1135 ; Opderbecke, Anaesthesie und ärztliche Sorgfaltspflicht, S.39 : ebenso Eser, Anästh.Inform. 1979, S.219, für den umgekehrten Fall.
3) Weißauer, Anästh.u.Intensivmed. 1980, S.292.
4) Ähnlich Boiger, Anästh.u.Intensivmed. 1986, S.276, und allgemein OLG München, NJW 1983, S.2642.
5) BGH, NJW 1976, S.1157 f.
6) BGH, NStZ 1981, S.351.

Dabei darf sich der Anästhesist nicht ohne weiteres darauf verlassen, daß etwa der Operateur für eine ausreichende Information des Patienten gesorgt hat.[1] Er hat dies vielmehr, wie **Rudolphi**[2] ausführt, "zu überprüfen und gegebenenfalls die bisher versäumte Aufklärung nachzuholen. Ausnahmen können sich nur dann ergeben, wenn zum Beispiel in einem Krankenhaus zum Zweck der Arbeitsteilung die Aufklärung in besonderer Weise geregelt ist und der einen Eingriff vornehmende Arzt, weil diese Regelung sich bereits über einen längeren Zeitraum hinweg bewährt hat, darauf vertrauen darf, daß auch der von ihm zu operierende Patient in der erforderlichen Weise aufgeklärt worden ist und daher wirksam in die Operation (Anästhesie) eingewilligt hat."[3]

Die gleichen Grundsätze haben zu gelten, wenn innerhalb des Krankenhauses abteilungsintern die Aufklärung des Patienten durch einen anderen Arzt erfolgt als den, der die Anästhesie letztlich durchführt. Auch hier darf sich der durchführende Arzt nur auf eine entsprechende Aufklärung verlassen, wenn er etwa aufgrund klarer Absprachen und Kompetenzverteilung oder einer längeren Erfahrung davon überzeugt sein darf, daß der Patient gegenüber dem voruntersuchenden Arzt in Kenntnis der Art, Bedeutung und Folgen in die Betäubung eingewilligt hat.[4]

5.6.3 Delegation der Aufklärung auf nichtärztliches Personal

Fraglich ist weiter, ob die Durchführung der Aufklärung auch auf nichtärztliches Pflegepersonal delegiert werden darf:
Kleinewerfers hält es für unbedenklich zulässig, daß die Kranken-

---

1) OLG Hamburg, NJW 1975, S.603 ; ähnlich für das Verhältnis zum überweisenden Arzt BGH, VersR 1961, S.1038.
2) Rudolphi, JR 1975, S.513.
3) Zustimmend Eser in: Schönke/Schröder, Strafgesetzbuch, § 223, Rn. 40 ; Kern, Krankenhauskalender 1982, S.419.
4) Weißauer, Anaesthesist 1966, S.106.

schwester die Aufklärung des Patienten übernimmt.[1] Auch **Schmudlach**[2] hält eine Aufklärung des Patienten durch nichtärztliches Personal jedenfalls dann für ausreichend, wenn der Arzt für eine weitere Aufklärung zur Verfügung steht.

Demgegenüber meinen **Eser**[3] und **Rüping**[4], daß allenfalls in Notsituationen eine Patientenaufklärung durch nichtärztliches Hilfspersonal den rechtlichen Anforderungen genügen könne.

Wie sie nimmt auch die ganz überwiegende Literatur[5] heute an, daß eine Aufklärung durch nichtärztliches Personal nicht ausreicht, um eine wirksame Einwilligung des Patienten herbeizuführen.

Diesen Standpunkt nimmt inzwischen auch die Rechtsprechung ein: Während das Reichsgericht diese Frage, ob eine Krankenschwester berufen oder geeignet sei, die Aufklärung des Kranken zu übernehmen und dessen Einwilligung einzuholen, noch offengelassen hatte[6], hielt es der Bundesgerichtshof für erforderlich, daß jedenfalls in den Fällen, in denen keine unmittelbare Gefahr drohe, "ein Arzt (nicht etwa eine Krankenschwester) dem Einwilligungsberechtigten die Gründe und Gegengründe eingehend auseinandersetzt".[7] Er hatte sich danach im vorliegenden Fall "persönlich" mit den Einwilligungsberechtigten in Verbindung zu setzen.

---

1) Kleinewerfers, VersR 1962, S.199 ; ders., VersR 1964, S.315 ; ders., VersR 1981, S.99 f.
2) Schmudlach in: Heim, Ärztliche Aufklärungspflicht, S.90.
3) Eser, Anästh.Inform. 1979, S.219.
4) Rüping, DMW 1977, S.369.
5) Becker bei Becker/Deutsch/Knappen/Nüßgens, Laryng.Rhinol. 1975, S.798 ; Brenner, Arzt und Recht, S.40 ; Deutsch, Arztrecht und Arzneimittelrecht, S.47 ; Franzki, Inform.d.Berufsverb.d.Dt. Chirurgen 1985, S.170 ; Hirsch in: LK, § 226a, Rn.21 ; Kern, Krankenhauskalender 1982, S.419 ; Laufs, Chirurg 1984, S.539 - zurückhaltender allerdings Kern/Laufs, Die ärztliche Aufklärungspflicht, S.22 ; Ludolph/Hierholzer, Unfallheilkunde 1984, S.216 ; Rieger, DMW 1979, S.1258 ; Schlosshauer-Selbach, DRiZ 1982, S.364; Tempel, NJW 1980, S.615 ; Tröndle in: Dreher/Tröndle, Strafgesetzbuch, § 223, Rn.9g ; Weißauer in Heim, Ärztliche Aufklärungspflicht, S.67.
6) RG, RGZ 68, S.436.
7) BGH, BGHSt 12, S.383.

In einer späteren zivilrechtlichen Entscheidung[1] bezeichnete der Bundesgerichtshof eine medizinisch-technische Assistentin ausdrücklich als eine für "die Erwirkung der Einwilligung nicht qualifizierte Hilfskraft". Dementsprechend führte auch in einer strafrechtlichen Entscheidung aus neuerer Zeit[2] der erkennende Senat des Bundesgerichtshofs aus, daß die Aufklärung "grundsätzlich dem Arzt, der den Eingriff vornimmt", obliege.

Dieser Auffassung ist zuzustimmen: Die Aufklärung des Patienten über den geplanten Eingriff, insbesondere bei einem so schwerwiegenden wie der Betäubung, hat originärer Bestandteil des Gesprächs zwischen Arzt und Patient zu sein.[3] Allein der Arzt ist in der Lage, dem Patienten die erforderlichen Informationen in der gebotenen Art und Weise zu vermitteln, er darf diese Aufgabe daher nicht an nichtärztliches Personal delegieren.

5.6.4 Verantwortlichkeit des einweisenden Arztes für die Patientenaufklärung?

In diesem Zusammenhang taucht die Frage auf, wieweit neben der strafrechtlichen Verantwortlichkeit des behandelnden Anästhesisten auch eine solche anderer Ärzte im Fall einer unzureichenden Patientenaufklärung bestehen kann. So meinte der Bundesgerichtshof in einer zivilrechtlichen Entscheidung[4], daß es im Fall einer Überweisung durch den Praktischen Arzt in ein Krankenhaus zur Durchführung einer Appendektomie in erster Linie schon Pflicht des überweisenden Arztes gewesen sei, mit dem Patienten das Für und Wider einer solchen Operation unter entsprechender Aufklärung über deren Risiko zu erörtern.[5]

---

1) BGH, NJW 1974, S.605.
2) BGH, NStZ 1981, S.351.
3) In diesem Sinn aus ärztlicher Sicht auch Bonhoeffer in: Heim, Ärztliche Aufklärungspflicht, S.54.
4) BGH, NJW 1980, S.634.
5) Ähnlich BGH, NJW 1980, S.1906 f, für eine Einweisung durch den Chefarzt der Klinik - auf den Sondercharakter dieser Konstellation weist zu Recht Kleiber, Arzt und Krankenhaus 1986, S.253, hin.

Auch das Oberlandesgericht Düsseldorf[1] hielt einen Neurologen für aufklärungspflichtig, der den Patienten zur Durchführung einer bestimmten Untersuchung an einen Radiologen überwiesen hatte. Ob dieser Auffassung bezüglich der Aufklärung über die Risiken eines diagnostischen oder operativen Eingriffs zuzustimmen ist, kann hier dahinstehen.[2] Jedenfalls wird sowohl der überweisende Hausarzt als auch der einweisende Facharzt kaum je in der Lage sein, den Patienten über die speziellen mit der Anästhesie verbundenen Risiken aufzuklären.[3] Abgesehen davon, daß er oft gar nicht wissen kann, welches Narkoseverfahren der Anästhesist wählen wird, mag er zwar den Patienten über Risiken eines allgemein bekannten Eingriffs informieren müssen, wäre aber sicherlich in aller Regel völlig überfordert, sollte er die meist erst nach umfassender anästhesiologischer Voruntersuchung erkennbar werdenden Anästhesierisiken mit dem Patienten erörtern. Eine strafrechtliche Verantwortlichkeit des einweisenden Arztes für anästhesiologische Aufklärungsmängel kommt also schon aus diesem Grunde nicht in Betracht.

5.7 Form der Aufklärung

Nach allgemeiner Ansicht besteht weder für die Aufklärung des Patienten noch für seine Einwilligung irgendein Formzwang.[4] Wie es der Bundesgerichtshof ausdrückt, vollzieht "sich die Aufklärung wie auch die Verständigung über die sie betreffenden Wünsche des Patienten nicht in festgelegten, rechtsgeschäftlichen Formeln, sondern

---

1) OLG Düsseldorf, VersR 1984, S.644.
2) Kritisch hierzu allgemein Eser in: Schönke/Schröder, Strafgesetzbuch, § 223, Rn.40 ; Hirsch in: LK, § 226 a, Rn.21 ; Kern/Laufs, Die ärztliche Aufklärungspflicht, S.17 f ; Schünemann, NJW 1980, S.2735 ; Tempel, NJW 1980, S.615.
3) Ähnlich Boiger, Anästh.u.Intensivmed. 1986, S.276 ; so allgemein auch Laufs, Arztrecht, S.64 ; Schünemann, a.a.O., S.2735 ; Weißauer in: Heim, Ärztliche Aufklärungspflicht, S.70.
4) Eser, a.a.O., Rn.43 ; Kern/Laufs, a.a.O., S.44 ; Tröndle in: Dreher/Tröndle, Strafgesetzbuch, § 223, Rn.9r ; Weißauer, Anaesthesist 1966, S.106.

im Rahmen eines verständnisvollen Arztgesprächs".[1]

Demgegenüber dienen schriftliche Dokumentationen lediglich der Beweissicherung insbesondere gegen den Vorwurf mangelhafter Aufklärung im Zivilprozeß, wo der Arzt die Aufklärung des Patienten zu beweisen hat.[2]

Allerdings darf der aufklärende Arzt verschiedene Hilfsmittel verwenden, wie Bilder oder Skizzen. In diesem Zusammenhang hat nach anfänglich heftiger Kontroverse jedenfalls für das Fachgebiet der Anästhesiologie das System der Stufenaufklärung[3] weite Verbreitung gefunden und sich offenbar auch bewährt[4]:

Dabei bekommt der Patient - keineswegs kommentarlos, wie zu Recht betont wird[5] - zunächst ein kurzgefaßtes Merkblatt, welches häufig formuliert ist als gleichzeitiger Aufklärungs- und Anamnesebogen[6], welches im übrigen aber je nach den Bedürfnissen des Eingriffs[7] oder den

---

1) BGH, NJW 1973, S.558 ; vergl. auch das von der Deutschen Krankenhausgesellschaft vorgeschlagene Muster einer Dienstanweisung an die Ärzte im Krankenhaus über die Einwilligung der Patienten vor ärztlichen Eingriffen, Krankenhaus 1980, S.307 ff, insbesondere unter Ziff. II 4, sowie die nunmehr auf dieser Grundlage in 2.Auflage von der DKG erlassenen "Richtlinien zur Aufkärung der Krankenhauspatienten über vorgesehene ärztliche Maßnahmen, MedR 1987, H.3, S.VII ff.

2) Deutsch, Arztrecht und Arzneimittelrecht, S.49 ; aus versicherungsrechtlicher Sicht Knoll, Anästh.Inform. 1978, S.244.

3) Bedenken gegen dieses System bei Deutsch, VersR 1981, S.296, und Tröndle in: Dreher/Tröndle, Strafgesetzbuch, § 223, Rn.9h ; dagegen insbesondere Wachsmuth/Schreiber, NJW 1981, S.1985 ; dies., Chirurg 1982, S.594 ; dafür die Erwiderung von Weißauer, Chirurg 1982, S.597 ; dagegen nach wie vor Wachsmuth/Schreiber, Chirurg 1983, S.60 f.

4) Inzwischen wurde mit Hilfe der anästhesiologischen Aufklärungs- und Anamnesebögen über mehrere Millionen Narkosen aufgeklärt, ohne daß es noch zu - erfolgreichen - Schadensersatzprozessen wegen Aufklärungspflichtverletzungen gekommen wäre; vergl. Boiger, Anästh.u.Intensivmed. 1986, S.274 ; Laufs, Arztrecht, S.55 ; Ulsenheimer, MedR 1984, S.165 ; Weißauer in: Heim, Ärztliche Aufklärungspflicht, S.68 ; ders. in Lawin/Huth, Grenzen der ärztlichen Aufklärungs- und Behandlungspflicht, S.20. Der Bundesgerichtshof hat dieses System inzwischen ebenfalls anerkannt, NJW 1973, S.556 ; NJW 1976, S.364.

5) Kern/Laufs, Die ärztliche Aufklärungspflicht, S.46.

6) Dazu Weißauer, Anästh.Inform. 1978, S.245 ff, sowie allgemein Rügheimer, Anästh.Inform. 1978, S.277 ff ; zivilrechtliche Probleme im Zusammenhang mit solchen Aufklärungsbögen beschreibt Jungbecker, Zivilrechtliche Probleme der klinischen formularmäßigen "Einverständniserklärung", S.105 ff ; die Formulare selbst finden sich in Anästh.Inform. 1978, S.246 f, und Anästh.u.Intensivmed. 1981, S.53, 329.

7) Vergl. etwa das 1983 im Perimed-Verlag erschienene Merkblatt zum Aufklärungsgespräch mit dem Arzt über die geburtshilfliche Leitungsanästhesie.

Erfahrungen des verwendenden Arztes variieren kann. Durch dieses Merkblatt erhält er vorab in verständlicher Sprache alle allgemeinen und damit standardisierbaren[1] Informationen über den geplanten Eingriff und seine Risiken, die aus ärztlicher Sicht in Betracht kommen.

In der zweiten Stufe erfolgt dann das eigentliche Aufklärungsgespräch.[2] Dieses dient der Erfassung und Besprechung der individuellen Situation des Patienten, von Art und Umfang seiner Erkrankung, physiologischer und anatomischer Besonderheiten, risikoerhöhender Vor- oder Begleiterkrankungen, von Lebensalter und -gewohnheiten sowie etwaiger Sonderinteressen.

Innerhalb dieses Gesprächs erhält der Patient auch Gelegenheit, weitere ihn interessierende Fragen zu stellen, etwa nach seltenen Komplikationsgefahren, die das Merkblatt nicht aufführt.[3]

Nach Ansicht des Anästhesisten **Bonhoeffer**[4] steht mit diesen Aufklärungs- und Anamnesebögen ein "optimales System" zur Verfügung, mit dessen Hilfe dem Patienten eine Basisaufklärung gegeben und darüber hinaus ein unübersehbares Angebot gemacht werden kann, sich bei Bedarf zusätzlich detailliert informieren zu lassen. Durch die psychologisch klug und damit schonend formulierten Merkblätter erhalte der Patient reichlich Gelegenheit und Zeit, um sich gründlich allein oder auch zusammen mit seinen Angehörigen mit der Frage zu beschäftigen, ob und in welchem Umfang er in einem Gespräch mit dem Anästhesisten noch Genaueres zu erfahren wünscht.

Zu beachten ist aber, daß auch tatsächlich nach diesem Konzept verfahren werden muß. Eine solche Standardisierung der Aufklärung durch Aufklärungsformulare kann also das Gespräch zwischen Arzt und Patient lediglich <u>unterstützen,</u> <u>nicht</u> aber <u>ersetzen,</u> wenn die Aufklärung den rechtlichen Anforderungen genügen und Grundlage einer wirksamen Einwilligung sein soll.[5]

---

1) Dazu insbesondere Hümmer, Klinikarzt 1981, S.996 ff, 1131 ff.

2) Nach dem Konzept der Stufenaufklärung soll das Merkblatt also keineswegs an die Stelle des persönlichen Aufklärungsgesprächs treten, sondern dieses lediglich vorbereiten; unzutreffend insofern Fotakis, MedR 1986, S.121 f.

3) Tröndle in: Dreher/Tröndle, Strafgesetzbuch, § 223, Rn.9h, sieht darin eine unzulässige Überbürdung einer "Fragelast" auf den Patienten; er berücksichtigt dabei aber zu wenig, daß die Spontanaufklärung durch den Anästhesisten keineswegs mit der Aushändigung des Aufklärungsbogens abgeschlossen ist. Vergl. auch Weißauer, Arzt und Krankenhaus 1980, Heft 1, S.38, der die Forderung nach einem gewissen Maß an Eigeninitiative des Patienten m.E. zu Recht für legitim hält.

4) Bonhoeffer in: Heim, Ärztliche Aufklärungspflicht, S.53.

5) Franzki, Der Arzthaftungsprozeß, S.23 ; Jakob, Jura 1983, S.529; Schloßauer-Selbach, DRiZ 1982, S.361.

5.8 Zeitpunkt der Aufklärung

Nach dem Zweck der Selbstbestimmungsaufklärung, die Dispositionsfreiheit des Patienten über seine körperliche Unversehrtheit zu gewährleisten, ist auch der Zeitpunkt dieser Aufklärung zu bestimmen:
Zunächst einmal muß der Patient noch im vollen Besitz seiner Erkenntnisfähigkeit und Entscheidungsfreiheit sein.[1]
Unabhängig vom Zeitpunkt bedeutet dies, daß eine Aufklärung des Patienten unter dem Einfluß einer bereits vorgenommenen Prämedikation unwirksam ist, da hier nicht mehr von uneingeschränkter Entscheidungsfähigkeit und klarem Bewußtsein des Patienten ausgegangen werden kann.[2]
Aber auch ohne Prämedikation wird unmittelbar vor Beginn der Operation kaum ein Patient alle Gesichtspunkte richtig würdigen und noch in letzter Minute den schon vorbereiteten Eingriff absagen können.[3]

Es sei darauf hingewiesen, daß - obwohl dies eigentlich selbstverständlich sein sollte - Fälle, in denen gegen diese grundsätzlichen Regeln verstoßen wurde, bis in die jüngste Zeit die Gerichte beschäftigen: So hatte sich etwa das Oberlandesgericht Düsseldorf[4] in einer Zivilrechtssache mit einem Sachverhalt zu befassen, in dem eine Patientin über wesentliche Modalitäten eines kosmetischen, medizinisch nicht erforderlichen Eingriffs erst informiert worden war, als sie bereits unter der Einwirkung bewußtseinsdämpfender Medikamente auf dem Operationstisch lag.
Eine ähnliche Situation lag einer Entscheidung des Oberlandesgerichts Stuttgart[5] zugrunde: Auch hier war eine Patientin über die möglichen Folgen eines diagnostischen Eingriffs ebenfalls erst aufgeklärt worden, als die Vorbereitungshandlungen hierfür bereits weitgehend

---

1) Brenner, Arzt und Recht, S.29.
2) Janssen, HNO 1971, S.164 ; Kern/Laufs, Die ärztliche Aufklärungspflicht, S.142 ; Opderbecke, Anaesthesie und ärztliche Sorgfaltspflicht, S.40 ; Weißauer, Anaesthesist 1966, S.103 ; vergl. auch BGH, NJW 1974, S.1423.
3) OLG München, NJW 1984, S.1413 ; OLG Celle, NJW 1987, S.2305 ; Kern/Laufs, a.a.O., S.41 ; Laufs in: Jung/Schreiber, Arzt und Patient zwischen Therapie und Recht, S.81 ; Schwab/Kramer/Krieglstein, Rechtliche Grundlagen der ärztlichen Aufklärungspflicht, S.86 ; Tempel, NJW 1980, S.615.
4) OLG Düsseldorf, NJW 1963, S.1679.
5) OLG Stuttgart, NJW 1979, S.2355, die gegen diese Entscheidung gerichtete Revision wurde vom BGH nicht angenommen, Beschluß vom 10.7.1979, VI ZR 11/78.

abgeschlossen waren.

In beiden Fällen stellte das entscheidende Gericht die Unwirksamkeit der Einwilligung aufgrund verspäteter und damit unzureichender Aufklärung fest.

Aber auch an den zeitlichen Abstand zu der geplanten Betäubung sind gewisse Anforderungen zu stellen: Dem Patienten muß eine gewisse Überlegungsfrist bleiben, um das Für und Wider des Eingriffs abwägen zu können.[1]

Während bezüglich der Hauptbehandlung (also etwa der Operation) aufgrund dieser Zielsetzung überwiegend gefordert wird, den Patienten wenn möglich schon etwa drei Tage vor dem Eingriff aufzuklären[2], besteht - soweit ersichtlich - Einigkeit, daß mit der Aufklärung über die anästhesiologische Maßnahme als lediglich unterstützendem Eingriff dichter an die Operation herangerückt werden darf.

Denn hat sich der Patient einmal zur Durchführung eines Eingriffs entschieden, wird er das zusätzliche Anästhesierisiko in kürzerer Zeit in seine Überlegungen einbeziehen können. Daher reicht es im Regelfall - also dann, wenn nicht eine ganz besonders risikoreiche Anästhesie in Frage steht, die unter Umständen eine längere Überlegungsfrist erforderlich machen kann - aus, wenn der Anästhesist den Patienten am Vortag der Operation aufklärt.[3]

---

1) BGH, BGHSt 12, S.383 ; ähnlich OLG Hamm, VersR 1981, S.688.

2) So etwa Bodenburg, NJW 1981, S.604 ; Kern/Laufs, Die ärztliche Aufklärungspflicht, S.41 ; Tempel, NJW 1980, S.615 ; a.A. Deutsch, NJW 1979, S.1907, der auch hier eine Aufklärung am Vorabend der Operation für ausreichend hält. Das OLG Celle erwägt bei einer nicht vitalen Indikation eine Eingriffsaufklärung sogar schon vor der stationären Aufnahme, läßt die Frage aber letztlich offen, NJW 1979, S.1253 ; kritisch hierzu Wachsmuth, NJW 1979, S.1253.

3) Ebenso Deutsch, a.a.O., S.1907 , Franzki, Der Arzthaftungsprozeß, S.23 f ; Kern, Krankenhauskalender 1982, S.418 ; Kern/Laufs, a.a.O., S.44.

5.9 Strafrechtliche Folgen einer Aufklärungspflichtverletzung

5.9.1 Kausalität der Pflichtwidrigkeit als weitere Voraussetzung einer Strafbarkeit des Arztes

Wie dargelegt, führt die Tatsache einer nicht erfolgten oder unvollständigen Aufklärung über aufklärungsbedürftige Umstände grundsätzlich zur Unwirksamkeit der Einwilligung des Patienten. Nach der Rechtsprechung, von der für die Praxis auszugehen ist, erfüllt in diesem Fall auch eine kunstgerecht durchgeführte, erfolgreiche Anästhesie nicht nur den Tatbestand der Körperverletzungsdelikte, sondern ist auch als rechtswidrig anzusehen.

Erforderlich ist aber in jedem Fall, daß das pflichtwidrige Unterlassen der Aufklärung kausal geworden ist für die vorgenommene Betäubung. Das bedeutet mit anderen Worten, daß eine unterbliebene oder unzureichende Patientenaufklärung überhaupt nur dann zur Strafbarkeit des Arztes wegen Körperverletzung führen kann, wenn bei ordnungsgemäßer Aufklärung die Einwilligung in den Eingriff nicht erteilt worden wäre.[1]

Allerdings hat diese Frage der Kausalität der Aufklärungspflichtverletzung in der älteren strafgerichtlichen Judikatur nicht immer ausreichend Beachtung gefunden: So behandelt der Bundesgerichtshof in dem bereits erwähnten Myom-Urteil[2], in dem dem Arzt zur Last gelegt wurde, daß er es vor der Operation versäumt hatte, sich der Zustimmung der Patientin zu der möglicherweise erst während des Eingriffs offenbar werdenden Notwendigkeit einer Entfernung der Gebärmutter zu versichern, die eigentlich naheliegende Frage, ob nicht die Patientin auch bei Erhalt dieser Aufklärung in die Opera-

---

[1] Engisch in: Engisch/Hallermann, Die ärztliche Aufklärungspflicht aus rechtlicher und ärztlicher Sicht, S.32 ; Eser in: Schönke/Schröder, Strafgesetzbuch, § 223, Rn.40 ; Geilen, Einwilligung und ärztliche Aufklärungspflicht, S.105 ff, 150 ; Hollmann, Aufklärungspflicht des Arztes unter besonderer Berücksichtigung der Neurochirurgie, S.170 ; Schuck, Strafrechtliche Bedeutung der Verletzung der ärztlichen Aufklärungslast unter besonderer Berücksichtigung der kosmetischen Chirurgie, S.97 ; Schwab/Kramer/Krieglstein, Rechtliche Grundlagen der ärztlichen Aufklärungspflicht, S.69 ; Weißauer, Anaesthesist 1966, S.107. Dies gilt auch dann, wenn ausnahmsweise eine vorsätzliche Aufklärungspflichtverletzung vorliegen sollte. Denn hätte der Patient auch bei ausreichender Aufklärung in die Anästhesie eingewilligt, so kann der Aufklärungsmangel hinweggedacht werden, ohne daß damit der Eintritt der Körperverletzung entfiele (so die ganz herrschende Bedingungstheorie).

[2] BGH, BGHSt 11, S.111

tion eingewilligt hätte, jedenfalls nicht explizit.[1]

Demgegenüber führte der Bundesgerichtshof in einer späteren, den Arzt freisprechenden Entscheidung[2] aus, daß eine umfassende Aufklärung nicht notwendig zur Versagung der Einwilligung führen müsse, so daß der angeklagte Arzt von vorneherein mit einer solchen Verweigerung zu rechnen gehabt habe. In dem zu entscheidenden Fall habe vielmehr bei dem Alter und dem voroperativen Zustand des Patienten alles für und so gut wie nichts gegen den Eingriff gesprochen, gerade angesichts der beim Unterbleiben zu erwartenden Gefahr für das Leben des Kranken.

Diese Ausführungen des Bundesgerichtshofs zur Vorhersehbarkeit des Unterbleibens einer Einwilligung sind aber m.E. bereits der Frage der Kausalität selbst zugrunde zu legen.

Damit kommt im Strafverfahren dem Einwand des Arztes, der Patient hätte auch bei ordnungsgemäßer Aufklärung in die durchgeführte Anästhesie eingewilligt, eine große Bedeutung zu. Denn seine strafrechtliche Verurteilung setzt voraus, daß ernsthafte Zweifel des Gerichts, ob der Patient nicht auch bei ausreichender Aufklärung die gleiche Entscheidung getroffen hätte, nicht mehr bestehen. Kann dem Arzt nicht mit "an Sicherheit grenzender Wahrscheinlichkeit"[3] nachgewiesen und festgestellt werden, daß sich der Patient nach ausreichender Aufklärung gegen den Eingriff entschieden hätte, ist das Verfahren einzustellen bzw. der Arzt freizusprechen.[4]

Ganz allgemein bedeutet dies freilich nicht - worauf **Eser** zu Recht hinweist[5] -, daß eine Kausalität der Aufklärungspflichtverletzung für den Eingriff schon immer damit zu verneinen wäre, daß ein "vernünftiger Patient" auch bei hinreichender Aufklärung eingewilligt hätte oder daß er sich sowieso hätte operieren lassen müssen.

---

1) Darauf weisen mit Recht Martin, DRiZ 1962, S.297, und Wiethölter in: Stiftung zur Förderung der wissenschaftlichen Forschung über Wesen und Bedeutung der Freien Berufe, Die Aufklärungspflicht des Arztes, S.84, hin - allerdings wurde der Fall durch den erkennenden Senat zur weiteren Sachaufklärung an die Strafkammer zurückverwiesen, wobei immerhin zwischen den Zeilen der Revisionsentscheidung anklingt, daß seitens des Senats eine Einwilligungsverweigerung der Patienten bei umfassender Aufklärung in diesem konkreten Fall für möglich gehalten wurde.

2) BGH, JZ 1964, S.232; ähnlich schon BGH, Urteil v. 28.10.1960, 4 StR 375/60, zit. nach Grünwald in: Göppinger, Arzt und Recht, S.146.

3) Jescheck, Lehrbuch des Strafrechts AT, S.473, m.w.N..

4) Hirsch/Weißauer, MedR 1983, S.44 ; Hollmann, Aufklärungspflicht des Arztes unter besonderer Berücksichtigung der Neurochirurgie, S.170; Schwab/Kramer/Krieglstein, Rechtliche Grundlagen der ärztlichen Aufklärungspflicht, S.74.

5) Eser in: Schönke/Schröder, Strafgesetzbuch, § 223, Rn.40.

Insoweit kann kein generalisierender Maßstab, etwa der eines verständigen Patienten oder gar die Sicht des Arztes, angelegt werden.[1] Zu führen ist stets der Nachweis in dem konkreten Fall, wobei es maßgeblich darauf ankommen dürfte, ob bei Berücksichtigung der Dringlichkeit des Eingriffs einerseits und der Schwere des drohenden Risikos andererseits die nicht nur theoretisch denkbare, sondern durch konkret plausible Gründe untermauerte Möglichkeit besteht, daß der Patient bei vollständiger Aufklärung sich dennoch für den Eingriff entschieden hätte.[2] Dabei wird man im Hinblick auf die spezielle Frage der Kausalität einer unterlassenen oder unvollständigen Anästhesieaufklärung neben den genannten Gesichtspunkten auch zu berücksichtigen haben, daß der Patient, der in die Operation selbst grundsätzlich eingewilligt hat, in der Regel einen operativen Eingriff nur unter entsprechender Betäubung erwartet[3]. Gleichwohl können durchaus auch in einem solchen Fall bei dem Patienten individuelle Gründe vorliegen, aus denen er bei einer umfassenden Aufklärung in die konkret durchgeführte Anästhesie nicht eingewilligt hätte.

5.9.2 Die subjektive Tatseite

Steht fest, daß der Arzt seiner ihm obliegenden Pflicht, den Patienten in ausreichendem Umfang aufzuklären, nicht nachgekommen ist, und daß dieser Umstand ursächlich für die Betäubung war, ist für die strafrechtliche Beurteilung dieser Pflichtverletzung subjektiven Gesichtspunkten besondere Aufmerksamkeit zu widmen:
Ist dem Arzt in Fällen, in denen sich ein Rückgriff auf die sogenannte mutmaßliche Einwilligung verbietet, die Unzulänglichkeit der Aufklärung bekannt und setzt er sich bewußt hierüber hinweg, so kommt eine Strafbarkeit wegen vorsätzlicher Körperverletzung nach § 223 StGB in Betracht.[4]

---

1) BGH, NJW 1984, S.1399.

2) In diesem Sinn auch Krauß in: Jung/Schreiber, Arzt und Patient zwischen Therapie und Recht, S.156.

3) Vergl. hierzu im einzelnen oben S. 47 ff.

4) Eine Bestrafung nach § 223 a StGB scheidet demgegenüber im Regelfall aus, weil der ärztlichen Handlung hier der Charakter eines Angriffs fehlt und die Rechtsprechung daher das Instrument, welches der Arzt in Ausübung seines Berufes anwendet, nicht als "gefährliches Werkzeug" oder "Waffe" ansieht - BGH, NJW 1978, S.1206; NStZ 1987, S.174. Anders ist es allerdings dann, wenn ein tatsächlich nicht heilkundiger Täter die Einwilligung in einen Eingriff dadurch erschleicht, daß er sich als Heilkundiger ausgibt. In diesem Fall kann nach § 223 a StGB auch dann bestraft werden, wenn der Täter subjektiv Heilungswillen hatte - BGH, NStZ 1987, S.174.

Unterläuft dem Arzt in einem solchen Fall auch nur fahrlässig[1] ein Fehler bei der Betäubung, der zum Tod des Patienten führt, so kann er gemäß § 226 Abs. 1 StGB in Verbindung mit § 18 StGB sogar wegen Körperverletzung mit Todesfolge bestraft werden.[2]

In der ganz überwiegenden Zahl der Fälle wird es aber so sein, daß der Arzt irrtümlich den Mangel der Aufklärung nicht erkennt und infolgedessen irrig davon ausgeht, gerechtfertigt durch eine wirksame Einwilligung des Patienten zu handeln.

Die Behandlung eines solchen Irrtums über die tatsächlichen Voraussetzungen eines Rechtfertigungsgrundes ist in der juristischen Lehre umstritten: Die sogenannte "strenge Schuldtheorie"[3] geht für diese Situation allgemein davon aus, daß dem Täter die Tatumstände - also im konkreten Fall die Verletzung der körperlichen Integrität - insgesamt bekannt sind, und daß er insoweit auch vorsätzlich handelt. Lediglich dann, wenn der als Verbotsirrtum nach § 17 StGB angesehene Irrtum über die Wirksamkeit der Einwilligung als unvermeidbar angesehen werden mußte, wäre der Arzt nach dieser Auffassung entschuldigt. Wäre dieser Irrtum dagegen - wie im Regelfall - vermeidbar gewesen, käme nach dieser Auffassung eine Bestrafung wegen eines Vorsatzdelikts, hier also wegen vorsätzlicher Körperverletzung, in Betracht, wobei lediglich nach § 49 Abs. 1 StGB die Strafe gemildert werden könnte.

Diese Auffassung wird aber zu Recht sowohl von der heute herrschenden Ansicht im Schrifttum[4] als auch von der Rechtsprechung[5] abgelehnt, insbesondere wegen ihres als unannehmbar, weil ungerecht empfundenen Ergebnisses, bereits bei Vermeidbarkeit des Irrtums zu einer Strafbarkeit wegen vorsätzlicher Tat zu gelangen.

---

1) Hierzu etwa Stree in: Schönke/Schröder, Strafgesetzbuch, § 226, Rn.7
2) So etwa BGH, BGHSt 12, S.385 ; OLG Düsseldorf, MedR 1984, S.28 ff.
3) Vertreten etwa von Maurach/Zipf, Strafrecht AT 1, S.546 f ; Schröder in: LK, § 16, Rn.47 ff ; Welzel, ZStW 76 (1964), S.619.
4) Bockelmann, Strafrecht des Arztes, S.61 ; Cramer in: Schönke/Schröder, Strafgesetzbuch, § 15, Rn.26 ; Eser, Strafrecht I, S.158 ; ders. in: Schönke/Schröder, Strafgesetzbuch, § 223, Rn.52; Hirsch in: LK, § 226 a, Rn.50 ; Hollmann, Aufklärungspflicht des Arztes unter besonderer Berücksichtigung der Neurochirurgie, S.168 ; Horn in SK, § 223, Rn.15 ; Lackner, Strafgesetzbuch, § 17, Rn.5b ; Niese in: E.Schmidt-FS, S.381 ; Rudolphi, JR 1975, S.513 ; Tröndle in: Dreher/Tröndle, Strafgesetzbuch, § 223, Rn. 9v.
5) BGH, BGHSt 3, S.106 ; BGHSt 3, S.196 ; DRiZ 1981, S.310 ; OLG Hamburg, NJW 1975, S.603. Demgegenüber betrafen die Entscheidungen des BGH, BGHSt 4, S.113 ; BGHSt 16, S.309 ; NJW 1978, S.1206, Fälle, in denen aus Rechtsgründen eine Einwilligung nicht wirksam sein konnte. In diesen Fällen kommt ein Verbotsirrtum nach § 17 StGB in Betracht.

Nach der von diesem Teil der Lehre und der Judikatur vertretenen sogenannten "eingeschränkten Schuldtheorie" ist davon auszugehen, daß ein solcher Irrtum über die tatsächlichen Voraussetzungen eines Rechtfertigungsgrundes - jedenfalls im Ergebnis - gleich behandelt werden muß wie ein Irrtum über die Merkmale des Tatbestandes selbst. Teils in unmittelbarer, teils in entsprechender[1] Anwendung des § 16 StGB wird danach nach heutiger Rechtspraxis der eingangs geschilderte Fall wie folgt gelöst:
Hält der Arzt eine rechtlich gebotene Aufklärung aus tatsächlichen Gründen nicht für erforderlich oder irrig die auf einer unzureichenden Teilaufklärung beruhende Einwilligung für wirksam, so ist eine Strafbarkeit wegen vorsätzlicher Tat ausgeschlossen.

In diesem Fall kommt aber eine Strafbarkeit nach § 230 StGB in Betracht, wenn dem Arzt bezüglich des Aufklärungsmangels Fahrlässigkeit vorzuwerfen ist, wenn er also diesen Mangel der Aufklärung und damit der rechtfertigenden Einwilligung hätte erkennen und vermeiden können.[2]
Neben dieser Erkennbarkeit des Aufklärungsmangels muß der Arzt aber auch erkennen können, daß der Patient bei ordnungsgemäßer Aufklärung die Einwilligung in die Anästhesie verweigern würde. Hier sei nochmals auf die zutreffenden Ausführungen des Bundesgerichtshofs verwiesen[3], wonach dem Arzt fahrlässiges Verhalten nur vorgeworfen werden kann, wenn er außer dem Aufklärungsmangel auch erkennen konnte und mußte, der Kranke werde, wäre er in dem erforderlichen Umfang aufgeklärt worden, einen Eingriff - hier die Betäubung - dieses Umfangs endgültig verweigern.

---

1) Zu den Differenzierungen im einzelnen vergl. etwa Cramer in: Schönke/Schröder, Strafgesetzbuch, § 16, Rn.13 b ff.

2) Zu diesen Elementen der Schuld vergl. auch unten, S. 170 ff.

3) BGH, JZ 1964, S.232.

5.10 Zusammenfassung

Wie aus den vorstehenden Ausführungen ersichtlich, ist der Arzt nicht nur unter berufsethischen und zivilrechtlichen Gesichtspunkten gehalten, der Aufklärung des von ihm behandelten Patienten größte Aufmerksamkeit zu widmen. Er sollte - neben der größtmöglichen fachlichen Sorgfalt im engeren Sinn - diese Sorgfalt hinsichtlich der Aufklärung auch insbesondere deshalb walten lassen, um ein insoweit durchaus nicht unerhebliches Strafbarkeitsrisiko auszuschalten.

Vor einer Untersuchung jener fachlichen Sorgfaltspflichten des anästhesiologisch tätigen Arztes bei der medizinischen Behandlung selbst seien daher die wesentlichen Voraussetzungen einer den rechtlichen Postulaten genügenden Aufklärung und Einwilligung noch einmal zusammengefaßt:

Nach ständiger Rechtsprechung der Straf-, wie auch der Zivilgerichte erfüllt auch der kunstgerecht und erfolgreich durchgeführte Heileingriff - dazu gehört auch eine anästhesiologische Maßnahme - den Tatbestand der Körperverletzung gemäß § 223 StGB bzw. § 823 Abs. 1 BGB. Da weder Standesrecht noch ärztliche Erfahrung oder Kenntnisse ein Behandlungsrecht des Arztes gegenüber dem Patienten zu begründen vermögen, ist diese Körperverletzung nach gegenwärtiger Rechtspraxis regelmäßig nur durch eine vorherige Einwilligung des Patienten gerechtfertigt. Dazu ist es aber erforderlich, daß sich der Patient der Tragweite und Bedeutung seiner Erklärung bewußt ist; er muß mit Hilfe der Aufklärung wissen, worin er einwilligt.

Umfang und Grenzen der ärztlichen Aufklärungspflicht werden entscheidend von dieser Funktion bestimmt: Grundsätzlich muß der Patient die für und gegen den Eingriff sprechenden Gesichtspunkte erfahren und gegeneinander abwägen können.
Was ihm dabei im Einzelfall mitgeteilt werden muß, hängt allerdings maßgeblich ab von der Dringlichkeit des Eingriffs: Je größer diese ist, desto geringer werden im Zweifel die Anforderungen an die Aufklärung sein;

je weniger dringend der Eingriff vorgenommen werden muß, desto genauer ist der Patient aufzuklären.
Dementsprechend wird die weitestgehende Aufklärung gefordert bei medizinisch nicht indizierten, etwa rein kosmetischen Eingriffen, während bei einer sachlich und zeitlich äußerst dringlichen oder gar vital indizierten Operation und Anästhesie der Arzt sich auf das allermindeste beschränken darf.

Generell ist auf dieser Grundlage für den Patienten in der Regel bedeutsam:
- der angenommene medizinische Befund,
- die Art des geplanten Eingriffs - hier also der Betäubung -, seine voraussichtlichen Folgen sowie mögliche alternative Behandlungsweisen,
- die mit der geplanten Behandlung zu erwartenden oder möglichen nicht völlig unerheblichen Risiken.

Die Aufklärung über die gestellte Diagnose, die im Regelfall im Aufgabenbereich des Operateurs liegt, hat inhaltlich so weit zu gehen, als Informationen über die Art der Erkrankung für eine verständige Entscheidung des Patienten über den ihm angeratenen Eingriff erforderlich sind.
Bei der Aufklärung speziell über Anästhesiemaßnahmen ist von Bedeutung, daß der Patient heute in der Regel damit rechnet oder sogar erwartet, daß ein nicht ganz unbedeutender Eingriff nur unter Betäubung erfolgen wird, und weiß, daß keine Anästhesie ganz ohne Risiken ist. Dabei sagt die in einem solchen Fall möglicherweise vorliegende stillschweigende Einwilligung, überhaupt betäubt zu werden, aber noch nichts darüber aus, welches Anästhesieverfahren der Patient im Einzelfall wünscht. Stehen also alternativ verschiedene Grundverfahren, insbesondere Vollnarkose oder regionale Leitungsanästhesie zur Wahl, muß der Patient hierüber informiert werden. Dies gilt auch, wenn etwa damit gerechnet werden muß, einen zunächst unter Regionalanästhesie begonnenen Eingriff möglicherweise unter Vollnarkose fortsetzen zu müssen.

Die größten Schwierigkeiten bei der Bestimmung des Umfangs der ärztlichen Aufklärungspflicht ergeben sich in der Frage der mitzuteilenden Gefahren und Risiken der Behandlung:

Heute wird als entscheidend angesehen, welche Risiken für einen sogenannten "verständigen Patienten" in entsprechender Lage für die Entscheidung über den Eingriff ernsthaft ins Gewicht fallen würden. Dabei kommt es neben der Dringlichkeit und Bedeutung des Eingriffs insbesondere an auf die Häufigkeit der jeweiligen Komplikation, die Art und Schwere der bei ihrem Eintreten zu befürchtenden Schädigung und deren möglicherweise gesteigerte Bedeutung für den betreffenden Patienten.

Über das sogenannte "allgemeine Anästhesierisiko", also über Gefahren, die allgemein bekanntermaßen jeder Anästhesie anhaften, muß der Patient nicht informiert werden. Aufklärung ist aber erforderlich hinsichtlich solcher mit der Betäubung verbundener Gefahren, mit denen der Patient nicht ohne weiteres rechnet, insbesondere derjenigen, die speziell für die gewählte Betäubungsart typisch sind. Exemplarisch sei insoweit die Gefahr von Zahnschäden bei der Intubationsnarkose genannt oder die Gefahr von Lagerungsschäden bei in dieser Beziehung besonders risikoreichen Operationslagerungen.

Auch über Umstände, die im Einzelfall das Anästhesierisiko erhöhen, muß der Patient informiert werden. Solche Umstände können sich aus der individuellen schlechten gesundheitlichen Konstitution des Patienten ergeben, daneben aber etwa auch aus einer unzureichenden apparativen und personellen Ausstattung des betreffenden Krankenhauses, wenn diese zur Folge hat, daß die Betäubung durch einen ungenügend qualifizierten ärztlichen Anfänger oder bei nicht ausreichender Überwachung stattfinden müßte. Aufklärung ist gleichfalls erforderlich, wenn etwa im Einzelfall ein neuartiges Anästesieverfahren zur Anwendung kommen soll, dessen Gefahrlosigkeit im Vergleich zu lang erprobten noch nicht feststeht.

Grundsätzlich muß der Patient selbst aufgeklärt werden, er allein hat die Einwilligung in den Eingriff zu erteilen. Dies gilt auch für einen minderjährigen Patienten, wenn er die für den Eingriff erforderliche Einsichts- und Urteilsfähigkeit besitzt. Ist dies nicht der Fall oder fehlt es in sonstigen Fällen, beispielsweise aufgrund Krankheit oder auch Bewußtlosigkeit, an der eigenen Entscheidungsfähigkeit des Patienten, kommt es auf die Einwilligung des gesetzlichen Vertreters an.

Nur wenn ein solcher nicht vorhanden ist oder nicht erreicht werden kann, darf auf die sogenannte "mutmaßliche Einwilligung" des Behandelten zurückgegriffen werden.

In der Regel reicht es aus, wenn der Patient am Vortag der Operation über die Anästesie aufgeklärt wird, nicht aber, wenn dies erst unmittelbar vor dem Eingriff oder gar erst dann geschieht, wenn der Patient bereits unter dem Eingriff bewußtseinsdämpfender Medikamente steht.
Die Informationspflicht hinsichtlich der Betäubung liegt bei dem durchführenden Anästhesisten, dieser kann die Aufklärung delegieren an andere Ärzte, nicht dagegen an nichtärztliches Hilfspersonal.
Die Aufklärung bedarf keiner bestimmten Form; Aufklärungsbögen können eine wertvolle Hilfe sein und überdies dem Nachweis einer erfolgten Information dienen, niemals aber das ärztliche Aufklärungsgespräch ersetzen. Bewährt hat sich gerade im Anästhesiebereich das System der sogenannten Stufenaufklärung, welches vorgefaßte Basisinformationen und anschließende persönliche Erläuterungen durch den Arzt ausgezeichnet kombiniert.

Die Rechtsprechung läßt den Einwand des Arztes zu, der Patient hätte auch bei ordnungsgemäßer Aufklärung in den Eingriff eingewilligt. Auch eine unzureichende Aufklärung des Patienten hat also nur dann für den Arzt strafrechtliche Folgen, wenn festgestellt wird, daß sich der Patient nach ausreichender Information mit an Sicherheit grenzender Wahrscheinlichkeit gegen den durchgeführten Eingriff ausgesprochen hätte.
Voraussetzung strafrechtlicher Konsequenzen für den Arzt wegen unvollständiger oder unterbliebener Aufklärung ist schließlich, daß ihm sein Versäumnis auch individuell vorgeworfen, das heißt persönlich zum Verschulden angerechnet werden kann. Hält der Arzt irrtümlich seine Informationen für ausreichend oder eine Aufklärung nicht für erforderlich, ist nach heutiger Rechtspraxis eine Strafbarkeit wegen vorsätzlicher Körperverletzung ausgeschlossen. Konnte der Arzt diesen Irrtum aber erkennen und vermeiden, so macht er sich ggf. wegen fahrlässiger Körperverletzung strafbar.

6 Behandlungsfehler im Bereich der Anästhesiologie

6.1 Allgemeine Klärung des Begriffs

Nach § 230 StGB wird bestraft, "wer durch Fahrlässigkeit die Körperverletzung eines anderen verursacht"; entsprechendes gilt nach § 222 StGB, wenn "durch Fahrlässigkeit der Tod eines Menschen verursacht wird.
Gegenüber einer solchen Sanktionierung fahrlässigen Verhaltens spielen in diesem Bereich ärztlichen Strafrechts die Straftatbestände der vorsätzlichen Körperverletzung oder gar der vorsätzlichen Tötung keine Rolle - sie kämen nur in Betracht, wenn der Arzt sich bewußt über die Regeln ärztlicher Kunst hinwegsetzte und dabei den schädlichen Erfolg zumindest billigend in Kauf nähme.
Die hier interessierenden Fälle, die im übrigen auch die für die ärztliche Tätigkeit typischen Gefahren widerspiegeln, sind die, in denen ungewollt, durch ein Versehen, ein Mißverständnis oder einfach durch Nachlässigkeit ein Schaden entsteht.[1]

Dabei kann diese Nachlässigkeit sowohl in einem "positiven Tun" liegen, wenn eine bestimmte Maßnahme als solche falsch gewesen ist, als auch in einem Unterlassen, wenn eine erforderliche Maßnahme unterblieben ist.[2] Im letzteren Fall ergibt sich die nach § 13 Abs. 1 StGB erforderliche Rechtspflicht zur Erfolgsabwendung regelmäßig aus der Übernahme der Behandlung des Krankheitsfalles.[3]

An dieser Stelle sei zunächst darauf hingewiesen, daß der hier häufig gebrauchte Begriff des ärztlichen "Kunstfehlers" außerordentlich problematisch ist: Zwar wird vertreten, daß es keine Umschreibung

---

1) Wilhelm, Verantwortung und Vertrauen bei Arbeitsteilung in der Medizin ; vergl. weiter Hirsch in: LK, § 223, Rn.5 ; Krauß in: Jung/Schreiber, Arzt und Patient zwischen Therapie und Recht, S.156 ; E. Schmidt, Der Arzt im Strafrecht, S.171. Entsprechendes gilt auch für die grundsätzlich möglicherweise in Betracht kommenden Tatbestände der unterlassenen Hilfeleistung oder der Verletzung der Verschwiegenheitspflicht: Auch diese haben für die strafrechtliche Haftung des anästhesiologisch tätigen Arztes keinerlei besondere Bedeutung und sollen daher hier nicht näher behandelt werden.
2) Zur Abgrenzung vergl. Jescheck in: LK, vor § 13, Rn.83 ; OLG Düsseldorf, MedR 1984, S.28.
3) RG, RGSt 74, S.354 ; BGH, BGHSt 7, S.212 ; NJW 1961, S.2068 ; Lilie, NStZ 1983, S.314 ; E. Schmidt, a.a.O., S.163.

dessen, was gemeint ist, gibt, die mit einem Wort besser und prägnanter treffen würde als das Wort "Kunstfehler"[1], es existiert aber auch im heutigen juristischen Sprachgebrauch keine einheitliche Bedeutung dieses Begriffs[2]:

Die Skala reicht von einem Verständnis, welches schon objektiv medizinisch fehlerhaftes Verhalten als "Kunstfehler" betrachtet[3], bis zu der Auffassung, die so nur ein auch schuldhaft fehlerhaftes Handeln nennt[4].

Auch Versuche, den "Kunstfehler im eigentlichen Sinn" oder "absoluten Kunstfehler" vom bloßen Versehen, wie etwa dem Zurücklassen eines Tupfers im Operationsfeld, zu unterscheiden[5], haben nicht zu einer grundsätzlichen Klärung geführt.[6] Das Dilemma der begrifflichen Unklarheit beschreibt **Krauß**[7] mit den Worten: "Jeder versteht - mangels einer verbindlichen Definition in irgendeinem Normenkomplex - unter 'Kunstfehler' etwas anderes und jeder verbindet mit diesem Begriff letztlich nur seine höchstpersönlichen Vorstellungen von einer bestimmten Sach- und Rechtslage."

Aus diesem Grunde wird der Begriff verschiedentlich auch als "denkbar

---

1) Spann, Z.f.d.ges.Vers.wiss. 1978, S.187.

2) So schon König/Köstlin, Haftpflicht des Arztes, S.43 ; weiter Bodenburg, Der ärztliche Kunstfehler als Funktionsbegriff zivilrechtlicher Dogmatik, S.9.

3) So die überwiegende Ansicht, etwa Bockelmann, Strafrecht des Arztes, S.86 ; R. Koch, D.Dt.Ges.wes. 1956, S.1255 f ; Loewe, DMW 1961, S.1188 ; Pribilla in: Mergen, Die juristische Problematik in der Medizin, Bd. III, S.73 ; Roloff, VersR 1965, S.440 ; E. Schmidt, Der Arzt im Stafrecht, S.137 ff ; Schwalm in: Bockelmann-FS, S.541 ff ; Spann, a.a.O., S.187 ; Uhlenbruck, DMW 1968, S.47 ; so auch BGH, BGHZ 8, S.140.

4) Bappert, Arzt und Patient als Rechtsuchende ; Guleke, Langenbecks Archiv 189 (1937), S.359 ; Theissing, Z.f.d.ges.Vers.wiss. 1978, S.202 ; Liertz/Paffrath, Handbuch des Arztrechts ; zur Widersprüchlichkeit der Ausführungen letzterer vergl. aber schon E. Schmidt, a.a.O., S.139, Fn.3.

5) Vergl. etwa Goldhahn/Hartmann, Chirurgie und Recht, S.104 f ; in dieser Richtung auch Deutsch, NJW 1976, S.2292 ; ders., NJW 1978, S.1658, der nur gravierende Fehler als Kunstfehler bezeichnen will.

6) Gegen diese Unterscheidung schon E. Schmidt, a.a.O., S.137 ; ebenso Pribilla, a.a.O., S.74 ; Schwalm, a.a.O., S.543 ; ähnlich auch Eser, ZStW 97 (1985), S.9.

7) Krauß in: Jung/Schreiber, Arzt und Patient zwischen Therapie und Recht, S.141 f.

unglücklich"[1] oder auch als "irreführend"[2] bezeichnet, zunehmend wird auch - m.E. zu Recht - seine Preisgabe überhaupt gefordert.[3] Der im folgenden statt dieses Begriffs verwendete Terminus des "Behandlungsfehlers" stellt demgegenüber schon vom Wortlaut her vorrangig auf die im individuellen Fall konkret erfolgte Behandlung ab, er erweckt weniger leicht die Vorstellung einer allgemein festgeschriebenen, zum Dogma erstarrten[4], quasi unveränderlichen Regeln unterworfenen "ärztlichen Kunst". Der Wert dieser Bezeichnung dürfte damit auch darin liegen, daß durch sie eine Versachlichung der Auseinandersetzung um die juristische Erfassung ärztlichen Fehlverhaltens erreicht werden kann.[5]

6.2 Die objektiv gebotene Sorgfalt

Jenseits aller begrifflichen Schwierigkeiten ist auch im Bereich medizinischer Fehlbehandlung der Nachweis einer objektiven Sorgfaltspflichtverletzung Ausgangspunkt jeder strafrechtlichen Fahrlässigkeitshaftung des Arztes.

Es erscheint insoweit zunächst sinnvoll, in Übereinstimmung mit der strafrechtlichen Erfassung anderer Lebensbereiche den Behandlungsfehler als außer Achtlassung der im Verkehr, das heißt vorliegend bei der medinizischen Behandlung, objektiv erforderlichen Sorgfalt zu bestimmen.[6] In diesem Zusammenhang wird seitens der strafrechtlichen Literatur[7] häufig auch - mangels einer strafgesetzlichen Definition - ergänzend auf die Vorschrift des § 276 Abs. 1 Satz 2 BGB zurückgegriffen, wonach fahrlässig handelt, wer die im Verkehr erforderliche Sorgfalt außer Acht läßt.

---

1) Wachsmuth, Krankenhausarzt 1975, S.422.

2) So in der Stellungnahme des ständigen Arbeitskreises Ärzte und Juristen zu Thema "Ärztliche Kunstregel und ärztlicher 'Kunstfehler'", Anästh. Inform. 1975, S.330.

3) Dotzauer, DÄBl. 1976, S.3027 ; Farthmann in: Jung/Schreiber, Arzt und Patient zwischen Therapie und Recht, S.136 ; Franzki, Inform.d. Berufsverb.d.Dt.Chirurgen 1985, S.165 ; Schreiber, Inform.d.Berufsverb. d.Dt.Chirurgen 1977, S.65 ff.

4) Vergl. Wachsmuth, a.a.O., S.422.

5) Ähnlich etwa Siebert, Strafrechtliche Grenzen ärztlicher Therapiefreiheit, S.9.

6) Siebert, a.a.O., S.10.

7) Bockelmann, Strafrecht AT, S.160 ; Jescheck, Lehrbuch des Strafrechts AT, S.468 ; Welzel, Fahrlässigkeit und Verkehrsdelikte, S.15.

Festzustellen ist also zunächst, ob im konkreten Fall bestimmte Sorgfaltspflichten bestanden, und wie diese inhaltlich beschaffen sind. Bei dieser Prüfung kommt es - wie sich auch aus dem Wortlaut des § 276 Abs. 1 Satz 2 BGB ergibt - nicht etwa an auf eine tatsächlich verbreitete bestehende Übung - diese kann auch nachlässig sein. Wie **Bockelmann** pointiert betont, verkürzt ein eingerissener Schlendrian die Sorgfaltspflicht nicht.[1] Maßgeblich ist vielmehr, was in dem jeweiligen Verkehrskreis an Vorsicht und Sorgfalt "erforderlich" ist, um Rechtsgutsverletzungen zu vermeiden. Dabei sind gerade im ärztlichen Bereich angesichts der schwerstwiegenden Folgen von Unachtsamkeiten an das Maß der anzuwendenden Sorgfalt grundsätzlich strenge Anforderungen zu stellen.[2]

Weiter sei an dieser Stelle hervorgehoben, daß entgegen einer teilweise vertretenen Ansicht[3] eine Strafbarkeit des Arztes nach der gegenwärtigen Rechtslage nicht nur bei schweren Sorgfaltsverstößen oder grober Fahrlässigkeit in Betracht kommt[4], sondern grundsätzlich auch bei leichter Fahrlässigkeit.

---

1) Bockelmann, Strafrecht des Arztes, S.88 ; ebenso Deutsch, NJW 1976, S.2289 ; Fieser, Das Strafrecht des Anaesthesisten, S.23 ; Franzki, Inform.d.Berufsverb.d.Dt.Chirurgen 1985, S.165; Uhlenbruck, Krankenhausarzt 1975, S.444 ; BGH, BGHZ 8, S.140 f ; VersR 1968, S.280 ; bedenklich Goldhahn/Hartmann, Chirurgie und Recht, S.51, die zu sehr auf den allgemein üblichen Brauch abstellen.

2) BGH bei Dallinger, MDR 1972, S.384 f.

3) Deutsch, NJW 1978, S.1657 ; Maihofer, Archiv klin. exp. Ohren- Nasen- und Kehlkopfheilkunde 187 (1966), S.520.

4) Ulsenheimer, MedR 1984, S.162 ; Weißauer, Anästh.Inform. 1979, S. 7 ; ders. in: Opderbecke/Weißauer, Forensische Probleme in der Anaesthesiologie, S.37 ; Weißauer/Frey, DMW 1978, S.727 ; vergl. auch Marrubini, Anaesthesist 1958, S.114. Auch Eser, ZStW 97 (1985), S.45, Fn. 131, und Schreiber, Langenbecks Archiv 352 (1980), S.45, halten aber eine zukünftige derartige Haftungsbeschränkung für bedenkenswert.

Ein solches ärztliches Privileg wird vom geltenden Strafrecht nicht gedeckt.[1] Ein unterschiedlicher Grad fahrlässigen Verhaltens kann nur bei der Strafzumessung, nicht aber bei der grundsätzlichen Frage strafrechtlich relevanter Fahrlässigkeit eine Rolle spielen.[2] Handelt es sich um Maßnahmen, bei denen selbst bei Anwendung größter Sorgfalt etwa passieren kann[3], so wird bei einer Schädigung oft gar keine Sorgfaltspflichtverletzung anzunehmen sein. Es geht also nicht darum, aus dem Bereich der strafbaren Fahrlässigkeit einen bestimmten Grad auszuklammern, sondern die Sorgfaltspflichten nicht zu überspannen und darauf hinzuweisen, daß bei bestimmten Gegebenheiten von Fahrlässigkeit nicht gesprochen werden kann.[4]

Maßstab der Prüfung ist also, wie sich ein besonnener und gewissenhafter Arzt in der spezifischen und konkreten Behandlungssituation bei Betrachtung dieser Situation ex ante[5] verhalten hätte.[6] Das bedeutet, daß die objektiv erforderliche und einzuhaltende Sorgfalt danach variiert, ob es sich um einen Arzt in der Weiterbildung,

---

1) Gewichtige Bedenken gegen eine allgemeine Herausnahme von Fällen leichten Verschuldens aus der strafrechtlichen Fahrlässigkeitshaftung, die auch den vorliegenden Bereich betreffen, bei Tröndle, DRiZ 1976, S.129 ff.
2) Fieser, Das Strafrecht des Anaesthesisten, S.34 ; Ulsenheimer, a.a.O., S.162.
3) Maihofer, a.a.O., S.520.
4) Fieser, a.a.O., S.34.
5) Vergl. dazu Engisch, Die rechtliche Bedeutung der ärztlichen Operation, S.24 ; Laufs, NJW 1974, S.2028 ; Mezger, Dt.Z.f.d.ges. ger.Med. 1953, S.367 ; BGH, MedR 1985, S.227 ff, mit Anmerkung Fehse, Arzt und Krankenhaus 1986, S.212.
6) BGH, NJW 1972, S.151 ; kritisch zu dem dort postulierten Maßstab des Verkehrskreises allerdings Samson in: SK, Anhang zu § 16, Rn.13.

einen Facharzt oder den Chefarzt der anästhesiologischen Abteilung handelt.[1] Weiter sind die übrigen konkreten Umstände zu berücksichtigen, unter denen der Eingriff stattfindet - in einem kleinen Landkrankenhaus oder in einer Universitätsklinik mit besten technischen, diagnostischen und therapeutischen Möglichkeiten, als Notfall oder wohlvorbereitete, nicht unter Zeitdruck stehende Operation.[2]

6.2.1 Fahrlässigkeit bei Übernahme der Behandlung

Zu beachten ist allerdings, daß ein objektiver Verstoß gegen die ärztliche Sorgfaltspflicht auch darin liegen kann, daß der Arzt Maßnahmen durchführt, denen er aufgrund seiner Kenntnisse und Erfahrung nicht gewachsen ist.[3] Denn vom Arzt muß auch verlangt werden, daß er die Grenzen seiner eigenen Fähigkeiten in diagnostischer und therapeutischer Hinsicht richtig einschätzt.[4] Ein Verstoß gegen diese Pflicht kann etwa vorliegen, wenn ein Arzt eines anderen Fachgebietes selbst die Anästhesie mitübernimmt und auf die Hinzuziehung eines Fachanästhesisten verzichtet.[5] In jedem Fall wird hierin ein Sorgfaltspflichtverstoß zu sehen sein, wenn es sich um eine Risikonarkose handelt. Dies entschied das Landgericht Stuttgart schon für das Jahr 1969[6], obwohl für diesen Zeitpunkt anerkannt wurde, daß die Hinzuziehung eines Fachanästhesisten zu jeder Operation wegen der geringen Zahl tätiger Anästhesisten nicht verlangt werden

---

1) Ulsenheimer in: Opderbecke/Weißauer, Forensische Probleme in der Anaesthesiologie, S.43 ; Weißauer in: Benzer/Frey/Hügin/Mayrhofer, Lehrbuch der Anaesthesiologie, S.38 ; bedenklich insoweit OLG Celle, Urteil v. 1.12.1980, 1 U 13/79, bei Andreas/Siegmund-Schultze, Anästh.u.Intensivmed. 1982, S.78, mit kritischer Anmerkung derselben.

2) Vergl. etwa Eser in: Schönke/Schröder, Strafgesetzbuch, § 223, Rn.35 ; ders., ZStW 97 (1985), S.11 ; Grünwald in: Göppinger, Arzt und Recht, S.132.

3) BGH, NJW 1979, S.1258 ; NJW 1984, S.654 ; NJW 1985, S.2197 ; Fieser, Das Strafrecht des Anaesthesisten, S.25 ; Rieger, Lexikon des Arztrechts, Rn.1332 ; Tröndle in: Dreher/Tröndle, Strafgesetzbuch, § 15, Rn.16 ; Ulsenheimer, MedR 1984, S.162.

4) E. Schmidt, Der Arzt im Strafrecht, S.165.

5) Ulsenheimer, a.a.O., S.162 ; Weißauer, Anäst.Inform. 1979, S.4.

6) LG Stuttgart, Urteil v. 8.12.1971, ohne AZ, bei Siegmund-Schultze, Arztrecht 1972, S.28.

konnte.[1]

Später führte der Bundesgerichtshof in einer für den anästhesiologischen Bereich bedeutsamen Entscheidung[2] aus, daß ein Urologe, der selbst eine intravenöse Narkose durchführt, auch selbst über alle dazu erforderlichen Kenntnisse verfügen müsse: "Auch von einem Urologen müssen, soweit er Narkosen vornimmt oder unter seiner Verantwortung vornehmen läßt, die dem Zeitstand entsprechenden Kenntnisse gefordert werden, die dabei die dem Patienten geschuldete Sicherheit bestmöglich gewährleisten."[3] Daher mußte nach Ansicht des Bundesgerichtshofs im Prozeß auch nicht ein Urologe als Gutachter herangezogen werden, sondern ein Anästhesist.

Damit läuft ein Nichtanästhesist, der eine Narkose selbst durchführt, in besonderem Maße Gefahr, sich dem Vorwurf eines Übernahmeverschuldens auszusetzen, denn die Konsequenz dieser Rechtsprechung bedeutet letztlich, daß er sich bei Übernahme und Durchführung einer Betäubung an dem objektiven Sorgfaltsmaßstab messen lassen muß, der für einen Anästhesisten gelten würde.[4]

Dementsprechend darf auch ein in der Weiterbildung stehender Assistenzarzt die Anästhesie nur übernehmen, wenn er einen ausreichenden Kenntnis- und Erfahrungsstand hierfür erreicht hat.

---

1) Heute wäre hier – angesichts der doch erheblich verbesserten anästhesiologischen Versorgung – noch ein deutlich strengerer Maßstab anzulegen. Zu den Anforderungen bei einer Narkose durch den niedergelassenen Arzt vergl. auch Weißauer, Anästh.Inform. 1974, S.124.

2) BGH, NJW 1981, S.628.

3) BGH, a.a.O., S.629.

4) Hirsch/Weißauer, Anästh.u.Intensivmed. 1982, S.36 ; Steffen, Neue Entwicklungslinien der BGH-Rechtsprechung zum Arzthaftungsrecht, S.33 ; zustimmend Franzki, MedR 1984, S.189 ; vergl. auch bereits Maihofer, Archiv klin. exp. Ohren-, Nasen- und Kehlkopfheilkunde 187 (1966), S.536.

Der anästhesierende oder operativ tätige Arzt wird hier stets sorgfältig die Risiken des Eingriffs und seine Dringlichkeit abwägen müssen.[1] Wie der Bundesgerichtshof erst in jüngster Zeit betont hat[2], haben dabei das Wohl des Patienten und seine Sicherheit Vorrang, nicht etwa eine bequemere Organisation des Klinikdienstes: "In keinem Fall werden sich Krankenhausträger und Ärzte darauf berufen dürfen, ein Mangel an ausreichend ausgebildeten Fachärzten zwinge zum Einsatz auch relativ unerfahrener Assistenzärzte. Von Notfällen abgesehen, die ein sofortiges Eingreifen erforderlich machen, und für die auch nicht anderweitig organisatorisch vorgesorgt werden kann, ist die angemessene medizinische Versorgung der Patienten von vornherein sicherzustellen." [3]

---

1) Fieser, Das Strafrecht des Anaesthesisten, S.136.
2) BGH, MedR 1984, S.63.
3) BGH, a.a.O., S.63.

6.2.2 Die "lex artis"

Bei der inhaltlichen Beurteilung ärztlichen Verhaltens, die in Abhängigkeit von den oben genannten Faktoren erfolgen muß, ist auszugehen von der sogenannten lex artis, d.h. den anerkannten Regeln der medizinischen Wissenschaft.[1]

Ob diese anerkannten Regeln ärztlicher Wissenschaft allerdings nicht beachtet wurden, bzw. was je nach Art des Eingriffs[2] dazu zu rechnen ist, kann im Einzelfall außerordentlich schwer – für den Juristen ohne Hilfe eines medizinischen Sachverständigen meist gar nicht – zu bestimmen sein. So schreibt schon **Eberhard Schmidt** im Jahr 1939: "Ob ein Irrtum bei der Diagnose unterlaufen ist, ob die gewählte Heilmethode Erfolg versprochen hat, ob bei ihrer Durchführung Fehler vorgekommen sind, ob vorgekommene Fehler vermeidbar oder unvermeidbar gewesen sind, das alles sind Fragen, die der Jurist zumeist nicht ohne den Sachverständigen entscheiden kann."[3]

Zum andern wird in vielen Fällen zu beobachten sein, daß sich eine einheitliche lex artis gar nicht herausgebildet hat. Dies ist nicht nur dann der Fall, wenn sich innerhalb eines medizinischen Fachgebiets verschiedene Richtungen gebildet haben, deren jede die Richtigkeit für sich beansprucht.[4] Häufiger wird der Fall eintreten, daß beispielsweise über die Erforderlichkeit bestimmter Vorsichtsmaßnahmen innerhalb der medizinischen Wissenschaft keine Einigkeit besteht.[5]

---

1) Bockelmann, Strafrecht des Arztes, S.87 ; Eser, ZStW 97 (1985), S.11 ff m.w.N. ; zur Frage, wieweit diese einer bestimmten Schulmedizin entsprechen, bzw. wo die Grenzen der grundsätzlichen ärztlichen Methodenfreiheit aus strafrechtlicher Sicht gezogen werden müssen, vergl. Siebert, Strafrechtliche Grenzen ärztlicher Therapiefreiheit, S.30 ff.

2) Daß jeder einzelne Behandlungsfall einmalige Besonderheiten in sich tragen kann und daher gesondert beurteilt werden muß, betont zu Recht Hinderer, ZBl.f.Chirurgie 1977, S.1057 f.

3) E. Schmidt, Der Arzt im Strafrecht, S.141 ; ebenso Weißauer, Praktische Anästhesie 1978, S.382 ; aus jüngster Zeit etwa Laufs, NJW 1986, S.1519.

4) Engisch, Die rechtliche Bedeutung der ärztlichen Operation, S.23 ; Giesen, Arzthaftungsrecht – Medical Malpractise Law, S.9 ; E. Schmidt, a.a.O., S.143 ; dazu auch Grünwald in: Göppinger, Arzt und Recht, S.129 ff.

5) Ist dies jedoch für bestimmte Maßnahmen in der Medizin ernsthaft umstritten, so hat der Arzt die größere Vorsicht walten zu lassen, BGH, BGHZ 8, S.140 ; Spann/Liebhardt/Hauck/Braun, Ärztliche Haftung, Kap. 1.3.1.2.

Stets ist in diesem Fall eine sorgfältige Prüfung erforderlich, welche Sorgfaltspflichten der Arzt in dieser konkreten Behandlungssituation zu erfüllen hatte.

6.3 Spezielle Sorgfaltspflichten in der Anästhesiologie

Bei der Untersuchung der speziellen ärztlichen Sorgfaltspflichten im anästhesiologischen Bereich unterscheidet man zweckmäßigerweise den Zeitraum vor dem eigentlichen Eingriff, in den die die Betäubung vorbereitenden Maßnahmen fallen, dann die Phase der Anästhesie selbst und weiter die Zeit der nach dem Eingriff erforderlichen Versorgung und Kontrolle:

6.3.1 Die präoperative Phase

Gerade bei anästhesiologischen Maßnahmen, die stets nicht auszuschließende Risiken für den Patienten mit sich bringen, und bei denen der Grad dieser Risiken in ganz besonderem Maße von der allgemeinen gesundheitlichen Konstitution des Patienten abhängt, kommt der präoperativen Untersuchung und anderen Vorbereitungsmaßnahmen besondere Bedeutung zu. Denn es sind nicht wenige Risikofaktoren, "die durch eine adäquate Anamneseerhebung und Voruntersuchung eruierbar und bekannt werden" könnten - wie Dick in einer zusammenfassenden Bewertung präoperativer Risiken ausführt -; diese Risiken wären durch entsprechende Vorsorgemaßnahmen reduzierbar.[1]

Tatsächlich ist aber festzustellen, daß gerade in dieser Phase Mängel besonders häufig auftreten: So nennen **Horatz** und **Schöntag**[2] als an erster Stelle liegende Ursache bei tödlichen Narkosezwischenfällen

---

1) Dick, Anästh.u.Intensivmed. 1984, S.348 ; in diesem Sinn auch Fodor, Med.Welt 1970, S.2005 ff, und Langrehr in: Opderbecke/Weißauer, Forensische Probleme in der Anaesthesiologie, S.83 ; zu medizinischen Einzelheiten Wiemers, Langenbecks Archiv 322 (1968), S.1386 ff ; vergl. auch die Entschließung der DGAI zur anästhesiologischen Voruntersuchung, Anästh.u.Intensivmed. 1982, S.446.

2) Horatz/Schöntag in: Benzer/Frey/Hügin/Mayrhofer, Lehrbuch der Anaesthesiologie, S.41.

unerkannte oder präoperativ ungenügend berücksichtigte Vorerkrankungen des Patienten. **Lutz** und **Peter** stellten bei einer umfangreichen Untersuchung von Anästhesiezwischenfällen unter über 30000 Patienten fest, daß sich in der Gruppe mit komplizierten Verläufen bei 73% der Patienten unzureichende Vorbereitungsmaßnahmen nachweisen liessen.[1] Auch **Opderbecke**, der zahlreiche weitere Studien referiert[2], spricht zusammenfassend von einer "hohen Quote an Komplikationen durch Mängel der präoperativen Vorbereitung".[3]

6.3.1.1 Voruntersuchung des Patienten

Die Wahl des jeweiligen anästhesiologischen Verfahrens und die Einschätzung der Risiken dieser Verfahren beim einzelnen Patienten können nur nach einer umfassenden und sorgfältigen Voruntersuchung erfolgen. Diese Voruntersuchung steht damit an vorderster Stelle der vom Anästhesisten streng einzuhaltenden Sorgfaltspflichten.[4] Denn er hat schon vor dem Eingriff Vorsorge zu treffen, alle während der Betäubung möglicherweise auftretenden Gefahren zu beherrschen.[5]

Hierzu muß er sich stets[6] anhand der medizinischen Befunde ein ausreichendes Bild über den gesundheitlichen Zustand des Patienten - seine Narkosefähigkeit - machen und im Hinblick auf den geplanten Eingriff das Narkoserisiko prüfen.[7]

---

1) Lutz/Peter, Langenbecks Archiv 334 (1973), S.674.
2) Opderbecke, Anaesthesie und ärztliche Sorgfaltspflicht, S.21 ff.
3) Opderbecke, a.a.O., S.34 ; ebenso Pribilla, DMW 1964, S.2204 ; Weißauer, Anästh.Inform. 1974, S.125 ; ders., Anästh.Inform. 1978, S.245.
4) Lutz/Peter, a.a.O., S.674 ; Ulsenheimer in: Opderbecke/Weißauer, Forensische Probleme in der Anaesthesiologie, S.44 ; Weißauer, Praktische Anästhesie 1978, S.382 ; Weißauer/Frey, DMW 1978, S.726.
5) Uhlenbruck, Arztrecht 1981, S.94.
6) Jung, Saarl.ÄBl. 1971, S.295, weist in diesem Zusammenhang darauf hin, daß es in Anbetracht der vielen, von der Schwierigkeit der Operation unabhängigen narkosetechnischen Spezialfragen verfehlt wäre, eine solche Voruntersuchung etwa nur bei "großen" Operationen durchzuführen; ebenso Rügheimer, Anästh.u.Intensivmed. 1982, S.432.
7) Eyrich, Anästh.Inform. 1979, S.40 ; Hauenschild, Anästh.Inform. 1978, S.65 ; Spann, Ärztliche Rechts- und Standeskunde, S.118 ; Ulsenheimer, a.a.O., S.44 ; Weißauer, Anästh.u.Intensivmed. 1980, S.99.

Auch der Bundesgerichtshof hat in einer Entscheidung aus dem Jahr 1952[1] ausgeführt, daß Mängel der ärztlichen Ausbildung, schlechte Vorbilder und fehlende Erfahrung unter Umständen ärztliche Kunstfehler entschuldigen könnten, niemals aber Eingriffe ohne eigene Diagnose.

Dieser Gesichtspunkt wurde auch später stets besonders hervorgehoben. So lauten auch die Kernaussagen zweier zivilrechtlicher Entscheidungen des Bundesgerichtshofs: "Der Arzt, der bei einem ihm bisher unbekannten Patienten, bei dem er hochwirksame Medikamente (hier waren es Morphine) anwenden will, muß ihn soweit wie möglich auf Krankheiten untersuchen, bei denen gegen eine solche Behandlung Bedenken bestehen"[2], und: "das Nichterkennen einer erkennbaren Erkrankung und der für sie kennzeichnenden Symptome bedeutet immer, sofern nicht ganz besondere Umstände vorliegen, einen Schuldvorwurf."[3]

Diese Pflicht zu sorgfältigster Voruntersuchung besteht natürlich ganz besonders, wenn ein Eingriff unter Anästhesie in der Arztpraxis und damit auch ambulant ins Auge gefaßt ist. Denn in diesem Fall können die sich aus den Voruntersuchungen oder der Anamnese ergebenden erhöhten anästhesiologischen Risiken dazu führen, daß der Eingriff überhaupt nicht in der Arztpraxis durchgeführt werden darf.[4]

Selbstverständlich kann auch der Umfang der Voruntersuchung stark eingeschränkt sein bei besonderer Dringlichkeit des Eingriffs oder bei Unfallverletzten. In solchen eilbedürftigen Fällen muß und darf sich der Arzt auf ein zeitlich mögliches Mindestprogramm präanästhesiologischer Untersuchungen und Vorbereitung beschränken.[5]

---

1) BGH, BGHSt 3, S.91.
2) BGH, NJW 1959, S.1583.
3) BGH, VersR 1958, S.546.
4) Uter, Anästh.u.Intensivmed. 1982, S.332 ; Weißauer, MMW 1969, S.1359 ; ders., Anästh.u.Intensivmed. 1982, S.327 ; vergl. dazu auch Dick/Ahnefeld/Fricke/Knoche/Milewski/Traub, Anaesthesist 1978, S.450 ff.
5) Fieser, Das Strafrecht des Anaesthesisten, S.79 ; Schreiber, Arztrecht 1983, S.11 f ; Uhlenbruck, Arztrecht 1981, S.95 ; vergl. auch BGH, NJW 1980, S.650, der ebenfalls auf die besondere Eilbedürftigkeit des Eingriffs abstellt. Zum Umfang der präoperativen Befunderhebung bei solchen dringlichen Operationen aus ärztlicher Sicht Hutschenreuther, Anästh.Inform. 1976, S.264.

6.3.1.1.1 Arbeitsteilung bei der Befunderhebung - Rückgriff auf vorliegende Befunde

In erster Linie für den im Krankenhaus arbeitenden Anästhesisten, aber etwa auch vor einer Betäubung durch den niedergelassenen Arzt, kann sich in diesem Zusammenhang die Frage ergeben, ob und wieweit er bei dieser Anamneseprüfung auf bereits vorliegende, von anderen Ärzten erhobene Befunde ohne eigene Überprüfung zurückgreifen darf:

Auf der einen Seite kann es nicht zuletzt aus fachlichen Gründen allein Aufgabe des Anästhesisten sein, vor der Betäubung die Narkosefähigkeit des Patienten festzustellen. Andererseits sprechen sowohl Gründe der Kosten- und Personalersparnis als auch die Vermeidung doppelter Belastung des Patienten durch mehrfache Durchführung der gleichen Untersuchung für die grundsätzliche Zulässigkeit eines Rückgriffs auf von Kollegen erhobene Befunde. So nimmt auch die arztrechtliche Literatur an, daß der Anästhesist nicht nur die Untersuchungsergebnisse des Operateurs nicht kontrollieren muß[1], sondern sich auch sonst auf Befunde anderer Ärzte und auf die Richtigkeit von Labor- und EKG-Untersuchungen verlassen darf.[2]

Die Grenzen, welche einer Befundübernahme durch den Anästhesisten in Abwägung der genannten Gesichtspunkte im Interesse der Patientensicherheit seitens der Rechtsprechung gezogen werden, werden besonders deutlich an zwei Gerichtsentscheidungen aus jüngerer Zeit, auf die daher im folgenden näher eingegangen sei:

Bei der ersten handelt es sich um ein Judikat des Bundesgerichtshofs aus dem Jahre 1979[3]. In dem zugrundeliegenden Fall war die angeklagte Anästhesistin zu einer 18-jährigen Patientin gerufen worden, als diese bereits auf dem Operationstisch lag.

---

1) Dazu insbesondere Weißauer, Anaesthesist 1962, S.249 ; ders., Anästh.u. Intensivmed. 1980, S.249 ; weiter Hirsch in: LK, § 222, Rn.10.

2) Opderbecke, Anaesthesie und ärztliche Sorgfaltspflicht, S.53 f ; Rieger, DMW 1978, S.769 ; Schreiber, Arztrecht 1983, S.9 f ; Uhlenbruck, Arztrecht 1981, S.95 ; in diesem Sinn äußert sich auch die Entschließung der DGAI zur anästhesiologischen Voruntersuchung, Anästh.u.Intensivmed. 1982, S.446.

3) BGH, NJW 1980, S.649, mit Anmerkung Rieger, DMW 1980, S.851 f.

Der Assistenzarzt, der die Patientin untersucht hatte, und der operierende Chirurg teilten ihr mit, es handele sich um eine akute, möglicherweise schon perforierte Blinddarmentzündung. Die Anästhesistin fragte die Patientin, ob sie nüchtern sei, und ob sie "heute wirklich nichts gegessen und getrunken habe", was diese bejahte. Da aber neben der Blinddarmentzündung auch eine Darmlähmung vorlag, waren trotz sechs- bis achtstündiger Nahrungskarenz Magen und Darm der Patientin überfüllt. Die Anästhesistin selbst untersuchte die Patientin nicht auf eine Darmlähmung und auf Nüchternheit durch Abtasten oder Abhören von Magen und Darm.

Bei der Narkosevorbereitung erbrach die Patientin vor Einführung des Tubus und atmete Erbrochenes ein. Sie starb zwei Tage später an einer dadurch verursachten Aspirationspneumonie.

Der Bundesgerichtshof bestätigte in diesem Fall eines dringenden Eingriffs die vom Vorwurf der fahrlässigen Tötung freisprechende Entscheidung des Landgerichts: Zwar obliege der Angeklagten als Anästhesistin die präoperative Versorgung der Patienten. "Sie bestimmt das Narkoseverfahren und trifft danach ihre Vorbereitungen, zu denen auch gehört, sich von der Nüchternheit des Patienten zu überzeugen und bei nicht gegebener Nahrungskarenz von sechs bis acht Stunden die naheliegende Gefahr einer Aspiration zu vermeiden. Der Chirurg entscheidet nach eingehender Untersuchung im Einverständnis mit dem Patienten..., ob, wo und wann der Eingriff durchgeführt werden soll. Der Chirurg wägt das Operationsrisiko ab und kalkuliert zumindest auch das allgemeine Risiko einer Narkose mit ein.

Der Anästhesist kann dabei darauf vertrauen, daß der Operateur die eigene Tätigkeit sachgemäß mit der des Narkosearztes koordiniert, insbesondere die richtige Diagnose stellt, auf der das Narkoseverfahren aufbaut, und den Narkosearzt rechtzeitig und vollständig über die Anforderungen unterrichtet, welche die beabsichtigte Narkose stellen wird."

Dazu gehörte nach Ansicht des erkennenden Senats auch der Hinweis an die Anästhesistin, daß keine Darmgeräusche vorhanden waren, was auf eine Darmlähmung hindeutete und eine andere Narkoseeinleitung erfordert hätte. "Die Anästhesistin war nicht verpflichtet, das Untersuchungsergebnis der Chirurgen zu überprüfen, insbesondere von sich aus nochmals nach Darmgeräuschen zu horchen. Zum einen hätte diese Untersuchung bei der als eilbedürftig qualifizierten Operation vermehrte Gefahren für den Patienten mit sich gebracht. Zum anderen würde damit jede Form der Zusammenarbeit im Operationssaal fragwürdig und mit zusätzlichen Risiken für den Patienten verbunden, wenn Operateur und Anästhesist ihre Kräfte zugunsten einer wechselseitigen Überwachung zersplittern."[1]

---

1) BGH, NJW 1980, S.650.

Daß auch nach dieser höchstrichterlichen Entscheidung die Rechtsprechung den Anästhesisten keinesfalls von seiner grundsätzlichen Pflicht entbunden sieht, auch bei Vorliegen bereits erhobener Befunde <u>selbst</u> die Narkosefähigkeit des Patienten zu prüfen, zeigt in aller Deutlichkeit die folgende Entscheidung des Oberlandesgerichts Saarbrücken aus dem Jahre 1986[1]. In diesem Fall war der Patient, ein knapp 9-jähriger Junge, durch den Hausarzt unter der Diagnose "akute Blinddarmentzündung" in die Klinik eingewiesen worden. Dieser Befund wurde durch den aufnehmenden Chefarzt der chirugischen Abteilung bestätigt, der darüber hinaus Acetongeruch in der Atemluft des Kindes, starke Austrocknung und weitere Anzeichen einer schweren Erkrankung feststellte. Der Chirurg verordnete wegen der Austrocknung eine Traubenzuckerinfusion, benachrichtigte sodann den Anästhesisten von der noch durchzuführenden Operation und forderte ihn auf, sich das Kind zuvor auf der Kinderstation anzusehen. Der Anästhesist tat dies und untersuchte den kleinen Patienten oberflächlich, indem er Lunge und Herz abhörte und sich Rachen, Zunge, Augen und Schleimhäute anschaute. Auch er bemerkte Acetongeruch in der Atemluft des Kindes und erkannte, daß es außerdem stark ausgetrocknet, apathisch, müde, untergewichtig und nicht altersentsprechend war. Obwohl er das Kind deshalb als Risikopatienten einstufte, unterließ er weitere Untersuchungen und gab es zur Operation frei.

Kurze Zeit nach Beendigung des Eingriffs trat bei dem Patienten ein diabetisches Koma ein, in dessen Verlauf er dann verstarb.

Das Oberlandesgericht bestätigte als Revisionsinstanz die durch beide Tatsacheninstanzen[2] erfolgte Verurteilung des Anästhesisten wegen fahrlässiger Tötung:

---

1) OLG Saarbrücken, Urteil v. 5.8.1986, Ss 8/86, Zit. nach Opderbecke/ Weißauer, Anästh.u.Intensivmed. 1987, S.382 ff.

2) Amtsgericht - Schöffengericht - Saarbrücken, Urteil v. 14.6.1985, 8-236/ 84; LG Saarbrücken, 8 II 70/85, ebenfalls bei Opderbecke/Weißauer, a.a.O..

Er sei als Narkosearzt verpflichtet und zeitlich auch noch in der Lage gewesen, bei dem von ihm selbst als Risikopatienten eingestuften Kind durch eine differenzierte Prüfung die neben der Blinddarmentzündung vorliegende Grunderkrankung - eine Blutzuckerentgleisung - zu ermitteln und so abzuklären, ob überhaupt Narkosefähigkeit gegeben war. Das Gericht führt sodann wörtlich aus: "Die strafrechtliche Eigenverantwortung des Angeklagten als Narkosearzt für eine lege artis durchzuführende Narkose, wozu die entsprechende medizinische mögliche Vorbereitung des Patienten gehört, wird durch die Verantwortung des Chirurgen für eine - zutreffende - Diagnose und seine Entscheidung über die Notwendigkeit eines operativen Eingriffs nicht unmittelbar berührt. Eine Ausnahme hiervon könnte nur gelten, wenn nach dem Urteil des Chirurgen eine unverzügliche, keinerlei Aufschub mehr duldende Operation deshalb durchzuführen ist, weil andernfalls mit an Sicherheit grenzender Wahrscheinlichkeit der Tod des Patienten eintreten würde."

Damit bestätigt der Senat explizit die Auffassung des Landgerichts, nach der sich der Anästhesist im vorliegenden Fall nicht auf den Vertrauensgrundsatz berufen konnte. Anders als in dem vom Bundesgerichtshof[1] entschiedenen Fall, auf den die Verteidigung verwiesen hatte und in welchem eine akute, möglicherweise schon perforierte Appendizitis äußerst dringend behandelt werden mußte, sei hier der Eingriff nicht so eilbedürftig gewesen, daß nicht durch verschiedene Voruntersuchungen hätte abgeklärt werden können, welche Grunderkrankung bei dem Kind vorlag. Die Durchführung dieser Voruntersuchungen zur Prüfung der Narkosefähigkeit des Patienten sei aber Aufgabe des Anästhesisten, von dieser Pflicht sei er vorliegend auch nicht ausnahmsweise entbunden gewesen.

---

1) Vergl. oben S. 118 f.

Grundsätzlich ist also heute davon auszugehen, daß die Feststellung, ob der Patient narkosefähig ist oder durch etwaige Vorbehandlungen auf die Betäubung noch gesondert vorbereitet werden muß, allein im Verantwortungsbereich des Anästhesisten liegt. Dabei sind die anästhesiespezifischen Voruntersuchungen auch von ihm selbst durchzuführen[1], dies gilt ganz besonders dann, wenn er aufgrund eigener Beobachtungen bereits Zweifel an dieser Narkosefähigkeit haben muß und der Patient als Risikofall einzustufen ist.

Auf einzelne, von ärztlichen Kollegen erhobene Befunde, Labor-, EKG- oder Röntgenuntersuchungen kann der Anästhesist im übrigen durchaus zurückgreifen und im allgemeinen auch auf ihre Richtigkeit vertrauen.[2]

Voraussetzung hierfür ist aber generell, daß an der Zuverlässigkeit der vorliegenden Befunde nicht aus besonderen Gründen Zweifel bestehen. Dies kann etwa - wie im vorliegenden Fall - gegeben sein, wenn etwa die Richtigkeit der vorliegenden Befunde in Frage steht, weil sie mit dem vorgefundenen Krankheitsbild nicht in Übereinstimmung zu bringen sind oder von anderen Befunden auffallend abweichen.[3] Zweifel können sich daneben auch ergeben, wenn - etwa wegen früherer Vorkommnisse - Bedenken gegen die Untersuchungsmethode oder die Qualität der Untersuchungsinstitution bestehen.[4]

---

1) Zu der honorarpolitisch motivierten gegenteiligen, realitätsfernen Auffassung der Bundesärztekammer vergl. Opderbecke/Weißauer, Anästh.u. Intensivmed. 1987, S.384 ff.

2) Vergl. OLG Hamm, MedR 1983, S.187 - der BGH hat die Annahme der gegen diese Entscheidung gerichteten Revision mit Beschluß vom 29.3.1983, VI ZR 82/82, abgelehnt -, wonach der für die Intensivstation verantwortliche Anästhesist sich im allgemeinen darauf verlassen darf, daß die Röntgenaufnahmen hinsichtlich des Vorliegens von Knochenbrüchen von den hierfür zuständigen Ärzten der Röntgenabteilung zutreffend und vollständig ausgewertet wurden.

3) Carstensen/Schreiber, in: Jung/Schreiber, Arzt und Patient zwischen Therapie und Recht, S.172 ; ähnlich Lilie, MedR 1987, S.29 ; Opderbecke, Anästhesie und ärztliche Sorgfaltspflicht, S.54 ; Rieger, DMW 1978, S.769 f ; Schreiber, Langenbecks Archiv 355 (1981), S.584 ; Uhlenbruck, Arztrecht 1981, S.95 ; vergl. auch Uhlenbruck, Arzt und Krankenhaus 1979, S.310 f, zur Erstdiagnose des leitenden Arztes.

4) Carstensen/Schreiber, a.a.O., S.172 ; Schreiber, a.a.O., S.584.

Eine weitere Einschränkung für einen Rückgriff auf bereits erhobene Befunde kann sich daraus ergeben, daß stets zu bedenken ist, daß manche Befunde sich mit dem Gesundheits- oder Krankheitszustand ändern und damit ihre aktuelle Gültigkeit verlieren können. In diesem Fall sind sie gleichfalls erneut zu erheben.[1]

6.3.1.1.2 Anästhesiespezifische Voruntersuchungen

Die ihm vorliegenden Untersuchungsergebnisse hat der Anästhesist zu ergänzen durch eigene, speziell für das Betäubungsverfahren bedeutsame Untersuchungen und Befragungen des Patienten. Deren Umfang hat Alter und Gesundheitszustand des Patienten, weiterhin Art und Dauer des Eingriffs und des geplanten Betäubungsverfahrens zu berücksichtigen. So hat es etwa der Bundesgerichtshof[3] als pflichtwidrig angesehen, daß vor einer Vollnarkose bei einer fettleibigen Patientin, die angegeben hatte, sie habe etwas am Herzen, keine eingehende internistische Untersuchung durchgeführt wurde. Allgemein feststehende Regeln für ein bestimmtes Untersuchungsprogramm lassen sich jedoch hierfür nicht aufstellen.[4] Genannt seien insbesondere Fragen des Anästhesisten nach der Einnahme von Beruhigungsmitteln oder sonstigen Medikamenten, etwa blutdrucksenkenden Präparaten.[5] Ebenfalls bedeutsam für die Anästhesie können vorausgegangene Betäubungsverfahren sein und etwa hierbei aufgetretene Komplikationen, spezielle Arzneimittelunverträglichkeiten[6] oder Nerven- und Muskelerkrankungen. Je nach Art des geplanten Betäubungsverfahrens sind im übrigen Informationen vonnöten, die speziell mit diesem Verfahren

---

1) Carstensen/Schreiber in Jung/Schreiber, Arzt und Patient zwischen Therapie und Recht, S.172 ; Lilie, DMW 1985, S.1909 ; Opderbecke, Anaesthesie und ärztliche Sorgfaltspflicht, S.54.
2) So zu Recht Weißauer, Anästh.u.Intensivmed. 1982, S.361.
3) BGH, BGHSt 21, S.59.
4) Opderbecke, Anaesthesie und ärztliche Sorgfaltspflicht, S.55 ; Weißauer, MedR 1983, S.93 ; so auch die Empfehlung der DGAI zur anästhesiologischen Voruntersuchung, Anästh.u.Intensivmed. 1982, S.446 ; vergl. aber unten, S.124 f.
5) Zu dieser Medikamentenanamnese vergl. insbesondere Schulte-Steinberg, Anaesthesist 1967, S.109 ff.
6) Lennartz, Chirurg 1972, S.19.

zusammenhängen. So kommt bei einer geplanten Intubationsnarkose[1] der Frage nach künstlichen oder locker sitzenden Zähnen[2] oder der nach Kehlkopfleiden oder -abnormitäten[3] besondere Bedeutung zu, bei einer geplanten rückenmarksnahen Regionalanästhesie dagegen der nach etwaigen Wirbelsäulenerkrankungen[4].

6.2.1.1.3 Umfang der Voruntersuchungen

Problematisch kann dabei im Einzelfall sein, in welchem Umfang der Patient aus anästhesiologischer Sicht speziellen Voruntersuchungen unterzogen werden muß: Einerseits soll durch eine möglichst vollständige Erfassung aller denkbarer Risikofaktoren eine größtmögliche Sicherheit für den Patienten erreicht werden. Andererseits kostet jede überflüssige Untersuchung Zeit und Geld, Zeit auch für den Patienten, dessen Operationstermin möglicherweise hierdurch weiter hinausgezögert wird; sie kann damit eine nicht unerhebliche zusätzliche physische und psychische Belastung für den Patienten bedeuten.[5]

Zu den Anforderungen, die hier seitens der Rechtsprechung gestellt werden, hat der Bundesgerichtshof in seiner - zivilrechtlichen - sogenannten Halsrippen-Entscheidung[6], die in der Literatur zustimmend aufgenommen wurde[7], grundsätzliche Ausführungen gemacht:
In dem zugrunde liegenden Fall hatte die Patientin während der Narkose eine Schädigung des Armnervengeflechts mit entsprechender Teillähmung

---

1) Vergl. oben, S.66, Fn.1.
2) Vergl. Jahn, Anästh.Inform. 1976, S.272 ; Opderbecke, Anaesthesie und ärztliche Sorgfaltspflicht, S.45 ; Uhlenbruck, Arztrecht 1981, S.95..
3) Opderbecke, a.a.O., S.53.
4) Opderbecke, a.a.O., S.53 ; zu weiteren medizinischen Einzelheiten vergl. etwa Hutschenreuther, Anästh.Inform. 1976, S.262 ; Snow, Manual der Anästhesie, S.1 ff, sowie die anästhesiologischen Aufklärungs- und Anamnesebögen, Anästh.Inform. 1978, S.246, 251, und Anästh.u.Intensivmed. 1981, S.53, 329.
5) Opderbecke, a.a.O., S.55 ; Weißauer, Anästh.Inform. 1976, S.270, prognostiziert einen Stillstand des Operationsbetriebs, wenn zu hohe Anforderungen an die Voruntersuchung gestellt würden.
6) BGH, VersR 1975, S.43.
7) Vergl. etwa Opderbecke, a.a.O., S.55 ; Weißauer, a.a.O., S.271.

des linken Arms im Armplexusbereich erlitten. Die motorischen und sensiblen Ausfallerscheinungen konnten nur teilweise wieder behoben werden.

Nachträglich wurde festgestellt, daß bei ihr beiderseits eine sogenannte Halsrippe dritten Grades[1] vorhanden war. Diese anatomische Besonderheit kann unter Narkose den Eintritt einer Nervenlähmung begünstigen und war auch im vorliegenden Fall dafür ursächlich gewesen, sie hätte aber durch eine Röntgenuntersuchung festgestellt werden können.

Zur Frage, ob die Patientin auf das Vorhandensein einer solchen Halsrippe untersucht werden mußte, führt der Bundesgerichtshof aus, daß der Arzt[2] abzuwägen habe

- die statistische Häufigkeit der gefahrdrohenden Anomalie,
- das Gewicht der verwirklichten Gefahr,
- den wirtschaftlichen und allgemeinen Aufwand, den die Feststellung erfordert.

Aufgrund dieser Überlegungen müsse er entscheiden, ob das gewöhnliche Maß übersteigende Voruntersuchungen erforderlich seien. Würde etwa eine Nervenlähmung in 1% aller Fälle auftreten, so hätte der Patient nach Auffassung des Bundesgerichtshofs einen Anspruch auf eine vorsorgliche Untersuchung auf Halsrippen selbst dann, wenn dies bisher nirgends üblich gewesen wäre.[3]

---

1) Eine zusätzliche Rippe im Bereich der Halswirbelsäule.
2) Beklagt war im vorliegenden Fall der Operateur, der BGH deutet aber an, daß eine entsprechende Untersuchungspflicht beim Anästhesisten liegen dürfte, BGH, VersR 1975, S.44 ; ähnlich auch Weißauer, Anästh.Inform. 1979, S.6.
3) In diesem konkreten Fall ging der BGH allerdings von einer Zwischenfallshäufigkeit von weit unter 1 % aus, ohne selbst abschliessend die geforderte Risikoabwägung vornehmen zu können.

6.3.1.1.4 Anamnesebogen als Hilfsmittel der Voruntersuchung

Mittlerweile haben die vom Berufsverband Deutscher Anästhesisten seit 1978 empfohlenen bereits erwähnten Aufklärungs- und Anamnesebögen[1] weite Verbreitung gefunden. Sie sollen neben der Basisaufklärung des Patienten dem Anästhesisten helfen, das individuelle Narkoserisiko durch eine gründliche Erfassung von Risikofaktoren zu verringern.[2] Durch einen solchen fachspezifischen Fragenkatalog gewinnt der Patient Zeit, die Fragen in Ruhe durchzusehen und bei mangelndem Erinnerungsvermögen mit seinen Angehörigen zu erörtern. Andererseits wird die Arbeit des Anästhesisten erleichtert, der sich auf die besonderen Umstände und Fragestellungen des Falls konzentrieren kann. Ärztlicherseits wird betont, daß ein solches Verfahren in jedem Fall präziser sei als eine beim unvorbereiteten Patienten nur mündlich - unter Umständen sogar unter Zeitdruck - erhobene Anamnese.[3]

Die Verwendung eines solchen fachspezifischen Anamnese-Fragebogens ist daher rechtlich unbedenklich.[4] Er darf allerdings nicht mehr sein als ein Hilfsmittel, das dem Anästhesisten die Voruntersuchung erleichtert. Auch bei Verwendung des Fragebogens bleibt der Arzt zu einer persönlichen Voruntersuchung verpflichtet.[5]

6.3.1.2 Allgemeine präanästhesiologische Vorbereitung des Patienten

Weiter gehört es zu den Sorgfaltspflichten des Anästhesisten, entsprechend den Ergebnissen der präoperativen Anamnese etwa notwendige therapeutische Maßnahmen zu veranlassen, um eine bestmögliche Vorbereitung des Patienten auf die Belastungen durch die Betäubung zu gewährleisten und das Risiko so gering wie möglich zu halten.[6]

---

1) Vergl. oben, S. 93 f.
2) Weißauer, Anästh.Inform. 1978, S.245.
3) Ahlborn/Klose, Z.f.prakt.Anästhesie 1971, S.380 f ; Opderbecke, Anaesthesie und ärztliche Sorgfaltspflicht, S.53.
4) Fieser, Das Strafrecht des Anaesthesisten, S.81 ; Uhlenbruck, Arztrecht 1981, S.95.
5) Fieser, a.a.O., S.82 ; Frey in: Hymmen/Ritter, Behandlungsfehler - Haftung des operativ tätigen Arztes, S.90 ; Opderbecke, a.a.O., S.54 ; Schreiber, Arztrecht 1983, S.9 ; Uhlenbruck, a.a.O., S.95.
6) Weißauer, Anästh.u.Intensivmed. 1980, S.250.

Genannt seien hier beispielsweise die präoperative Behandlung einer Herzinsuffizienz oder einer Stoffwechselstörung, Maßnahmen zur Normalisierung des Flüssigkeits- und Elektrolythaushaltes als auch Atemgymnastik und Beatmungsinhalation bei Störungen der Atemfunktionen.[1] Durch eine solche zusätzliche Patientenvorbereitung läßt sich oftmals eine langwierige postoperative Behandlung vermeiden.[2] Der Umfang einer solchen präanästhesiologischen Vorbereitung hängt selbstverständlich ebenfalls von der <u>Dringlichkeit</u> des Eingriffs ab. Sie kann naturgemäß wesentlich umfangreicher durchgeführt werden, wenn es sich um einen Eingriff handelt, dessen Zeitpunkt praktisch frei wählbar ist, als bei einem solchen, der nur einen geringen Aufschub gestattet[3] oder bei einem sofort zu behandelnden Notfall[4].

Ist unter Berücksichtigung dieser Umstände eine medikamentöse oder sonstige Vorbereitung des Patienten möglich, die erfahrungsgemäß das Anästhesierisiko herabsetzen kann, so ist es als Verstoß gegen die ärztlichen Sorgfaltspflichten anzusehen, wenn derartige Vorbereitungsmaßnahmen unterbleiben.[5]

6.3.1.3   Informationspflichten des Arztes

Von der oben beschriebenen Selbstbestimmungsaufklärung klar zu unterscheiden sind Informationspflichten des Arztes, die nicht das Selbstbestimmungsrecht des Patienten sichern sollen, sondern der Vorbereitung und Unterstützung der Behandlung dienen.[6] Als Beispiel für den anästhesiologischen Bereich sei hier der Hinweis des Arztes

---

1) Hutschenreuther, Anästh.Inform. 1976, S.263 ; Opderbecke, Anaesthesie und ärztliche Sorgfaltspflicht, S.56 ; zu medizinischen Einzelheiten Wiemers, Langenbecks Archiv 322 (1968), S.1286 ff, und Eyrich, Anästh.Inform. 1979, S.39 ff.
2) Lutz/Peter, Langenbecks Archiv 334 (1973), S.674.
3) Zum Mindestprogramm in diesem Fall etwa Herden/Lawin, Anästhesie-Fibel, S.81 f.
4) Hierzu Wiemers, Langenbecks Archiv 327 (1978), S.892 ff.
5) **Maihofer, Archiv klin. exp. Ohren-, Nasen- und Kehlkopfheilkunde 187 (1966), S.527.**
6) Geilen, Einwilligung und ärztliche Aufklärungspflicht, S.11 ; hierzu auch Hallermann in: Mergen, Die juristische Problematik in der Medizin, Bd. II, S.45 ff.

an den Patienten genannt, daß dieser mindestens sechs Stunden vor der Anästhesie nichts mehr essen und trinken dürfe.[1] Auch solche Informationen des Patienten, die seine für den therapeutischen Erfolg notwendige Kooperationsbereitschaft fördern und so die Therapie an sich wirksamer gestalten, gehören unmittelbar zur ärztlichen Kunst selbst und sind schon aus dieser heraus geboten.[2]

Gleiches gilt für die sogenannte "Sicherungsaufklärung"[3]. Diese soll den Patienten vor Gefahren bewahren, die etwa durch Unkenntnis der Wirkungen von Medikamenten entstehen können.[4] Speziell im Bereich ambulant durchgeführter Eingriffe mit anästhesiologischen Maßnahmen kann hier eine ausführliche Unterrichtung des Patienten erforderlich sein über Minderungen der Verkehrstüchtigkeit durch Restwirkungen der Narkosemittel, über Verstärkung dieser Restwirkungen durch andere Medikamente oder Alkohol oder ähnliche Umstände.[5]

Problematisch ist in diesem Zusammenhang allerdings, inwieweit der Arzt strafrechtlich verantwortlich gemacht werden kann für Handlungen des Patienten, die dieser im Zustand postnarkotischer Beeinträchtigungen begeht.
Ohne Zweifel schafft der betäubende Arzt durch die Verabreichung der entsprechenden Medikamente die Voraussetzung für diese Beeinträchtigungen. Die Rechtsprechung hat aber - insbesondere im Zusammenhang mit der Frage der Haftung des Gastwirts für alkoholbedingte Handlungen seiner Gäste - wiederholt darauf hingewiesen, daß nicht jeder Beitrag zur Entstehung einer Gefahr eine strafrechtliche Garantenpflicht hervorrufen

---

1) Vergl. etwa Hügin in: Benzer/Frey/Hügin/Mayrhofer, Lehrbuch der Anaesthesiologie, S.379.

2) Vergl. RG, RGSt 66, S.182: "Volle Aufklärung ist vornehmlich geboten, wenn sie zu Heilzwecken erforderlich scheint" ; weiter OLG Stuttgart, Urteil v. 28.12.1984, 1 U 136/82, bei Laufs, Chirurg 1985, S.481 f ; Eser, Anästh.Inform. 1979, S.211 ; Schleicher, Arzt und Krankenhaus 1980, Heft 1, S.32.

3) Eser in: Schönke/Schröder, Strafgesetzbuch, § 223, Rn. 35 ; Geilen, Einwilligung und ärztliche Aufklärungspflicht, S.80 ff, spricht in diesem Zusammenhang auch von "Garantenaufklärung".

4) Dazu BGH, NJW 1970, S.511 ; weiter Laufs, NJW 1974, S.2028 ; Schlenker, Das berufsunwürdige Handeln des Arztes, S.35.

5) Boiger, Anästh.u.Intensivmed. 1986, S.274 ; Gaisbauer, VersR 1976, S.219 ; Günther, Zahnarzt - Recht und Risiko, Rn.884 ; Spann, Ärztliche Rechts- und Standeskunde, S.183.

müsse, da dies zu einer uferlosen Ausweitung dieser Pflichten und damit auch der strafrechtlichen Vorschriften führen würde.[1] Dabei wird mit Recht vor allem betont, daß das Prinzip der Selbstverantwortung erwachsener Menschen in diesen Fällen eine strafrechtliche Haftung Dritter ausschließen müsse.[2]

Umgekehrt tritt die strafrechtliche Verantwortlichkeit des Dritten dann wieder in den Vordergrund, wenn eine sachgerechte und eigenverantwortliche Entscheidung des Handelnden nicht möglich ist.[3]

In Anlehnung an diese Kriterien muß m. E. auch die hier in Rede stehende Situation beurteilt werden: Der Arzt ist bereits aus berufsrechtlichen Gründen verpflichtet, sich mit Neben- oder Nachwirkungen der von ihm verwendeten Arzneimittel vertraut zu machen. Er allein vermag die zahlreichen und unterschiedlichen Möglichkeiten physiologischer Beeinträchtigungen durch diese Medikamente zu überblicken. Damit sind etwaige Nachwirkungen und Störungen in erster Linie auch für ihn voraussehbar; der Patient wird demgegenüber mit solchen Nachwirkungen in zahlreichen Fällen überhaupt nicht rechnen.

---

1) So insbesondere BGH, BGHSt 19, S.152 gegen BGHSt 4, S.20 ; weiter BGHSt 25 ; 26, S.38 ; OLG Stuttgart, NJW 1981, S.182 ; ebenso Stree in: Schönke/Schröder, Strafgesetzbuch, § 13, Rn.40.

2) BGH, BGHSt 19, S.154 f ; OLG Stuttgart, NJW 1981, S.182.

3) Otto, JuS 1974, S.705 f ; Stree, a.a.O., Rn.40.

Dementsprechend muß eine auch strafrechtlich relevante Verpflichtung des Arztes, den Patienten über mögliche postanästhesiologische Reaktionsstörungen und -beeinträchtigungen zu belehren und zu warnen, bejaht werden.[1] Dies gilt um so mehr, wenn - wie bei der Verwendung von Anästhetika - die bewußtseinsdämpfenden und -beeinträchtigenden Wirkungen des Medikaments ohnehin im Vordergrund stehen und damit hieraus resultierende Gefahren etwa bei einer Teilnahme des Patienten am Straßenverkehr besonders groß sind.

Unterläßt daher der Arzt eine entsprechende Mitteilung und Warnung an den Patienten und verursacht dieser daraufhin bedingt durch die Nachwirkungen des Narkosemittels einen Verkehrsunfall, kann auch der Arzt hierfür strafrechtlich zur Verantwortung gezogen werden.

Insbesondere wird sich hier regelmäßig feststellen lassen, daß sowohl die Möglichkeit und Gefahr der Teilnahme des Patienten am Straßenverkehr als auch die medikamentenbedingten Ausfallerscheinungen für den Arzt vorhersehbar waren und durch einen entsprechenden Hinweis hätten vermieden werden können. Dies gilt angesichts der heute weit fortgeschrittenen Motorisierung auch dann, wenn der Arzt nicht positiv weiß, daß der Patient mit dem Wagen gekommen ist.[2] Ein entsprechender warnender Hinweis des Arztes ist daher auch aus strafrechtlicher Sicht stets erforderlich.

Entsprechend den oben dargelegten Kriterien werden sich die strafrechtlich relevanten Verpflichtungen des Arztes in einem solchen eindringlichen Hinweis erschöpfen, wenn der Patient nach einer solchen Warnung selbst in der Lage ist, die Gefährlichkeit der Benutzung seines Kraftfahrzeugs zu erkennen und dieser Erkenntnis gemäß zu handeln.[3]

---

1) So etwa Händel, NJW 1965, S.2000 ; weiter Gaisbauer, VersR 1976, S.219 ; Wilts, NJW 1966, S.1838 ; allgemein Ehlers, Die ärztliche Aufklärung vor medizinischen Eingriffen, S.48, sowie aus zivilrechtlicher Sicht LG Konstanz, NJW 1972, S.2223.

2) So zutreffend LG Konstanz, NJW 1972, S.2224 ; ebenso Gaisbauer, a.a.O., S.219.

3) Wilts, a.a.O., S.1838 ; ähnlich Händel, a.a.O., S.1999 ; strenger, aber nicht genügend differenzierend Gaisbauer, a.a.O., S.219.

Anders ist es lediglich dann, wenn der Patient infolge seines Zustandes nicht in der Lage ist, die Warnung des Arztes in sein Bewußtsein voll aufzunehmen und danach zu handeln. Unter der Voraussetzung einer solchermaßen bedingten Unzurechnungsfähigkeit und Unfähigkeit des Patienten zu einer eigenverantwortlichen Entscheidung ist der Arzt auch strafrechtlich verpflichtet, unmittelbar schadensabwendende Maßnahmen zu ergreifen, d. h. alles ihm Mögliche und Zumutbare zu tun, um etwa eine gefährliche Autofahrt des Patienten zu verhindern.

Hierzu wird regelmäßig der Versuch gehören, den Patienten zur Benutzung eines herbeigerufenen Taxis zu veranlassen, gegebenenfalls auch eine entsprechende Benachrichtigung der Angehörigen.[1]

Eine Verpflichtung des Arztes, falls dies ausnahmsweise einmal keinen Erfolg hat, die Polizei einzuschalten, wird man demgegenüber nicht annehmen können. Eine solche Benachrichtigung gehört auch nach der besonderen Vertrauensposition des Arztes und seiner hieraus erwachsenden grundsätzlichen Verschwiegenheitspflicht nicht zu den zumutbaren Maßnahmen, deren Unterlassung somit dem Arzt strafrechtlich zur Last gelegt werden könnte.[2]

6.3.1.4 Wahl des Anästhesieverfahrens

Wesentliche Bedeutung kommt der Auswahl des nach den Ergebnissen der Voruntersuchung und den Anforderungen der geplanten Operation am besten geeigneten Anästhesieverfahrens zu.

Diese Wahl fällt entsprechend dem Grundsatz der strikten Arbeitsteilung und Weisungsfreiheit stets in den Kompetenzbereich des Anästhesisten.[3] Er entscheidet über die anzuwendenden Anästhetika, die Anästhesieadjuvantien, die Durchführung der Anästhesie, Zwischenfallstherapie und die anästhesiologische Nachbehandlung.

---

1) Gaisbauer, VersR 1976, S.219.

2) So auch mit eingehender und überzeugender Begründung Wilts, NJW 1966, S.1838 ff.

3) Opderbecke, Krankenhausarzt 1967, S.57 ; Weißauer, Anästh.Inform. 1971, S.10 f ; ders. Chirurg 1972, S. 4.

Dabei kann er allerdings nur zwischen solchen Verfahren wählen, die sich für die Durchführung des geplanten Eingriffs und des geplanten operativen Vorgehens voll eignen. Denn die Betäubung ist in aller Regel ja nur Mittel zum Zweck, d.h. Mittel zur Ermöglichung oder Erleichterung des operativen Eingriffs.[1] Grundsätzlich hat der Anästhesist dabei im Rahmen des Vertrauensgrundsatzes die Indikationsstellung und die Entscheidungen des Operateurs über die konkrete Eingriffsmethode zu respektieren.[2] Es kann aber der Fall eintreten, daß etwa eine bestimmte Operationslagerung bestimmte anästhesiologische Probleme und Risiken mit sich bringt. Bestehen in einer solchen Situation aus der Sicht des Anästhesisten Bedenken gegen die spezielle Art der Operation oder Lagerung, so muß er den Chirurgen darauf hinweisen. Bei diesem liegt die abschließende Abwägung aller indizierenden und kontraindizierenden Faktoren einschließlich der vom Anästhesisten mitgeteilten Risiken.[3]

Entsprechend verlagert sich im Einzelfall aber auch die Verantwortung für das ärztliche Vorgehen: Erweist sich die Abwägung des Operateurs als falsch, war also der Eingriff etwa weit weniger dringlich als er angenommen hatte, und kommt es zu einem Zwischenfall, der bei Berücksichtigung der Bedenken des Anästhesisten hätte vermieden werden können, so trägt der Operateur die Verantwortung dafür, daß er die ihm obliegende Abwägung nicht gewissenhaft nach den für ihn damals (ex ante) erkennbaren Gesichtspunkten vorgenommen hat.[4]

Schiebt andererseits der Operateur einen Eingriff auf, weil der Anästhesist aus der Sicht seines Fachgebiets schwerwiegende Bedenken angemeldet hatte und eine längere Vorbereitungszeit für nötig hielt, so trägt der Anästhesist die Verantwortung, wenn der Patient infolge der Verzögerung einen Schaden erleidet und die Bedenken des Anästhesisten sich bei näherer Nachprüfung als unbegründet erweisen.[5]

---

1) Weißauer, Anästh.Inform. 1971, S.8 ; ders., Chirurg 1972, S.4 ; vergl. auch die Vereinbarung zwischen dem Berufsverband Deutscher Anästhesisten und dem Berufsverband der Deutschen Chirurgen, MedR 1983, S.21, unter Ziff. II 1.

2) Opderbecke, Anaesthesie und ärztliche Sorgfaltspflicht, S.14 ; Weißauer, Anästh.Inform. 1971, S.9 ; ders., MedR 1983, S.94 ; Wiemers, Chirurg 1972, S.1 f, plädiert in diesem Zusammenhang aber zu Recht für eine interdisziplinäre Diskussion aller Fragen, die sowohl Operateur als auch Anästhesist berühren.

3) Weißauer, Anästh.u.Intensivmed. 1980, S.249 ; so auch die Vereinbarung zwischen dem BDA und dem B.d.Dt.Chirurgen, a.a.O., Ziff. I.

4) Opderbecke, Bild der Wissenschaft 1981, S.64 ; Weißauer, Anästh. Inform. 1971, S.9.

5) Weißauer, Anästh.Inform.1971, S.9.

Hält der Operateur entgegen der Auffassung des Anästhesisten an der geplanten Operation fest, darf dieser seinerseits nicht etwa die Mitwirkung an dem geplanten Eingriff verweigern; er hat das erhöhte Risiko in Rechnung zu stellen und die notwendigen Sicherheitsvorkehrungen zu treffen, um so dennoch das Eingriffsrisiko so gering wie möglich zu halten.[1]

In dem somit vorgegebenen Rahmen hat der Anästhesist das Verfahren zu wählen, welches innerhalb der Gesamtbehandlung als das für den Patienten günstigste anzusehen ist, d.h. nach den Erkenntnissen der anästhesiologischen Wissenschaft und Praxis die geringste Gefahr für ihn mit sich bringt.[2]
Zwar können neben den spezifischen Risikofaktoren auch die Fähigkeiten und Erfahrungen des Anästhesisten, seine Neigungen und Interessen in die Entscheidung über die Auswahl des Anästhesieverfahrens einfließen. In jedem Fall ist aber vor diesen zuerst der Patientensicherheit und den möglichst günstigen Operationsbedingungen Rechnung zu tragen.[3]
Es muß also zu begründen sein, warum diese Betäubungsmethode und keine andere, vielleicht ungefährlichere Methode gewählt wurde, warum gerade diese und keine anderen, vielleicht harmloseren Medikamente.[4]
Dementsprechend wird es allgemein als Verstoß gegen die ärztliche Sorgfaltspflicht angesehen, wenn der Anästhesist bei Vorhandensein mehrerer Narkosearten diejenige wählt, die für den Patienten mit einem größeren Risiko oder mit größeren Schmerzen verbunden ist, obwohl unter Abwägung der Vor- und Nachteile der zur Wahl stehenden Verfahren ein weniger risikoreiches Vorgehen den Zweck in gleicher Weise erfüllt hätte.[5]

---

1) Opderbecke in: Opderbecke/Weißauer, Forensische Probleme in der Anaesthesiologie, S.14 ; ders., Bild der Wissenschaft 1981, S.64 ; LAG Baden-Württemberg, Arztrecht 1982, S.153 ff.

2) BGH, NJW 1959, S.1583 f ; Fieser, Das Strafrecht des Anaesthesisten, S.85 ; Spann, Ärztliche Rechts- und Standeskunde, S.118 ; Ulsenheimer in: Opderbecke/Weißauer, a.a.O., S.44.

3) Fieser, a.a.O., S.85 ; Foldes, Anästh.Inform.1971, S.209 ; Hutschenreuther, Anästh.Inform. 1976, S.264 ; dazu auch RG, RGSt 64, S.270.

4) Hauenschild, Anästh.Inform. 1978, S.64 ; ähnlich Weißauer/Frey, DMW 1978, S.726.

5) Gaisbauer, VersR 1976, S.223 ; Rieger, Lexikon des Arztrechts, Rn.1232 ; Uhlenbruck, NJW 1972, S.2202, m.w.N..

Ist beispielsweise ein bestimmtes Anästhetikum besonders wirksam und hat aus medizinischen Gründen im Verhältnis zu allen anderen einen solchen Vorrang, daß diese neben ihm erkennbar weit zurücktreten, so ist der Anästhesist grundsätzlich verpflichtet, ein solches Mittel anzuwenden.[1] Auch darf der Arzt nicht ein ihm nach Eignung und Dosierung nicht genau bekanntes Narkotikum, dessen Verwendung im konkreten Fall erhöhte Gefahren mit sich bringt, einem bekannten, bewährten Mittel vorziehen.[2]

Eine Beurteilung der – in erster Linie medizinischen – Frage, welches Anästhesieverfahren im Einzelfall diese Anforderungen erfüllt, kann hier nicht allgemeingültig erfolgen. Genannt sei aber etwa das Beispiel des nicht nüchternen Patienten, der dringend operiert und betäubt werden muß. Die bei solchen Patienten bestehende Aspirationsgefahr kann den Arzt unter Umständen dazu zwingen, auf eine Narkose zugunsten einer Lokalanästhesie zu verzichten. Der Anästhesist hat in einem solchen Fall besonders sorgfältig das Für und Wider einer Narkoseeinleitung gegeneinander abzuwägen.[3] Wird hier eine Narkoseeinleitung gewählt, so ist nach Opderbecke[4] eine Intubation des Patienten zur Vermeidung von Aspirationszwischenfällen eine "conditio sine qua non".

Daß im Einzelfall dem Arzt aber nicht einmal dann ein Vorwurf fehlerhaften Verhaltens gemacht werden kann, wenn er bei besonderen Umständen eine solche Intubation unterläßt, zeigt folgender Fall des Landgerichts Flensburg[5]: Ein neunjähriger Junge wurde mit einer Stichverletzung des Auges eingeliefert und mußte sofort operiert werden. Obwohl die letzte Mahlzeit dreieinhalb Stunden zuvor eingenommen worden war, leitete der Arzt ohne Intubation eine Vollnarkose ein. Es kam zur Aspiration des Mageninhalts, die zum Tod des Patien-

---

1) RG, RGSt 74, S.60 ; Bockelmann, Strafrecht des Arztes, S.80 ; Fieser, Das Strafrecht des Anaesthesisten, S.85 ; allgemein auch Hirsch in: LK, § 222, Rn.10.
2) Bezirksberufsgericht für Ärzte in Freiburg, Sammlung von Entscheidungen der Berufsgerichte für die Heilberufe, S.115, Nr.1.
3) Opderbecke, Anaesthesie und ärztliche Sorgfaltspflicht, S.60 ; dazu insbesondere auch BGH, VersR 1971, S.251 ff.
4) Opderbecke, a.a.O., S.60.
5) LG Flensburg, ohne Datum, 7 Js 309/59, bei v.Brandis/Pribilla, Arzt und Kunstfehlervorwurf, S.61 f, Fall 105 ; von einem ähnlichen Fall berichtet Engisch, Langenbecks Archiv 297 (1961), S.251.

ten führte.

Zwar hätte in einem solchen Fall in aller Regel die Operation in Lokalanästhesie oder aber mit Intubation vorgenommen werden müssen. Hier war aber einerseits wegen der großen Unruhe des Kindes eine Vollnarkose erforderlich, andererseits hätte sowohl eine Magenentleerung als auch eine Intubation wegen der dadurch ausgelösten Würgereflexe einen weiteren Vorfall des Augeninhalts bewirkt. Der Arzt stand in diesem besonderen Fall also vor der schwierigen Abwägung, die Gefahr der Aspiration und damit letztlich auch eine Gefahr für das Leben des Patienten in Kauf zu nehmen, damit aber zugleich die Chancen, das Augenlicht des Kindes zu retten, erheblich zu erhöhen, oder aber die sicherste Betäubungsart zu wählen mit einer hierdurch erheblich geminderten Aussicht auf einen Erfolg des Eingriffs.

Die in dieser Situation getroffene Entscheidung des Arztes für die erste Alternative wurde im konkreten Fall - m.E. zu Recht - für die aus seiner damaligen Sicht richtige gehalten und das staatsanwaltschaftliche Ermittlungsverfahren gegen ihn aus diesem Grunde eingestellt.

6.3.1.5 Bedienung und Überprüfung der medizinisch-technischen Geräte

Nur wenige medizinische Fachgebiete sind heute in einem solchen Umfang auf den Einsatz - zum Teil komplizierter - technischer Geräte und Anlagen angewiesen wie die Anästhesiologie. Hierdurch werden - bei allen durch diese Technik der Anästhesiologie ermöglichten Fortschritten - auch zahlreiche neue Fehler- und Gefahrenquellen eröffnet. Denn jeder Ausfall oder jede Fehlfunktion gerade von Geräten, die Vitalfunktionen des Patienten übernehmen, können zu einer akut lebensbedrohlichen Situation führen.[1]
So beruhen die schwersten Schäden in der Anästhesie, die der cerebralen Hypoxie, zum großen Teil auf einem Versagen technischer Einrichtungen und Geräte.[2] Aus diesen Gründen hat auch der Bundesgerichtshof besonders hervorgehoben, daß gerade die gänzliche Abhängigkeit vitaler Funktionen von technischem Gerät bei einer Intubationsnarkose "sehr gesteigerte Sorgfaltspflichten" mit sich bringe.[3]
Problematisch ist dabei, daß die Verantwortung für die Sicherheit der verwendeten technischen Anlagen teils beim Hersteller des Geräts, teils beim Betreiber, also in der Regel beim Krankenhausträger, teils

---

1) Kramer/Zerlett, Die Sicherheit medizinisch-technischer Geräte, S.136.

2) Dudziak in: Opderbecke/Weißauer, Forensische Probleme in der Anaesthesiologie, S.116 ; Opderbecke, Anaesthesie und ärztliche Sorgfaltspflicht, S.32 ; Peter/Unertl in: Lawin/Huth, Grenzen der ärztlichen Aufklärungs- und Behandlungspflicht, S.57; Weißauer, Anästh.u.Intensivmed.1981, S. 390.

3) BGH, VersR 1978, S.83.

beim Anwender, d.h. dem Arzt und seinem Assistenzpersonal, liegt.[1] So ist etwa der Krankenhausträger verpflichtet, für die Operation ein funktionsfähiges Narkosegerät zur Verfügung zu stellen.[2]

Im vorliegenden Zusammenhang interessiert aber vor allem die Frage, welche Pflichten der Arzt hat, um entsprechenden Schäden so weit als möglich vorzubeugen.

Zunächst einmal darf sich der Anästhesist nur solcher Geräte bedienen, die er technisch beherrscht.[3] Hier kommt der präventiven Gefahrenabwehr vor allem in Form der ärztlichen Weiter- und Fortbildung eine große Bedeutung zu. Dementsprechend bestimmt die von der Deutschen Gesellschaft für Anästhesiologie und Intensivmedizin erarbeitete 'Empfehlung zur Sicherheit medizinisch-technischer Geräte beim Einsatz in der Anästhesiologie'[4]: "Der leitende Anästhesist stellt sicher, daß alle in ausreichender Weise über Funktion, Betrieb und Wartung des Gerätes unterrichtet werden. Im Einvernehmen mit dem Krankenhausträger müssen entsprechende Unterrichte während der Dienstzeit sichergestellt werden."

So darf etwa einem ärztlichen Fachgebietsanfänger die Anwendung eines Narkosegerätes erst übertragen werden, wenn er die Arbeitsweise des Gerätes sowie mögliche Funktionsstörungen und Abhilfemaßnahmen kennt.[5] Der Bundesgerichtshof führte in einer diesbezüglichen Entscheidung aus, die zunehmende Technisierung der modernen Medizin bringe es zwar mit sich, daß der Arzt nicht mehr alle technischen Einzelheiten der ihm verfügbaren Geräte erfassen und gegenwärtig haben könne. Dies befreie ihn aber nicht von der "Pflicht, sich mit der Funktionsweise insbesondere von Geräten, deren Einsatz für den Patienten vitale Bedeutung hat, wenigstens insoweit vertraut zu machen, wie dies einem naturwissenschaftlich und technisch aufgeschlossenen Menschen möglich und zumutbar ist". Diese Fähigkeiten müßten vor allem bei einem Anästhesisten vorausgesetzt werden.[6]

---

1) Nach Ahnefeld, Anästh.u.Intensivmed. 1979, S.299, stehen Anwendungsfehler gegenüber technischen Mängeln der Geräte im Vordergrund.
2) BGH, VersR 1978, S.83.
3) Deutsch, Das Krankenhaus 1980, S.267 ; Gaisbauer, VersR 1976, S.223 ; Opderbecke, Anaesthesie und ärztliche Sorgfaltspflicht, S.23.
4) Anästh.u.Intensivmed. 1979, S.303, unter Ziff. 5.1 ; dazu Ahnefeld, Anästh.u.Intensivmed. 1979, S.298 und S.328.
5) Weber, MedR 1986, S.68.
6) BGH, a.a.O., S.84.

Des weiteren muß der Arzt die vom Hersteller mitgelieferte Bedienungsanleitung "peinlich genau" einhalten und die einschlägigen Hinweise im medizinischen Schrifttum beachten.[1]

Fraglich ist weiter, ob und inwieweit der Anästhesist vor der Betäubung eine Überprüfung der technischen Geräte vornehmen muß:
Die neue 'Verordung über die Sicherheit medizinisch-technischer Geräte'[2] bestimmt zwar in § 6 Abs. 4, daß sich der Anwender vor der Benutzung eines Narkosegerätes von der Funktionssicherheit und dem ordnungsgemäßen Zustand des Gerätes zu überzeugen hat, läßt den Umfang, in dem dies geschehen muß, aber offen.[3]
Zu berücksichtigen ist zunächst, daß auch der Fachanästhesist keine technischen Kenntnisse und Fähigkeiten besitzt, um eine kompliziertes medizinisches Gerät auf Konstruktions- oder Fabrikationsfehler zu untersuchen, es quasi "auf Herz und Nieren zu überprüfen".[4] Dies kann oft nur durch einen Techniker geschehen; ein persönliches Tätigwerden des Arztes ist ihm insoweit schon wegen der Grenzen seiner fachlichen Kenntnisse nicht möglich.[5]
Andererseits besteht stets die Gefahr, daß die Funktionsfähigkeit des Gerätes durch Abnutzung, unsachgemäße Behandlung oder sonstige Umstände beeinträchtigt wird. Allein schon deshalb ist eine Funktionskontrolle unerläßlich. Eine reine Prüfung dieser Funktionsfähigkeit durch den Arzt vor Anwendung des Gerätes beim Patienten erscheint aber auch bei komplizierteren Apparaten möglich und zumutbar.[6] Dabei hängen der Abstand und die Intensität dieser Kontrollüberprüfungen wesentlich ab von der Art, Zweckbestimmung und Risikoträchtigkeit des Gerätetyps, unter besonders gefahrenträchtigen Umständen können sogar doppelte Kontrollen erforderlich sein.[7]

---

1) OLG Nürnberg VersR 1970, S.1061 ; ähnlich Weißauer, Anästh.Inform. 1976, S.622 ; ders. Anästh.u.Intensivmed. 1981, S. 399 ; vergl. aber auch BGH, VersR 1978, S.85, der andeutet, daß der Narkosearzt sich nicht ohne weitere Rückfragen mit einer oberflächlichen Einführung durch das Herstellerwerk begnügen dürfe.
2) Verordnung vom 14.1.1985, BGBl. I, S .93 ; dazu Weber, MedR 1986, S.66 ff.
3) Vergl. Kramer/Zerlett, Die Sicherheit medizinisch-technischer Geräte, S.137.
4) Weißauer, Anästh.Inform. 1976, S.620.
5) BGH, VersR 1975, S.953 ; Franzki, Inform.d.Berufsverb.d.Dt.Chirurgen 1985, S.186.
6) Weißauer, Anästh.Inform. 1976, S.620.
7) Vergl. BGH VersR 1978, S.84, in jenem Fall war das Narkosegerät auf dem Klinikflur abgestellt worden.

Problematisch ist dabei, ob der Arzt die grundsätzlich erforderliche Funktionskontrolle der technischen Geräte selbst vornehmen muß oder ob er diese auf nichtärztliches Personal delegieren darf: Der Bundesgerichtshof[1] hat speziell in diesem Zusammenhang zu Recht hervorgehoben, es sei heute unvermeidlich, daß den aus der modernen Medizin nicht mehr wegzudenkenden nichtärztlichen Hilfspersonen im Einzelfall ein großes Maß an Verantwortung zufalle. Dem Arzt sei in vielen Fällen ein persönliches Tätigwerden schon aus Gründen der wirtschaftlichen Arbeitsteilung nicht zumutbar. In dem zugrundeliegenden Fall hatte die Narkoseärztin einen Tubus vor der Anästhesie nicht selbst geprüft, sondern dies dem Pflegepersonal überlassen. Hierzu meinte der Bundesgerichtshof, daß ein persönliches Eingreifen des Arztes grundsätzlich nur dann gefordert werden müsse, wenn die betreffende Tätigkeit gerade dem Arzt eigene Kenntnisse und Kunstfertigkeiten voraussetze. Dies sei jedenfalls bei einer Inspektion der rein mechanischen Funktionsfähigkeit eines relativ einfachen Gerätes wie eines Tubus' nicht der Fall.

In diesem Fall erschöpfte sich die Sorgfaltspflicht des Arztes darin, die fachliche und charakterliche Zuverlässigkeit der eingesetzten Hilfskraft zu überwachen und zu gewährleisten, daß diese sich der mit ihrer Tätigkeit verbundenen hohen Verantwortung bewußt blieb. Das Unterlassen einer eigenen Prüfung konnte dem Arzt daher nicht zu Verschulden gereichen, wenn er damit rechnen durfte, daß die Prüfung bereits durch eine befähigte und zuverlässige Hilfskraft geschehen sei.[2]

Opderbecke[3] meint in diesem Zusammenhang, daß auch die Bereitstellung eines betriebssicheren Narkosegerätes zu den eigenverantwortlichen Aufgaben einer auf Zuverlässigkeit geprüften Anästhesieschwester gehöre und der Arzt sich insoweit auf die Funktionsfähigkeit des Gerätes verlassen dürfe.

Zwar handelt es sich bei einem Narkosegerät zweifellos um eine wesentlich kompliziertere Apparatur als bei einem Tubus. Diejenigen Mängel aber, die der Anästhesist als Nicht-Techniker bei einer Funktionskontrolle entdecken könnte und müßte, wie etwa eine Vertauschung

---

1) BGH, VersR 1975, S.953.
2) BGH, a.a.O., S.953 ; ebenso Weißauer, Anästh.Inform. 1976, S.620.
3) Opderbecke, Anaesthesie und ärztliche Sorgfaltspflicht, S.43.

von Lachgas- und Sauerstoffschläuchen[1] oder die Einklemmung solcher Zufuhrschläuche[2], können aber bei entsprechender Unterweisung auch von nichtärztlichem Hilfspersonal festgestellt werden. Allerdings ist hier von entscheidender Bedeutung, daß mit dieser verantwortungsvollen Tätigkeit nur absolut zuverlässiges Hilfspersonal betraut wird, und daß detaillierte Anweisungen seitens des Arztes gegeben werden, welche Funktionsprüfungen in welchen Abständen vorzunehmen sind.[3]

6.3.1.6 Bereitstellung und Kontrolle von Blutkonserven

Während einer Operation notwendig werdende Bluttransfusionen liegen im Verantwortungsbereich des Anästhesisten; er ist der transfundierende Arzt. Dabei darf die Blutübertragung nicht zur eigenverantwortlichen Durchführung auf nichtärztliches Hilfspersonal übertragen werden; für ihre Vorbereitung und Durchführung ist allein der Arzt verantwortlich.[4] Damit gehört es aber auch zu den Aufgaben des Anästhesisten, die Bereitstellung des Konservenblutes zu veranlassen.[5]

Für die Frage, wieweit er sich hierbei auf angewiesenes Hilfspersonal verlassen darf, sind zwei Entscheidungen des Bundesgerichtshofs von Bedeutung:

Im ersten Fall[6] war der Patient an einer Bluttransfusion gestorben, weil die von der Schwester besorgte Konserve nicht seiner Blutgruppe entsprach. Der Bundesgerichtshof betrachtete es als Verstoß gegen die ärztliche Sorgfaltspflicht, daß der Arzt sich nicht überzeugt hatte, daß die Blutgruppe des transfundierten Blutes mit der im Krankenblatt übereinstimmte, und sich mit der Rückfrage an die Schwester, die die Vorbereitungen für die Transfusion getroffen hatte, zufrieden gegeben hatte, ob alles in Ordnung sei.

---

1) Vergl. Hauenschild, Anästh.Inform. 1978, S.71.
2) Vergl. BGH, VersR 1978, S.84 ff.
3) Ahnefeld, Anästh.u.Intensivmed. 1979, S.301, fordert zu diesem Zweck ein "Checkliste", die die Funktionskontrolle genau festlegt; ebenso die Empfehlungen der DGAI zur Sicherheit medizinisch-technischer Geräte beim Einsatz in der Anästhesiologie, Anästh.u. Intensivmed. 1979, S.303 ff.
4) Richtlinien der Bundesärztekammer zur Blutgruppenbestimmung und Bluttransfusion, DÄBl. 1979, S.277 ff, Ziff. 3.5.2 ; Carstensen, Langenbecks Archiv 355 (1981), S.573 ; Fieser, Das Strafrecht des Anaesthesisten, S.135 ; Rieger, DMW 1973, S.2157 ; Uhlenbruck, NJW 1972, S.2204.
5) Herden/Lawin, Anaästhesie-Fibel, S.94 ; Rieger, a.a.O., S.2155.
6) BGH, Urteil v.27.2.1957, 2 StR 5/57, wiedergegeben und besprochen von Hanack, ÄM 1958, S. 1192 ff.

Auch unter Anerkennung der an sich notwendigen Arbeitsteilung dürfe sich der Arzt nicht bedingungslos auf die Sorgfalt des Hilfspersonals verlassen. Er müsse vielmehr "den naheliegenden und sofort ohne jede Schwierigkeit aufdeckbaren Fehlerquellen" nachgehen und diese ausschließen. Dazu hätte im vorliegenden Fall der Vergleich der Blutgruppenbezeichnung auf der Blutkonserve mit der Eintragung im Krankenblatt gehört.[1]

In dem einer späteren Entscheidung[2] zugrunde liegenden Fall – der Patient war nach einer Verwechslung der Blutkonserve gestorben – hatte der Narkosearzt es unterlassen, die Konserve sofort, als sie in den Operationssaal gebracht und von der Narkoseschwester an den Infusionsständer gehängt wurde, auf ihre Richtigkeit zu prüfen. Auch hierin sah der Bundesgerichtshof mit der Strafkammer eine Pflichtwidrigkeit des Arztes, da die frühzeitige Überprüfung jedenfalls die Sicherheit für den Patienten erhöhe, daß das richtige Blut bei ihm übertragen wird, und es allgemeine Pflicht des Arztes sei, etwa drohenden Gefahren für den Kranken von vornherein zu begegnen. Daher müsse der Anästhesist schon dann eine Prüfung des zur Übertragung bereitgestellten Blutes vornehmen, wenn dieses zum Zwecke der Transfusion in die unmittelbare Nähe des Patienten gelange.[3]

Heute muß schon nach berufsständischen Regeln davon ausgegangen werden, daß der transfundierende Arzt persönlich verpflichtet ist, den sogenannten ABO-Identitätstest zur Erkennung möglicherweise vorliegender Verwechslungen am Krankenbett bzw. im Operationssaal[4] vorzunehmen.[5]

Demgegenüber darf er im Regelfall davon ausgehen, daß der Inhalt der ihm von der Blutbank für diesen Patienten zur Verfügung gestellten Blutkonserve mit der Beschriftung dieser Konserve übereinstimmt. Eine Verpflichtung, den Inhalt der Konserve auch insoweit zu überprüfen, besteht daher nur bei besonderen Anhaltspunkten, die eine solche

---

1) Zustimmend Fieser, Das Strafrecht des Anaesthesisten, S.150 f.
2) BGH, GA 1969, S.246 ; dazu auch Mai, DMW 1968, S.92 f.
3) BGH, a.a.O., S.247.
4) Vergl. die Stellungnahme der DGAI und des BDA zu den "Richtlinien zur Blutgruppenbestimmung und Bluttransfusion" der Bundesärztekammer vom 1.2.1979, Anästh.u.Intensivmed. 1979, S.149.
5) Richtlinien der Bundesärztekammer zur Blutgruppenbestimmung und Bluttransfusion, DÄBl. 1979, S.277 ff, Ziff. 2.2.5.9 ; Stellungnahme des Deutschen Berufsverbandes für Krankenpflege zur Vornahme von Injektionen, Infusionen, Transfusionen und Blutentnahmen durch das Krankenpflegepersonal, Dt. Krankenpflegezeitschrift 1980, S.217 ; Stellungnahme der DGAI und des BDA zu den "Richtlinien zur Blutgruppenbestimmung und Bluttransfusion" der Bundesärztekammer vom 1.2.1979, a.a.O., S.149.

Überprüfung ratsam erscheinen lassen.[1]
Die genannten berufsständischen Richtlinien und Regeln setzen für die Bluttransfusion medizinische Kunstregeln fest, bei deren Verletzung auch strafrechtlich eine Sorgfaltspflichtverletzung anzunehmen sein wird.[2]

6.3.1.7 Präanästhesiologische Kontrolle nichtärztlicher Vorbereitungsarbeiten durch den Arzt ?

Ebenfalls im Bereich der präoperativen Phase stellt sich das Problem, wieweit der anästhesierende Arzt einzelne an nichtärztliches Assistenzpersonal delegierte Vorbereitungsarbeiten nochmals zu kontrollieren hat.
Zunächst sei hier auf die obigen Ausführungen[3] zur arbeitsteiligen Behandlung verwiesen, wonach bei der Vorbereitung der Anästhesie grundsätzlich auch die der benötigten Medikamente sowie Aufziehen und Kennzeichnung der erforderlichen Spritzen und Infusionsvorbereitungen auf Hilfpersonal übertragen werden dürfen und sich der Arzt grundsätzlich auf die Verrichtungen seiner sorgfältig ausgewählten und allgemein überwachten Gehilfen verlassen kann.
Bereits die dargestellte dem Arzt obliegende Pflicht einer nochmaligen Verträglichkeitskontrolle von Blutkonserven zeigt aber, daß bei einer spezifischen Gefahrenträchtigkeit besondere, erhöhte Kontrollpflichten beim Arzt liegen können. Für den anästhesiologischen Bereich gewinnt insoweit die Frage besondere Bedeutung, was der Arzt tun muß, um sicherzustellen, daß seine Anordnungen etwa über die Bereitstellung der Medikation ordnungsgemäß ausgeführt werden. Denn gerade in diesem Bereich sind die spezifischen Gefahren medizinischer Arbeitsteilung, _Koordinations-_ und _Kommunikationsfehler,_ besonders groß. Zu den Sorgfaltspflichten des Arztes gehört es, seinerseits soweit als möglich solchen Kommunikationsirrtümern vorzubeugen, gegebenenfalls auch durch schriftliche Fixierung der Anweisung.[4]

---

1) Vergl. die genannte Stellungnahme der DGAI und des BDA zu den Richtlinien zur Blutgruppenbestimmung und Bluttransfusion" der Bundesärztekammer, Anästh.u.Intensivmed. 1979, S.149.
2) Hierzu auch Bayer, Arzt und Krankenhaus 1986, Heft 4, S.112 ff.
3) Vergl. oben, S. 30 ff.
4) Fieser, Das Strafrecht des Anaesthesisten, S.148 ; Hahn, NJW 1981, S.1984.

Diese Pflicht besteht ganz besonders, wenn die Gefahr solcher Fehler aufgrund besonderer Umstände in erhöhtem Maß gegeben ist, etwa bei einem Wechsel der zuständigen Schwester, in Urlaubs- und Vertretungszeiten[1] oder aber gegenüber noch unerfahrenem Hilfspersonal, dem die gegebene Verordnung möglicherweise nicht geläufig ist. So führte der Bundesgerichtshof[2] in einem Fall, in dem die Krankenschwester eine ärztliche Anordnung mißverstanden hatte und einem Patienten im Rahmen einer Chloroform-Bandwurmkur 50 ccm statt 5 ccm Chloroform gespritzt hatte - der Patient war an dieser Überdosierung gestorben - zu den Sorgfaltspflichten des angeklagten Arztes aus, daß beim Diktieren stets Hör- oder Schreibfehler vorkommen und daraus, wenn es sich um ärztliche Verordnungen handele, schwerste Folgen entstehen könnten. Es gebe daher keine Entschuldigung dafür, daß der Arzt sich die Verordnung nicht habe vorlesen oder wenigstens wiederholen lassen, wenn er sie schon nicht abzeichnete. Durch eine solche zusätzliche Kontrolle wäre der tödliche Hörfehler vermieden worden.[3]

In diesen Zusammenhang gehört auch die von der Rechtsprechung wiederholt angenommene Pflicht des Arztes, die bereitgestellten Spritzen durch Ampullenvergleich zu kontrollieren und auch dadurch Verwechslungen schon organisatorisch zu vermeiden.[4]

Daß dem behandelnden Arzt unter bestimmten Umständen insoweit auch gegenüber ärztlichen Mitarbeitern, ja sogar gegenüber dem Chefarzt der Abteilung, besondere Kontrollpflichten obliegen, zeigt die folgende Entscheidung des Bundesgerichtshofs[5]:
In dem zugrunde liegenden Fall hatte der nach dem Operationsplan operierende und gleichzeitig anästhesierende Oberarzt die Vorbereitung eines Narkosemittels angeordnet, welches aus einer Spritze auf die Narkosemaske geträufelt werden sollte. Überraschend übernahm dann aber der Chefarzt die geplante Operation. Dieser bevorzugte

---

1) Hallermann, Internist 1965, S.307.
2) BGH, BGHSt 3, S.91.
3) BGH, a.a.O., S.95 f ; eine Abzeichnung von Anordnungen durch den Arzt fordert ausdrücklich auch die Deutsche Krankenhausgesellschaft, DÄBl. 1980, S.1710 ; ebenso Opderbecke/Weißauer, Anästh.u. Intensivmed. 1980, S.289 ; Uhlenbruck, NJW 1972, S.2204 ; dazu auch BGH, NJW 1952, S.1102 ; OLG Köln, NJW 1969, S.1586.
4) BGH, BGHSt 6, S.286 ; OLG Hamburg, VersR 1954, S.126 ; ebenso Fieser, Das Strafrecht des Anaesthesisten, S.149 ; Hirsch in: LK, § 222, Rn.10 ; Weißauer, Anästh.Inform. 1972, S.6 ; Zindler, Langenbecks Archiv 322 (1968), S.1312 ; einschränkend Opderbecke, Anaesthesie und ärztliche Sorgfaltspflicht, S.44.
5) BGH bei Dallinger, MDR 1972, S.384 f.

statt der Intubationsnarkose die intravenöse Betäubung. In der Meinung, das hierfür geeignete Mittel sei in die bereitgestellte Spritze aufgezogen, injizierte er in Anwesenheit des Oberarztes das für diesen Applikationsort vielfach überdosierte Inhalationsnarkotikum - hieran starb der Patient.

Neben dem Chefarzt hielt der Bundesgerichtshof auch den Oberarzt der fahrlässigen Tötung für schuldig, da dieser es versäumt habe, eine durch vorangegangenes Tun gebotene Handlung vorzunehmen. Er mußte davon ausgehen, daß er selbst jedenfalls seine dem Hilfspersonal gegebene Anordnungen nicht abgeändert hatte und daß diese daher noch wirksam waren. Er durfte auch nicht stillschweigend darauf vertrauen, der Chefarzt werde, ohne ihn zu verständigen, umdisponiert haben und weiche von dem ursprünglichen Operationsplan und seinen Anordnungen gewollt ab. Seine vorangegangene Anweisung in Verbindung mit der eigenen Mitwirkung an dem Eingriff begründete für ihn die Garantenpflicht, sich durch Rückfrage zu vergewissern, ob dies tatsächlich der Fall war oder ob der Chefarzt fehlerhaft in Unkenntnis der vom Oberarzt gegebenen Anordnungen handelte.

6.3.1.8 Unmittelbare medizinische Vorbereitung des Patienten - Prämedikation durch Hilfspersonal ?

Zunächst einmal gelten die bereits beschriebenen Sorgfaltspflichten, die etwa **Auswahl** oder **Dosierung** der Medikamente betreffen, natürlich auch für die stets erforderliche[1] Prämedikation, d.h. die unmittelbare medikamentöse Vorbereitung des Patienten auf die Narkose, die ihn beruhigen und die reflektorische Erregbarkeit dämpfen soll.

Auch deren Anordnung, also die genaue Bestimmung von Medikamentendosis und -konzentration sowie der Applikationsart, fällt als therapeutische Anordnung allein dem Arzt zu.[2]

Seit langer Zeit umstritten war jedoch in der Literatur, wieweit die Durchführung der ärztlich angeordneten Maßnahmen, insbesondere die Vornahme von Injektionen, Infusionen und Blutentnahmen medizinischem Hilfspersonal übertragen werden darf.[3]

---

1) Herden/Lawin, Anästhesie-Fibel, S.90.
2) Brenner, Anästh.Inform. 1974, S.100 ; Opderbecke, Anaesthesie und ärztliche Sorgfaltspflicht, S.46 ; Opderbecke/Weißauer, Anästh.Inform. 1973, S.219 ; dies., Anästh.Inform. 1974, S.95 ; Rieger, DMW 1974, S.1380.
3) Vergl. hierzu neben der in Fn.2 genannten Literatur etwa Brenner, Krankenhaus 1980, S.151 ff ; Gaisbauer, Vers.R 1976, S.220 f; Hahn, NJW 1981, S.1977 ; Hollmann/Hollmann, DÄBl. 1980, S.396 ff ; Opderbecke/Weißauer, Anästh.u.Intensivmed. 1980, S.287 ff ; Perret, Chirurg 1949, S.216 ff ; Püschel, Das Deutsche Gesundheitswesen 1952, S.1427 ff.

Auch die Rechtsprechung hat diese Frage bisher nicht grundsätzlich entschieden. Zwar spricht nach Auffassung des Bundesgerichtshofs[1] vieles dafür, daß Krankenpflegehelferinnen grundsätzlich keine intramuskulären Injektionen vornehmen dürften, da diese nicht regelmäßiger Bestandteil ihrer Ausbildung seien. Ob aber eine Krankenschwester, die eine wesentlich qualifiziertere Ausbildung erhält, diese und vergleichbare Aufgaben übernehmen darf, wurde stets offengelassen.[2]

Die Beantwortung dieser Frage hängt aus rechtlicher Sicht entscheidend davon ab, ob diese Maßnahmen spezifische ärztliche Kenntnisse, Fähigkeiten und Erfahrungen erfordern oder nicht. Weiterhin kommt es maßgeblich auf die Qualifikation des jeweiligen Assistenzpersonals an.

Unter Berücksichtigung dieser Kriterien hat sich in den letzten Jahren eine einheitlichere Auffassung herausgebildet, so daß Opderbecke und Weißauer[3] wohl zu Recht von einem Ende dieses jahrzehntelangen Meinungsstreits sprechen. Die Stellungnahmen haben sich im Laufe der Zeit immer stärker zugunsten einer verstärkten Arbeitsteilung und Entlastung des Arztes durch Hilfspersonal verschoben.[4] Die heute überwiegende Literatur ist dementsprechend der Ansicht, daß insbesondere subkutane und intramuskuläre Injektionen generell an dafür geeignete Krankenpflegepersonen delegiert werden dürfen.[5]

Auch eine intravenöse Injektion kann nach heute herrschender Auffassung[6] grundsätzlich an Krankenschwestern oder -pfleger delegiert werden, an deren Ausbildung, Erfahrung und Sorgfalt wegen der damit verbundenen Gefahren[7] allerdings besonders hohe Anforderungen gestellt werden müssen.

---

1) BGH, NJW 1979, S.1935, mit Anmerkung Andreas, Arztrecht 1980, S.50.
2) BGH, Vers.R 1959, S.760 ; Krankenhausarzt 1960, S.104 ; NJW 1968, S.1181 ; NJW 1974, S.604 ; NJW 1980, S.1903 ; NJW 1981, S.628.
3) Opderbecke/Weißauer, Anästh.u.Intensivmed. 1980, S.287.
4) Zu dieser Entwicklung allgemein Wilhelm, Verantwortung und Vertrauen bei Arbeitsteilung in der Medizin, S.88.
5) Andreas, Arztrecht 1980, S.50 ; Carstensen, Langenbecks Archiv 355 (1981), S.573 ; Deutsch, Das Krankenhaus 1980, S.152 ; Fieser, Das Strafrecht des Anaesthesisten, S.135 ; Opderbecke/Weißauer, Anästh.Inform. 1974, S.96 ; Uhlenbruck, NJW 1972, S.2204.
6) Narr, Ärztliches Berufsrecht, Rn.890 ; Opderbecke/Weißauer, a.a.O. S.96 ; Rieger, DMW 1972, S.1321 ; Spann/Liebhardt/Hauck/Braun, Ärztliche Haftung, Kap. 2.1.7 ; Weißauer, Anästh.u.Intensivmed. 1982, S.359 f ; so auch schon Püschel, Das Deutsche Gesundheitswesen 1952, S.1428.
7) Vergl. unten, S.146 ff.

Diese Aufgabe darf der Arzt daher nicht generell, sondern nur 'ad personam' an solchermaßen qualifizierte Hilfskräfte übertragen.[1] Eine Delegation an Krankenpflegehelferinnen ist wegen deren vergleichsweise weniger qualifizierter Ausbildung dagegen regelmäßig nicht zulässig.[2] Entsprechend dieser Auffassung haben die Bundesärztekammer schon 1974[3] und mittlerweile auch die Deutsche Krankenhausgesellschaft im Jahr 1980[4] in entsprechenden Stellungnahmen eine Übertragung von subkutanen, intramuskulären und intravenösen Injektionen auf Krankenpflegepersonal für zulässig erachtet.

Allerdings darf nach den oben genannten Grundsätzen auch die Vornahme einer im Regelfall delegationsfähigen Injektion oder Infusion dann nicht übertragen werden, wenn sie ausnahmsweise ärztliche Kenntnisse oder Erfahrungen erfordert. Dies kann etwa der Fall sein wegen eines besonders kritischen Gesundheitszustands des Patienten oder wegen erhöhter technischer Schwierigkeiten der Applikation.[5] Die Zulässigkeit einer Delegation kann vor allem auch eingeschränkt sein etwa wegen der besonderen Gefährlichkeit des zu verabreichenden Medikaments. Ist in einem solchen Fall eine unmittelbare Beobachtung des Patienten durch den Arzt und gegebenenfalls eine sofortige ärztliche Reaktion erforderlich, so muß der Arzt die Maßnahme entweder selbst durchführen oder dabei anwesend sein.[6]

---

1) Carstensen, Langenbecks Archiv 355 (1981), S.573 ; so auch die Stellungnahme der Deutschen Krankenhausgesellschaft zur Durchführung von Injektionen, Infusionen und Blutentnahmen durch das Krankenpflegepersonal, Das Krankenhaus 1980, S.156, unter Ziff. 2.3 ; Brenner, Anästh.Inform. 1974, S.101, hält demgegenüber intravenöse Injektionen durch Hilfspersonal nur in Ausnahmefällen für zulässig.
2) Ebenso Hahn, NJW 1981, S.1982.
3) Wiedergegeben bei Hollmann/Hollmann, DÄBl. 1980, S.396 f.
4) Das Krankenhaus 1980, S.155.
5) Vergl. etwa BGH, NJW 1980, S.1903 f.
6) Brenner, a.a.O., S.101 ; Opderbecke/Weißauer, Anästh.Inform. 1974, S.96 ; dies., Anästh.u.Intensivmed. 1980, S.289 ; Stellungnahme der Deutschen Krankenhausgesellschaft zur Durchführung von Injektionen, Infusionen und Blutentnahmen durch das Krankenpflegepersonal, Das Krankenhaus 1980, S.156, Ziff. 2.4.

6.3.1.9 Einleitung des Anästhesieverfahrens - Wahl des Injektionsortes

Zum Abschluß dieser Untersuchung einzelner Aspekte anästhesiologischer Sorgfaltspflichten innerhalb der präoperativen Phase sei noch ein Komplex besonders hervorgehoben, der in der Vergangenheit in zahlreichen Fällen sowohl die medizinische Wissenschaft als auch die Judikatur beschäftigt hat: Angesprochen sind Narkosezwischenfälle, in denen das Narkosemittel, welches in die Vene injiziert werden sollte, nach versehentlichem Durchstechen derselben in das umgebende Gewebe gelangte oder versehentlich in die Arterie injiziert wurde.[1] Eine versehentliche intraarterielle Injektion eines Narkotikums kann zu schweren Durchblutungsstörungen im Versorgungsgebiet der entsprechenden Arterie und im Extremfall zur Gangränbildung führen, die sogar eine Amputation der entsprechenden Extremität erforderlich machen kann.[2]

Grundsätzlich ist davon auszugehen, daß etwa ein Durchstehen der gegenüberliegenden Venenwand auch dem geschicktesten Arzt passieren kann und nicht ohne weiteres als Behandlungsfehler zu werten ist.[3] Andererseits besteht aber die Gefahr einer versehentlichen paravenösen oder intraarteriellen Injektion ganz besonders im Bereich der Armbeuge, da dort Arterien und Venen in enger Nachbarschaft verlaufen, bzw. häufig Anomalien im Arterienverlauf anzutreffen sind.[4] Im Vergleich dazu ist die genannte Gefahr einer Verwechslung etwa bei der Venenpunktion im Bereich des Handrückens bedeutend geringer.[5]

---

1) Vergl. bereits Perret, Medizinische Klinik 1962, S.230 ff und S.487 f.

2) Herden/Lawin, Anästhesie-Fibel, S.105 ; Weis in: Benzer/Frey/Hügin/Mayrhofer, Lehrbuch der Anaesthesiologie, S.725 ; zu den ebenfalls gravierenden Folgen einer versehentlich paravenösen Injektion von Narkosemitteln vergl. Feuerstein in: Benzer/Frey/Hügin/Mayrhofer, a.a.O., S.403.

3) RG; RGZ 78, S.435 ; LG Freiburg, Urteil v. 17.4.1973, 5 O 182/72, bei Jahn, Anästh.Inform. 1976, S.276 ; für den Fall einer versehentlichen Punktion der arteria vertebralis statt der vena subclavia in einer Notsituation vergl. BGH, MedR 1985, S.227 f.

4) Herden/Lawin, a.a.O., S.106 ; Larsen, Anästhesie, S.153.

5) Herden/Lawin, a.a.O., S.106. Insoweit ist aber stets die Frage zu prüfen, wie weit der Anästhesist aus Verletzungs-, Operations- oder Lagerungsgründen die Möglichkeit hatte, einen vergleichsweise ungefährlicheren Injektionsort zu wählen.

Während früher[1] bei Wahl der Armbeuge als Injektionsort solch gefährlicher Mittel ein Behandlungsfehler verneint wurde, muß heute, da die große Gefahr einer versehentlich intraarteriellen Injektion und deren schwerwiegende Folgen in einer umfangreichen Literatur beschrieben sind[2], die Wahl dieses Injektionsortes in vielen Fällen als fehlerhaft angesehen werden.[3]

So werteten es auch verschiedene Gerichte als Verstoß gegen die ärztliche Sorgfaltspflicht, daß der Arzt "überhaupt versucht hatte, das Medikament in die Vene der Armbeuge zu injizieren"[4]. Dem Arzt müsse bekannt sein, daß zahlreiche Narkosepräparate bei intraarterieller Injektion zu schweren Schäden führten. Wenn eine solche nicht auszuschließen sei, könne die Übung, Venen in der Ellenbeuge für derartige Injektionen zu wählen, rechtlich nicht gebilligt werden.[5]

Auch der Bundesgerichtshof hatte sich mehrfach mit ähnlichen Fällen zu befassen: Nachdem er bereits 1962 entschieden hatte, daß ein Arzt gegen seine Sorgfaltspflicht verstoße, wenn er ein Beruhigungsmittel in die Beugeseite des Unterarms spritze, obwohl es hierfür wesentlich ungefährlichere Stellen gebe[6], bekräftigte er diese Auffassung in den sogenannten Estil-Entscheidungen[7]: Der Arzt dürfe seinen Patienten nicht der Gefährdung einer versehentlich intraarteriellen Injektion aussetzen, solange ein weniger gefährliches Vorgehen den erstrebten Zweck in etwa gleicher Weise erfüllen könne. Sollte ohne eine gleichartige Gefährdung die Injektion in eine Vene an anderer Körperstelle nicht in Betracht gekommen sein,

---

1) Vergl. die Nachweise aus der Rechtsprechung bei Perret, Medizinische Klinik 1962, S.487 f.

2) Vergl. allein die Nachweise bei Roloff, VersR 1965, S.421.

3) So schon Roloff, a.a.O., S.420 ff ; ähnlich Kirchner, Anästh.Inform. 1974, S.117. Allerdings können sich etwa bei ängstlichen, aufgeregten oder auch unter Schock stehenden Patienten Hautvenen, die normalerweise gut gefüllt und sichtbar sind, extrem kontrahieren, ohne daß dies im Einzelfall für den Anästhesisten vorhersehbar gewesen wäre.

4) LG Ansbach, Urteil v. 15.11.1971, 3 O 68/71, bei Jahn, Anästh.Inform. 1976, S. 276.

5) OLG Hamm, ohne Datum, 9 U 225/63, bei Roloff, a.a.O., S.421 ; dieser mit weiteren Nachweisen aus der Rechtsprechung mit entsprechendem Ergebnis.

6) BGH, VersR 1962, S.250.

7) BGH, VersR 1968, S.276 und S.280 ; dieses Narkosemittel wurde wegen häufiger Zwischenfälle noch in den sechziger Jahren aus dem Verkehr gezogen, die Entscheidungen haben aber bei der Gefährlichkeit auch heutiger Narkosemittel im Fall einer intraarteriellen Injektion ihre Bedeutung behalten.

so hätte von der Verwendung dieses Narkosemittels überhaupt abgesehen und von einer anderen Narkosemöglichkeit Gebrauch gemacht werden müssen[1].

Aus dem gleichen Grunde wurde es in einem vom Landgericht Freiburg zu entscheidenden Fall seitens des Sachverständigen als Fehler des Arztes gewertet, daß er zur Injektion des Narkosemittels statt einer Stahlkanüle eine sogenannte Braunüle verwendet hatte, bei der nach seiner Aussage die Gefahr einer paravenösen Injektion unzweifelhaft größer gewesen war.[2]

---

1) BGH, VersR 1968, S.277 ; ebenso BGH, VersR 1968, S.280 ; ähnlich auch BGH, NJW 1981, S.628 f.

2) LG Freiburg, Urteil v. 17.3.1973, 5 O 182/72, bei Jahn, Anästh.Inform. 1976, S.276 - in jedem Fall fehlte es allerdings am Nachweis der Kausalität, da auch bei Verwendung einer gewöhnlichen Stahlkanüle eine paravenöse Injektion nicht hatte ausgeschlossen werden können.

6.3.2 Die intraoperative Phase

Während des eigentlichen Eingriffs hat der anästhesierende Arzt größte Aufmerksamkeit und Sorgfalt auf die Einleitung und Steuerung der Betäubung zu richten. Hier kann schon eine geringfügige Nachlässigkeit, wie etwa eine unsorgfältige Dosierung der Narkotika und Narkoseadjuvantien, aber auch ihre Anwendung ohne die entsprechenden Kenntnisse zu schwersten Schäden führen.[1]
Handelt es sich um eine arbeitsteilig durchgeführte Behandlung, so liegt die Zuständigkeit und Verantwortlichkeit für diese Maßnahmen sowie für die Überwachung und Aufrechterhaltung der vitalen Funktionen des Patienten beim Anästhesisten.[2]
Auch hier bestimmen sich die objektiven Sorgfaltspflichten nach den jeweils vorliegenden medizinischen Gegebenheiten, nach dem gewählten Betäubungsverfahren oder physiologischen Besonderheiten beim Patienten. Dementsprechend ist auch die Art möglicher Behandlungsfehler in diesem Bereich sehr weit gefächert, im Folgenden seien einige typische Gefahrenquellen herausgegriffen.

6.3.2.1 Lagerung des Patienten

Besondere Aufmerksamkeit ist der Lagerung des Patienten während der Operation zu widmen. Wie oben[3] bereits geschildert, besteht durch die mit der Betäubung verbundene Muskelerschlaffung und den Verlust der Schutzreflexe in besonderem Maße die Gefahr einer Schädigung peripherer Nerven, die sich in den meisten Fällen zurückbildet, manchmal allerdings auch zu dauerhaften Lähmungserscheinungen

---

1) Uhlenbruck, NJW 1972, S.2205 ; Ulsenheimer in: Opderbecke/Weißauer, Forensische Probleme in der Anaesthesiologie, S.45 ; Weißauer/Frey, DMW 1978, S.726.
2) Vergl. oben, S. 23 f.
3) Siehe oben S.67 f.

der betroffenen Extremität führen kann.[1]

Je nach den Erfordernissen des geplanten Eingriffs kommt eine Vielzahl verschiedener Lagerungsarten in Betracht, um dem Operateur einen möglichst guten Zugang zum Operationsgebiet zu ermöglichen. Die Lagerung richtet sich daher primär nach den Bedürfnissen des vom Chirurgen beabsichtigten operativen Vorgehens.[2] Andererseits sind aber auch die Bedürfnisse des Anästhesisten zu berücksichtigen, der auf einen freien Venenzugang und die Möglichkeit einer Dauerkontrolle von Herz- und Kreislauffunktionen angewiesen ist.

Daher ist nach der 1982 zwischen dem Berufsverband Deutscher Anästhesisten und dem Berufsverband der Deutschen Chirurgen geschlossenen Vereinbarung über die Zusammenarbeit bei der operativen Patientenversorgung[3] die Lagerung des Patienten auf dem Operationstisch eine gemeinsame Aufgabe des Chirurgen und Anästhesisten.[4]

Unabhängig von der grundsätzlichen Notwendigkeit des ärztlichen Zusammenwirkens bei der Entscheidung über die Operationslagerung ist aber die Frage, wer im Einzelnen für die ordnungsgemäße Wahl und Durchführung der Lagerung die Verantwortung trägt, bis heute nicht abschließend geklärt. Wurde früher überwiegend der Anästhesist als umfassend für die Lagerung und die Vermeidung aller damit zusammenhängenden Schäden verantwortlich angesehen[5], sucht man heute zunehmend nach differenzierenden Lösungen:
Die konkrete Wahl der Lagerungsart richtet sich primär nach den Bedürfnissen der geplanten Operation. Bestehen aus anästhesiologischer Sicht Bedenken gegen die vorgesehene Lagerung, so muß der Anästhesist den Chirurgen darauf hinweisen. Dieser entscheidet unter Abwägung der für und gegen diese Lagerung sprechenden Gesichtspunkte, er trägt die Verantwortung dafür, daß Gründe des operativen Vorgehens

---

1) Vergl. die Nachweise oben S.67, Fn.4.
2) Weißauer, MedR 1983, S.94 ; vergl. auch oben, S. 67 f.
3) MedR 1983, S.21 ; dazu Weißauer, a.a.O., S.92.
4) Ziff. III der Vereinbarung; siehe auch die nunmehr zu dieser Ziffer III beschlossene Ergänzung der Vereinbarung des BDA und des B.d.Dt.Chirurgen über die Verantwortung für die prä-, intra- und postoperative Lagerung des Patienten, Anästh.u.Intensivmed. 1987, S.65, mit Anmerkung von Weißauer, a.a.O., S.66.
5) Vergl. etwa Hauenschild, Anästh.Inform. 1978, S.68 ; Opderbecke in: Opderbecke/Weißauer, Forensische Probleme in der Anaesthesiologie, S.15 ; Weißauer/Frey, DMW 1978, S.727 ; Zierl, Anästh.u. Intensivmed. 1979, S.176.

die erhöhten Risiken der von ihm gewünschten Lagerung rechtfertigen.[1]
Damit fällt m.E. auch die Durchführung und die Kontrolle dieser Anfangslagerung in den Verantwortungsbereich des Operateurs.[2]

Bezüglich intraoperativer Druckschädigungen sei zunächst darauf hingewiesen, daß auch hier in erster Linie jeder der an der Operation beteiligten Ärzte strafrechtlich selbst verantwortlich ist für eigene Fehler, die etwa im Abstützen auf den Körper des Patienten liegen können, wenn dieser hierdurch geschädigt wird.

Fraglich ist aber, wem im übrigen bezüglich der Lagerung die weitere intraoperative Verlaufskontrolle obliegt:

Der Bundesgerichtshof bezeichnete in einer - allerdings auf den Einzelfall bezogenen - Entscheidung die Anästhesistin als zuständig für "notwendige laufende Kontrollen der Kopflage aus neurologischer Sicht".[3]

Auch die Literatur sieht teilweise den Anästhesisten als insgesamt verantwortlich für die Details der Lagerung an, da er durch die Narkose erst die Voraussetzungen für etwaige Lagerungsschäden schaffe. Es sei seine Aufgabe, mit größter Sorgfalt die gebräuchlichen und für erforderlichen gehaltenen Vorsichtsmaßnahmen anzuwenden, um derartige Druckschäden gefährdeter Nerven oder Schäden durch Überstreckungen zu vermeiden.[4]

Hier muß aber darauf hingewiesen werden, daß eine solche allgemeine Lagerungskontrolle durch den Anästhesisten oft schon an intraoperativen Gegebenheiten scheitert.[5] Der Patient ist mit Operationstüchern abgedeckt, das operative Vorgehen liegt oft außerhalb seines Blickfelds und außerhalb seiner Einwirkungsmöglichkeit.[6] Andererseits kennen auch der Operateur und sein Team ebenso gut wie der Anästhesist die Gefahr, daß etwa intraoperative Lageveränderungen, Druck- und Zugbelastungen zu Nervenschädigungen führen können.

---

1) Vereinbarung zwischen dem BDA und dem Berufsverband der Deutschen Chirurgen über die Zusammenarbeit bei der operativen Patientenversorgung, MedR 1983, S. 21 f, Ziff. III ; Carstensen, Langenbecks Archiv 355 (1981), S.571 f.
2) Ebenso BGH, NJW 1984, S.1404 ; Hempel, Inform.d.Berufsverb.d.Dt. Chirurgen 1986, S.61 ; Teichner, DMW 1986, S.273 ; Weißauer, Inform.d.Berufsverb.d.Dt.Chirurgen 1985, S.33 ; ders., Anästh.u. Intensivmed. 1987, S.66.
3) BGH, NJW 1984, S.1404.
4) Opderbecke, Anaesthesie und ärztliche Sorgfaltspflicht, S.63; Zierl, Anästh.u.Intensivmed. 1979, S.176 f, jeweils auch zu medizinischen Einzelheiten ; weiter Eberhardt, MedR 1986, S.119 f; Teichner, DMW 1986, S.274.
5) Weißauer, Inform.d.Berufsverb.d.Dt.Chirurgen, S.34.
6) Weißauer, Inform.d.Berufsverb.d.Dt.Chirurgen, S.34 ; ders., Anästh.u.Intensivmed. 1987, S.67.

Unter diesen Umständen erscheint es auch aus Gründen effektiver Arbeitsteilung sachgerecht, die Verantwortung für die <u>intraoperative Lagerungskontrolle</u> entsprechend zu verteilen, daß der Operateur und seine Mitarbeiter von sich aus alles tun, um in ihrem Bereich Schädigungen zu vermeiden. Kontrollpflichten den Anästhesisten gegenüber dem Operationsteam bestehen im Rahmen des Vertrauensgrundsatzes insoweit nicht, dies auch deshalb, damit er nicht von seiner zentralen Aufgabe, der Steuerung des Betäubungsverfahrens und der Überwachung der Vitalfunktionen, abgelenkt wird.[1]

Der Anästhesist seinerseits ist verantwortlich für die Kontrolle in dem Bereich, den er für seine Aufgabe der Aufrechterhaltung von Vitalfunktionen benötigt. Ihm obliegt also insbesondere die Abpolsterung und korrekte Lagerung des abduzierten '<u>Infusionsarms</u>'.[2]
Bemerkt der Anästhesist aber etwa eine Lageveränderung, die für den Patienten gefährlich werden kann, oder sieht er, daß sich ein operierender Arzt auf dem Körper oder auf Gliedmaßen des Patienten abstützt, so muß er darauf hinweisen.[3]

6.3.2.2 Spezielle Sorgfaltspflichten bei der Intubationsnarkose

Neben bereits genannten Fehlerquellen wie etwa dem Übersehen eines vollen Magens bei Einleitung der Narkose[4] seien hier insbesondere angeführt das Ausbrechen oder die Beschädigung einzelner Zähne, Zahnbrücken oder Zahnkronen bei der Intubation.[5]
Auch ist bei dieser ganz besonders auf die Vermeidung von Rachen-, Kehlkopf-, Stimmband- und Luftröhrenverletzungen zu achten, die für den Patienten gravierende Folgen bis zur Lebensbedrohung haben können.[6]

---

1) Weißauer, Inform.d.Berufsverb.d.Dt.Chirurgen 1985, S.34 ; ebenso Hempel, Inform.d.Berufsverb.d.Dt.Chirurgen 1986, S.61 ; a.A. Eberhardt, MedR 1986, S.119 f.

2) Hempel, a.a.O., S.61 ; Weißauer, a.a.O., S.34 ; vergl. auch v.Brandis/Pribilla, Arzt und Kunstfehlervorwurf, S.126 , Fall 102.

3) Weißauer, a.a.O., S.34.

4) Vergl. oben, S. 119 f.

5) Opderbecke, Anaesthesie und ärztliche Sorgfaltspflicht, S.62 ; Ulsenheimer in: Opderbecke/Weißauer, Forensische Probleme in der Anaesthesiologie, S.45 ; Kronschwitz, Anästh.Inform. 1975, S.329, nennt solche Intubationsverletzungen und deren Folgezustände typische Vorkommnisse des anästhesiologischen Fachgebiets, die zu gerichtlichen Auseinandersetzungen führen.

6) Mayrhofer in: Benzer/Frey/Hügin/Mayrhofer, Lehrbuch der Anaesthesiologie, S.437 ; Opderbecke, a.a.O., S.62 ; Uhlenbruck, NJW 1972, S.2202.

Nach einer erfolgten Intubation hat sich der Anästhesist in jedem Fall von der richtigen Position des Tubus zu überzeugen und für seine zuverlässige Fixierung Sorge zu tragen.[1] So ging etwa das Oberlandesgericht Celle[2] davon aus, daß der Anästhesist rechtzeitig bemerken müsse, daß ihm eine Fehlintubation unterlaufen ist und er daraus die entsprechenden Konsequenzen zu ziehen habe. Hierzu wird in vielen Fällen ein Abhorchen beider Lungenflügel ausreichend sein[3]; in schwierigen Fällen darf sich der Arzt aber nicht damit begnügen, sondern muß alle Möglichkeiten ausschöpfen, um Beatmungsstörungen so früh wie möglich zu erkennen. Das Oberlandesgericht Celle nennt in seiner Entscheidung hier die genaue Beobachtung von EKG, Manometer und Volumeter, weiter die sorgfältige Beachtung etwaiger Durchblutungsstörungen als Beginn einer Zyanose und das Beobachten des Atembeutels darauf, ob gestörte Atemverhältnisse vorliegen oder nicht.[4]

Ebenfalls hierher gehört die Gefahr, daß ein anfänglich korrekt eingeführter Tubus seine Lage verändert, etwa bei einer Umlagerung des Patienten, oder daß die Beatmung durch ein Abknicken des Tubus' unterbrochen wird.[5]

6.3.2.3 Überwachung des Patienten

Ganz überragende Bedeutung kommt im intraoperativen Bereich der Überwachung des Patienten und der Aufrechterhaltung seiner vitalen Funktionen zu.[6]
Diese Überwachungspflicht des Anästhesisten bezieht sich zum einen direkt auf den physiologischen Zustand des Patienten[7]:

---

1) Opderbecke, Anaesthesie und ärztliche Sorgfaltspflicht, S.63 ; vergl. weiter Wiemers/Uhlenbruck, ZBl.f.Chirurgie 1966, S.814.

2) OLG Celle, Urteil v. 1.12.1980, 1 U 13/79, bei Andreas/Siegmund-Schultze, Anästh.u.Intensivmed. 1982, S.76 f.

3) Opderbecke, a.a.O., S.63.

4) OLG Celle, a.a.O., S.77.

5) Opderbecke, a.a.O., S.68.

6) Hauenschild, Anästh.Inform. 1978, S.71, bezeichnet dies als kardinale Sorgfaltspflicht des Anästhesisten ; weiter Ulsenheimer in: Opderbecke/Weißauer, Forensische Probleme in der Anaesthesiologie, S.45 ; Wießauer/Frey, DMW 1978, S.726.

7) Vergl. Horatz/Schöntag in: Benzer/Frey/Hügin/Mayrhofer, Lehrbuch der Anaesthesiologie, S.42.

Hier sind etwa die Kontrolle von Puls und Blutdruck zu nennen, und zwar in so kurzen Abständen, daß sich abzeichnende Komplikationen möglichst frühzeitig erkannt werden.[1]
Neben dieser Überwachung von Kreislauffunktionen muß vor allem bei nicht relaxierten Patienten die Atmung kontrolliert werden[2]; weiter hat der Anästhesist auf alle möglichen Anzeichen zu achten, die etwa sich anbahnende Komplikationen frühzeitig erkennbar werden lassen könnten, wie Farbe und Zustand der Haut oder Schwitzen oder Kälte der Extremitäten.[3]

Die Überwachungs- und Kontrollpflicht bezieht sich aber nicht nur unmittelbar auf den Patienten, sondern auch auf die technischen Hilfsmittel, wie etwa das **Narkosegerät**.[4] Stets können auch bei anfänglich intakten Geräten während des Betäubungsverfahrens Defekte eintreten, wie beispielsweise Undichtigkeiten im Bereich der Schlauchverbindungen. Einer solchen Möglichkeit, daß ein medizinisch-technisches Gerät versagt, hat sich der Arzt stets bewußt zu sein.[5] In all diesen Fällen ist ein sofortiges Erkennen des Fehlers von größter Bedeutung, um eine Sauerstoffunterversorgung des Patienten mit der Gefahr eines hypoxischen Herzstillstandes rechtzeitig beheben zu können. Kommt es zu einem solchen Versagen, so sind unverzüglich die notwendigen Ersatzmaßnahmen einzuleiten, welche den Patienten aus der Gefahr befreien.[6] So sah es auch der Bundesgerichtshof im Fall eines abgeklemmten Sauerstoffschlauchs der Narkosemaschine[7] als Versäumnis der Anästhesistin an, daß sie nicht rechtzeitig auf Handbetrieb umgeschaltet hatte.
Entsprechend dieser großen Gefahren wird die sorgfältige und lückenlose Überwachung des Beatmungssystems durch ständige Beobachtung

---

1) Weißauer/Frey, DMW 1978, S.726, die zutreffend darauf hinweisen, daß sich die Überwachungsintensität nach den Umständen des Einzelfalls und nach den Phasen des Betäubungsverfahrens zu richten habe.
2) Opderbecke, Anaesthesie und ärztliche Sorgfaltspflicht, S.69.
3) OLG Celle bei Andreas/Siegmund-Schultze, Anästh.u.Intensivmed. 1982, S.77 ; Opderbecke, a.a.O., S.63 f.
4) Uhlenbruck, Arztrecht 1981, S.96.
5) Deutsch, Das Krankenhaus 1980, S.267.
6) Deutsch, a.a.O., S.267.
7) BGH, VersR 1978, S.85.

eines Manometers, welches zuverlässige Anhaltspunkte über das Auftreten von Lecks oder anderweitig abnorm erhöhter Atemwiderstände gibt, als unverzichtbare Voraussetzung für die Sicherheit des Patienten bezeichnet.[1]

6.3.2.3.1 Delegation der intraoperativen Patientenüberwachung - Parallelnarkose

Speziell für die intraoperative Überwachung des Patienten stellt sich die gleichermaßen für die Praxis bedeutsame wie seit langem umstrittene Frage, ob und inwieweit sogenannte "Parallelnarkosen" durchgeführt werden dürfen.[2]

Diese Problematik entstand zunächst auf dem Hintergrund eines ausgeprägten Mangels an Fachanästhesisten, hat aber bis heute vor allem deshalb ihre Bedeutung behalten, weil die ärztlichen Stellenpläne nicht zwischen Fachärzten und Ärzten in der Weiterbildung unterscheiden.[3]

An dieser Stelle sei zunächst noch einmal auf die oben dargestellten Grundsätze hingewiesen, wonach im Interesse der Sicherheit des Patienten die eigenverantwortliche Durchführung von Narkosen ärztlichen Mitarbeitern in der Ausbildung nur schrittweise nach einer ausreichenden Lernphase im Schoß der Abteilung[4], nichtärztlichen Mitarbeitern dagegen überhaupt nicht[5] übertragen werden darf.

---

1) Opderbecke, Anaesthesie und ärztliche Sorgfaltspflicht, S. 68 ; Uhlenbruck, Arztrecht 1981, S.96.

2) Vergl. oben S. 79.

3) Opderbecke/Weißauer, MedR 1984, S.135 f ; zum Ärzte- und Pflegekräftemangel in der Anästhesiologie vergl. auch Lauterbacher in: Opderbecke/Weißauer, Forensische Probleme in der Anaesthesiologie, S.21 ff. Allerdings kann diese Überwachungsproblematik auch in anderen Fällen bedeutsam werden, wie eine Entscheidung des Landesberufsgerichts für Heilberufe Münster zeigt, nach der der Arzt verpflichtet ist, einen narkotisierten Patienten, der im Krankenwagen transportiert werden muß, wegen der Aspirationsgefahr selbst zu begleiten und die Narkose zu überwachen, Urteil v. 26.8.1977, ZA 1/74, Sammlung von Entscheidungen der Berufsgerichte für die Heilberufe, S.147, Nr.11.

4) Vergl. oben, 76ff.

5) Vergl. oben, S. 31 f.

Hier geht es demgegenüber darum, welche Anforderungen von Rechts wegen zu stellen sind, wenn die Durchführung und Überwachung der Narkose unter der Leitung und Verantwortung eines Fachanästhesisten als unselbständige und weisungsabhängige Aufgabe von einem noch unzureichend qualifizierten Assistenzarzt oder von einer Anästhesieschwester durchgeführt werden soll.

Auszugehen ist bei dieser Frage davon, daß der Sicherheit und Gesundheit des Patienten absoluter Vorrang einzuräumen ist vor dem organisatorischen Ablauf des Operationsprogramms. Dieser Grundsatz wird auch von der einschlägigen Judikatur zu Recht immer wieder besonders hervorgehoben.[1]

Andererseits ist aber **Franzki**[2] zuzustimmen, der zu bedenken gibt, daß die Rechtsprechung zwar darüber zu wachen habe, daß in der medizinischen Versorgung verantwortungsbewußt vorgegangen und das Risiko für den Patienten so klein wie möglich gehalten wird. Sie müsse aber auch Verständnis für die Belange der Praxis aufbringen und dürfe nicht unrealistische Anforderungen stellen. Auch vom Bundesgerichtshof wurde in der genannten 'Halsrippen-Entscheidung'[3] ausdrücklich zugestanden, daß auch wirtschaftliche Gründe, worunter auch solche der Personalausstattung fallen, Einfluß haben könnten auf die vom Arzt einzuhaltenden Pflichten.

Dennoch hat gerade in diesem Bereich der anästhesiologischen Patientenüberwachung die anfangs erwähnte Leit- und Verstärkungsfunktion des Rechts[4] eine ganz erhebliche Rolle gespielt:

Wurde unter dem Eindruck mangelhafter Personalausstattung lange Zeit sogar auf selbständige Betäubungen durch Krankenschwestern zurückgegriffen, später dann auf eine regelmäßige Überwachung mehrerer Operationstische durch einen Anästhesisten, so nahm die Recht-

---

1) BGH, NJW 1983, S.1375 ; MedR 1984, S.144 f ; NJW 1985, S.2189 ; OLG Düsseldorf, NJW 1986, S.1548.
2) Franzki, MedR 1984, S.186.
3) BGH, VersR 1975, S.43 ff ; vergl. dazu oben, S.103 f.
4) Vergl. oben, S.3.

sprechung hier schon sehr bald einen weitaus strengeren Standpunkt ein:

So wertete es der Bundesgerichtshof bereits in seiner zivilrechtlichen Grundsatzentscheidung aus dem Jahr 1974[1] sogar als einen groben Behandlungsfehler, daß der Anästhesist während einer Intubationsnarkose, die im vorliegenden Fall noch durch einen längeren Blutdruckabfall des Patienten belastet war, diesen verlassen und die Überwachung einem Medizinalassistenten übertragen hatte, um währenddessen eine weitere Narkose in einem anderen Raum durchzuführen. Zustimmend zitiert der Bundesgerichtshof in der Entscheidung die Auffassung **Uhlenbrucks**[2] und **Weißauers**[3], nach der der leitende Narkosearzt, auch wenn er sich zur Durchführung ärztlicher Verrichtungen und Aufgaben eines Medizinalassistenten bedient, jederzeit die Narkose überwachen und bei Zwischenfällen unverzüglich eingreifen und die fachärztliche Versorgung des Patienten übernehmen können müsse. Dies müsse jedenfalls für die als "dynamisches Narkoseverfahren" besonders risikoreiche Intubationsnarkose gelten.[4]

In einer späteren Entscheidung[5] bezeichnete der Bundesgerichtshof diese Anforderungen als nicht nur bei Risikonarkosen, sondern stets einzuhaltende "Mindestanforderungen, die sich aus der Natur des Eingriffs und der vitalen Bedeutung sofortigen fachkundigen Eingreifens im Komplikationsfall ergeben".[6] Zwar läßt das Gericht es auch hier ausdrücklich dahingestellt, ob der narkoseführende Fachanästhesist einen unerfahrenen Assistenzarzt überhaupt mit der Überwachung des Patienten betrauen darf, bezeichnet dies aber doch als "ohnehin bedenklich"[7]. In jedem Fall sei wenigstens Blick- oder Rufkontakt zwischen dem Fachanästhesisten und dem assistierenden Arzt zu for-

---

1) BGH, NJW 1974, S.1424.

2) Uhlenbruck, NJW 1972, S.2205, dieser hält wegen der Unmöglichkeit gleichzeitigen Eingreifens eine gleichzeitige Überwachung und Leitung von Parallelnarkosen durch einen Anästhesisten generell für unzulässig ; wie er Gaisbauer, VersR 1976, S.222, und Pribilla, Anästh.Inform. 1976, S.614.

3) Weißauer, DMW 1968, S.2502.

4) Die im vorliegenden Fall zusätzlich vorhandenen risikoerhöhenden Faktoren kamen nach Ansicht des BGH offenbar nur erschwerend hinzu.

5) BGH, NJW 1983, S.1374 ; vergl. auch die erneute Revisionsentscheidung zu diesem Fall, BGH, NJW 1985, S.2189 ff.

6) BGH, NJW 1983, S.1375.

7) BGH, NJW 1983, S.1376 ; offengelassen auch schon von BGH, NJW 1974, S.1424 ff, und der Vorinstanz, OLG Köln bei Weißauer, Anästh.Inform. 1973, S.227.

dern, wenn eine ausreichende Aufsicht an beiden Operationstischen gewährleistet sein soll.[1]

Inzwischen sind unter dem Eindruck dieser Rechtsprechung die Anforderungen, die mittlerweile auch das Fachgebiet an die Zulässigkeit von Parallelnarkosen stellt, so gestiegen, daß sie sich kaum noch von denen der Judikatur unterscheiden:
So halten etwa Opderbecke und Weißauer[2] heute Parallelnarkosen nur noch für zulässig, wenn es sich um einen "unkomplizierten", d.h. nicht mit erkennbaren Risikofaktoren im Hinblick auf den Patienten, den operativen Eingriff oder das Anästhesieverfahren belasteten Fall handele. Weiter müsse die mit der Überwachungsfunktion betraute Assistenzkraft die erforderlichen Kenntnisse und Erfahrungen haben und dürfe nicht zugleich mit anderen Aufgaben, wie der Vorbereitung einer folgenden Narkose, betraut sein.
Weiterhin dürfe mit der Überwachungsfunktion keinerlei Entscheidungskompetenz der Assistenzkraft verbunden sein, Veränderungen an Narkosegerät oder Medikamentendosierung vorzunehmen. Aus diesem Grund habe sich der verantwortliche und weisungsbefugte Anästhesist stets in unmittelbarer Nähe - in Rufweite - aufzuhalten, um jederzeit die notwendigen Anordnungen treffen oder persönlich die Überwachung der Narkose übernehmen zu können. Bei Ein- und Ausleitung der Narkose als besonders gefahrenträchtigen Verfahrensabschnitten solle der Anästhesist persönlich zugegen sein.[3]

Dieser Auffassung kann m.E. - allerdings mit einigen Einschränkungen und Ergänzungen - grundsätzlich zugestimmt werden:
Angesichts auch der heutigen Personalsituation und der Notwendigkeit, daß den qualifizierten Ärzten der Abteilung ausreichend Zeit für Aufsichts- und Weisungsaufgaben verbleiben muß[4], erscheint ein Rückgriff auf eine solche Organisation des Anästhesiebetriebs notwendig. Er erscheint auch vertretbar, wenn es sich tatsächlich an <u>beiden</u>

---

1) BGH, NJW 1983, S.1376 ; im vorliegenden Fall hatte der Fachanästhesist sogar die gleichzeitige Narkoseleitung an drei Operationstischen übernommen.
2) Opderbecke/Weißauer, MedR 1984, S.136 ff.
3) Opderbecke/Weißauer, a.a.O., S.136 ; ähnlich schon dies., Anästh. Inform. 1973, S.216 ; dies., Anästh.u.Intensivmed. 1983, S. 217 ; weiter Hauenschild, Anästh.u.Intensivmed. 1978, S.71 ; Opderbecke, Anaesthesie und ärztliche Sorgfaltspflicht, S.47 ff ; Weißauer/Frey, DMW 1978, S.725 f.
4) Zu diesem Gesichtspunkt etwa Opderbecke, a.a.O., S.49, und Weißauer, Anästh.Inform. 1976, S.27.

Operationstischen um in jeder Hinsicht unkomplizierte Fälle handelt. Diese Entscheidung kann nur im Einzelfall getroffen werden, es ist daher unzulässig, das tägliche Operationsprogramm von vornherein auf diese Möglichkeit abzustellen.[1] Weiterhin ist erforderlich, daß sich der überwachende Arzt auf zwei erfahrene und gut ausgebildete Assistenzkräfte stützen kann.[2]
"Unkompliziert" im Sinn von risikoarm werden dabei am ehesten regionale Anästhesieverfahren sein, bei denen nur die Vitalfunktionen des Patienten, nicht aber das Narkosegerät zu kontrollieren sind.[3] Intubationsnarkosen eignen sich als dynamische Verfahren bereits wesentlich weniger für eine Parallelüberwachung. Allerdings stellt sich bei diesen unter gleichbleibenden Operationsbedingungen in der Regel ein sogenannter "steady state" ein, der die Narkoseführung über eine kürzere oder längere Zeit auf eine reine Überwachungsfunktion beschränkt.[4] In diesem Stadium ist die Delegation der unmittelbaren Überwachung auf eine Anästhesieschwester oder auf einen für die selbständige Durchführung noch zu unerfahrenen Assistenzarzt zulässig.
Demgegenüber hat der Fachanästhesist Ein- und Ausleitung der Narkose als die eigentlich dynamischen und damit besonders risikoträchtigen Verfahrensabschnitte unmittelbar persönlich zu überwachen. Daß dies bei beiden parallel überwachten Narkosen möglich ist, ist von vornherein durch eine entsprechende zeitliche Koordination sicherzustellen.
In jedem Fall hat die Zahl der nebeneinander durchgeführten Narkoseverfahren auf zwei beschränkt zu sein[5]; die Möglichkeit jederzeitigen Eingreifens des Fachanästhesisten und der Rufkontakt zu ihm müssen tatsächlich bestehen.[6]

---

1) Opderbecke, Anaesthesie und ärztliche Sorgfaltspflicht, S.50.
2) Rügheimer, Anästh.Inform. 1976, S.36.
3) Auch das OLG Köln, bei Weißauer, Anästh.Inform. 1973, S.227, hatte auf das speziell gegenüber der Periduralanästhesie erhöhte Risiko der Intubationsnarkose hingewiesen.
4) Opderbecke, a.a.O., S.47.
5) Ulsenheimer in: Opderbecke/Weißauer, Forensische Probleme in der Anaesthesiologie, S.48.
6) Vergl. Uhlenbruck, Arztrecht 1973, S.188.

Bedenklich erscheint aber insoweit die Auffassung, daß von "ärztlichen Parallelnarkosen" ohnehin nur gesprochen werden könne, solange sich der Assistenzarzt etwa im ersten halben Jahr seiner Ausbildung befindet, und er nach dieser Zeit in aller Regel in der Lage sei, die üblicherweise im täglichen Operationsprogramm anfallenden Anästhesieverfahren selbständig durchzuführen, wenn er auf einen fachärztlichen Hintergrunddienst zurückgreifen könne und bestimmte Risikofälle davon ausgenommen blieben.[1]

Hier sei nochmals auf die bereits zitierte Untersuchung von **Peter** und Mitarbeitern[2] hingewiesen, nach der ein Anästhesist im ersten Weiterbildungsjahr einen 20-fach höheren Risikofaktor darstellt als der Facharzt für Anästhesie.

Stets wird also genau geprüft werden müssen, wieweit auch auf den in der Weiterbildung stehenden Assistenzarzt die genannten Grundsätze für die Parallelnarkose anzuwenden sind, und wann er tatsächlich genügend fachliche Erfahrungen gesammelt hat, um unter eigener Verantwortung selbständig Anästhesien durchzuführen.

6.3.3 Die postoperative Phase

Auch nach Beendigung der Operation und der Ausleitung des Betäubungsverfahrens kommt der Überwachung des Patienten zentrale Bedeutung zu.

Dieser steht zunächst noch unter der Wirkung der Narkotika, seine Schutzreflexe sind noch nicht oder nur eingeschränkt vorhanden, anästhesiebedingte Komplikationen im Bereich der Vitalfunktionen, wie Atem- und Kreislaufstillstand, sind nach wie vor häufig und machen oft ein minutenschnelles fachkundiges Eingreifen erforderlich, sollen schwere Schädigungen des Patienten verhindert werden.[3]

---

1) So Opderbecke/Weißauer, MedR 1984, S.137.
2) Peter/Unertl/Heurich/Mai/Brunner, Anästh.u.Intensivmed. 1980, S.242 ff, vergl. auch oben S. 78.
3) Vergl. etwa den Fall des KG Berlin, Urteil v. 22.8.1983, 20 U 12/82, bei Opderbecke/Weißauer, Anästh.u.Intensivmed. 1984, S.60, in dem ein Atemstillstand bei der Patientin während einer nur zweiminütigen Überwachungslücke zu einer schweren Hirnschädigung geführt hatte.

Besonders auch im Fall einer ambulant durchgeführten Narkose ist eine solche Überwachung des Patienten erforderlich, bis er sein Bewußtsein und seine Reaktionsfähigkeit wiedererlangt hat.[1]
Andererseits können gerade in dieser Phase besonders leicht "Überwachungslücken" entstehen durch unklare Kompetenzverteilungen zwischen dem Anästhesisten und dem Operateur bzw. deren Assistenz- und Pflegepersonal.
Aus diesem Grunde ist gerade die unmittelbare postoperative Phase für den Patienten mit einem besonders hohen Risiko behaftet. Verschiedene von **Opderbecke** referierte Untersuchungen[2], nach denen ein vergleichsweise hoher Prozentsatz anästhesiebedingter Todesfälle auf mangelhafte postoperative Überwachung durch unerfahrenes Personal zurückgeführt werden mußte, belegen dies eindrucksvoll.[3]

6.3.3.1 Verantwortlichkeit für die Patientenüberwachung

Problematisch und für die Vermeidung derartiger Überwachungslücken besonders bedeutsam ist die Frage, wer zu welchem Zeitpunkt für die Betreuung des Patienten nach der Operation die Verantwortung trägt, für den hier interessierenden Bereich also vor allem, wie lange diese Verantwortung postoperativ beim Anästhesisten verbleibt:

Völlige Einigkeit besteht darüber, daß die Verantwortung und Zuständigkeit des Anästhesisten nicht bereits mit Abschluß der Operation und Ausleitung des Betäubungsverfahrens beendet ist.[4]
Zweifelhaft kann aber sein, ob der Anästhesist den Patienten etwa lediglich bis zum ersten Erwachen aus der Narkose betreuen muß oder darüber hinaus bis zur vollen Aufhebung der Betäubungswirkungen und bis zum Abschluß aller in Zusammenhang mit der Anästhesie getroffenen Maßnahmen.

---

1) Vergl. Lennartz, Chirurg 1972, S.19.
2) Opderbecke, Anaesthesie und ärztliche Sorgfaltspflicht, S.26 ff.
3) So etwa die Studie von Clifton und Hotten, zit. nach Opderbecke, a.a.O., S.26: 19 von 48 Todesfällen ; oder die von Graff und Mitarbeitern, zit. nach Opderbecke, a.a.O., S.27: über 25 % der untersuchten Todesfälle.
4) Fieser, Das Strafrecht des Anaesthesisten, S.114 ; Goldhahn/Hartmann, Chirurgie und Recht, S.52 ; Herden/Lawin, Anästhesie-Fibel, S.316 ; Opderbecke, a.a.O., S.90 ; ders., Anästh.Inform. 1978, S.554 f ; Siegmund-Schultze/Weißauer, Arztrecht 1972, S.45 ; Uhlenbruck, Arztrecht 1981, S.96 ; Ulsenheimer in: Opderbecke/Weißauer, Forensische Probleme in der Anaesthesiologie, S.46 ; Weißauer/Frey, DMW 1978, S.726.

In einer strafrechtlichen Grundsatzentscheidung aus dem Jahr 1979[1] hat der Bundesgerichtshof hierzu ausgeführt, daß es für diesen Grenzbereich der Behandlung einer konkreten Verteilung der Zuständigkeiten bedürfe, um Überschneidungen und vor allem Lücken in der ärztlichen Betreuung zu vermeiden. Diese bilde sich in aller Regel in der täglichen Zusammenarbeit zwischen dem Chirurgen und dem Anästhesisten aus. Von einer so - zumindest faktisch - bestehenden Zuständigkeitsverteilung dürfe nur ausnahmsweise und aufgrund besonderer Vereinbarung zwischen Chirurg und Anästhesist wegen der Bedürfnisse des Einzelfalls abgegangen werden.

Maßgebend ist also stets die jeweilige, in dem betreffenden Krankenhaus geltende, wenn möglich auf allgemeinen Anordnungen, Dienstanweisungen oder Satzungen des Krankenhausträgers beruhende Kompetenzverteilung oder aber im Einzelfall abweichende Absprachen der behandelnden Ärzte.[2]

Bestehen solche Vereinbarungen einmal nicht, nimmt der Bundesgerichtshof[3] mit der medizinischen und arztrechtlichen Literatur[4] an, daß Nachuntersuchungen und Nachbehandlung in die Kompetenz des Anästhesisten fallen, soweit sie unmittelbar mit dem Betäubungsverfahren in Zusammenhang stehen, nicht aber etwa solche Komplikationen, die sich aus der Operation selbst ergeben, wenn die Wirkungen der Betäubung bereits aufgehört haben.

In einer späteren zivilrechtlichen Entscheidung[5] bestätigt und konkretisiert der Bundesgerichtshof diese Zuständigkeitsverteilung nochmals: Hiernach ist die Überwachung und Kontrolle des Patienten in der operativen und postnarkotischen Phase bis zu seiner Verlegung in die Krankenstation Sache des Anästhesisten.[6] Danach - wenn also die Narkose und ihre Nachwirkungen nicht mehr in Frage stehen - obliegt die postoperative Nachbehandlung wieder dem Operateur; dies gilt sogar dann, wenn es sich etwa um die Verantwortung für

---

1) BGH, NJW 1980, S.650.
2) Ulsenheimer in: Opderbecke/Weißauer, Forensische Probleme in der Anaesthesiologie, S.46.
3) BGH, a.a.O., S.650.
4) Carstensen/Schreiber in: Jung/Schreiber, Arzt und Patient zwischen Therapie und Recht, S.172 ; Opderbecke in: Opderbecke/Weißauer, a.a.O., S.16 ; ders. in: Ahnefeld/Bergmann/Burri/Dick/Halmágyi/Hossli/Rügheimer, Aufwachraum - Aufwachphase - Eine anästhesiologische Aufgabe, S.282 ; Snow, Manual der Anästhesie, S.224 f; Ulsenheimer, a.a.O., S.46 ; Weißauer/Frey, DMW 1978, S.726.
5) BGH, MedR 1984, S.143 ; dazu Kern, Chirurg 1985, S.611.
6) BGH, MedR 1984, S.144.

eine Verweilkanüle handelt, die der Anästhesist zu Narkosezwecken gelegt hat.[1]

Inhaltlich dieser Judikatur weitgehend entsprechend regelt auch die bereits zitierte Vereinbarung zwischen dem Berufsverband Deutscher Anästhesisten und dem Berufsverband der Deutschen Chirurgen über die Zusammenarbeit bei der operativen Patientenversorgung[2] die Aufgabenverteilung in der postoperativen Phase: Danach beschränkt sich die Verantwortung des Anästhesisten auf die Erkennung und Behandlung spezifischer Anästhesiekomplikationen. Die Vereinbarung fordert eine ständige, unmittelbare Überwachung des Patienten, solange noch mit einer anästhesiebedingten Beeinträchtigung vitaler Funktionen und mit daraus resultierenden Komplikationen zu rechnen ist.[3]

Mit diesen Fachverbänden[4] sei darauf hingewiesen, daß die beste organisatorische Regelung dort gegeben ist, wo ein sogenannter "Aufwachraum" vorhanden ist, in dem zunächst einmal alle Patienten, die einem Betäubungsverfahren unterzogen wurden, so lange verbleiben, bis sie vollständig aus der Narkose erwacht und wieder im Vollbesitz der Schutzreflexe sind und keine Komplikationen von Seiten der Atmung und des Kreislaufs mehr drohen.[5] Die Einrichtung solcher spezieller Aufwachräume, die eine lückenlose Überwachung des Patienten speziell im Hinblick auf die unmittelbar nach der Operation drohenden Komplikationen ermöglichen und in denen eine klare Aufgabenverteilung das Entstehen der genannten Überwachungslücken verhindert, ist daher dringend zu fordern.

---

1) BGH, MedR 1984, S.144 ; ähnlich auch LG Gießen, Urteil v. 6.6.1980, 4 Js 1432/79, bei Ulsenheimer in: Opderbecke/Weißauer, Forensische Probleme in der Anaesthesiologie, S.47 ; zustimmend Hirsch/Weißauer, Anästh.u.Intensivmed. 1984, S.310 ; ähnlich Carstensen/Schreiber in: Jung/Schreiber, Arzt und Patient zwischen Therapie und Recht, S.172 ; Hauenschild, Anästh.Inform. 1978, S.71 ; Opderbecke, Anaesthesie und ärztliche Sorgfaltspflicht, S.90 f ; Weißauer, MedR 1983, S.95.
2) MedR 1983, S.21.
3) Ziff. V 2 der Vereinbarung, MedR 1983, S.22.
4) Vergl. Ziff. V 2 der genannten Vereinbarung der Berufsverbände, MedR 1983, S.22.
5) Vergl. hierzu auch Ahnefeld/Erdle/Döring/Lotz/Spilker in: Ahnefeld/Bergmann/Burri/Dick/Halmágyi/Hossli/Rügheimer, Aufwachraum - Aufwachphase - Eine anästhesiologische Aufgabe, S.140 ff ; Kilian/Ahnefeld/Falk, Anästhesie - Intensivtherapie - Notfallmedizin 1981, S.107 ; Opderbecke, Anästh.Inform. 1978, S.554 ; Opderbecke/Weißauer, Anästh.u.Intensivmed. 1984, S.63.

Die Frage, ob es bereits strafrechtliche Konsequenzen nach sich zieht, wenn die Durchführung von Narkosen übernommen wird, obwohl in dem betreffenden Krankenhaus ein solcher Aufwachraum nicht vorhanden ist, wird - zumindest nach dem heutigen Standard der Organisation von Anästhesieabteilungen - verneint werden müssen.[1] Nach diesem Standard - der hier als Maßstab für die lex artis, also für den gegenwärtigen Stand der anästhesiologischen Wissenschaft herangezogen werden muß, wird man die Existenz eines Aufwachraums zwar als im Interesse der Patientensicherheit äußerst wünschenswert ansehen müssen, realistischerweise aber gegenwärtig nicht die erlaubte Durchführung von Narkosen generell hiervon abhängig machen können.[2]

Es muß aber darauf hingewiesen werden, daß die Rechtsprechung zwar durchaus Verständnis für die wirtschaftlich bedingten Verhältnisse der Praxis aufbringt[3], daß sie aber doch in anderem Zusammenhang betont hat, daß sich Krankenhausträger und Ärzte zu ihrer rechtlichen Entlastung nur sehr eingeschränkt auf organisatorische Unzulänglichkeiten berufen können.[4]

Hiernach kann es durchaus je nach der Entwicklung des anästhesiologischen Standards in nicht allzu ferner Zukunft als objektive Sorgfaltspflichtverletzung anzusehen sein, Narkosen in nicht eilbedürftigen Fällen durchzuführen, ohne daß insoweit die postnarkotische Patientenüberwachung in einem Aufwachraum gesichert ist.[5]

Bereits heute wird aber der Arzt - wie dargelegt - alles dafür tun müssen, daß durch organisatorische Maßnahmen und Verantwortlichkeitszuweisungen das Fehlen eines Aufwachraumes im Interesse der Patientensicherheit bestmöglich ausgeglichen wird, und eine lückenlose Überwachung gewährleistet ist.

---

1) Zur Übernahmefahrlässigkeit allgemein siehe oben S.111 ff.

2) Zu diesem Gesichtspunkt der notwendigen Berücksichtigung der realen, insbesondere wirtschaftlichen Gegebenheiten vergleiche auch Franzki, MedR 1984, S.186.

3) Vergl. etwa die oben, S.124 f zitierte "Halsrippen-Entscheidung" des Bundesgerichtshofs, VersR 1975, S.43.

4) Vergl. etwa BGH, MedR 1984, S.63.

5) Zur Frage eines strafrechtlich relevanten Verschuldens des Arztes in diesem Fall, siehe unten, S. 171.

6.3.3.2 Intensität der postnarkotischen Patientenüberwachung

Schon aus den oben dargestellten besonderen Gefahren für den Patienten in der Zeit unmittelbar nach der Anästhesie ergibt sich die Forderung nach einer sorgfältigen unmittelbaren und lückenlosen Überwachung seiner Vitalfunktionen durch den Anästhesisten selbst oder durch qualifiziertes, von ihm angeleitetes und kontrolliertes Assistenzpersonal.[1]
Auch die Rechtsprechung legt wegen der schweren Gefahren, die sich aus jeder Überwachungslücke für den Patienten ergeben können, insoweit an die Sorgfaltspflicht des Anästhesisten strenge Maßstäbe an: So sah es das Kammergericht Berlin[2] als Verstoß gegen die ärztliche Sorgfaltspflicht an, daß eine Patientin, die bereits erwacht und wieder ansprechbar war, aber noch unter Narkosewirkung stand, nur wenige Minuten unbeaufsichtigt gelassen wurde, während die Anästhesistin und die Anästhesieschwester mit der Einleitung der nächsten Narkose begannen.

Noch wesentlich schärfere Anforderungen an die postoperative Überwachung sind allerdings zu stellen, wenn sich bei dem Patienten bereits eine mit der Anästhesie zusammenhängende Komplikation abzeichnet oder schon eingetreten ist. In diesem Fall hat der Fachanästhesist persönlich die Überwachung des Patienten zu übernehmen und darf sie auch nicht an einen qualifizierten Anästhesiepfleger abgeben. Diese ständige persönliche Überwachung durch den Narkosearzt bezeichnete das Oberlandesgericht Düsseldorf[3] in einem Fall, in dem bei dem Patienten nach der Narkose eine Atemstörung eingetreten war, als "unabdingbares Gebot ärztlichen Handelns" und "dem Patienten gegenüber bestehende absolute Verpflichtung". Keinesfalls dürfe der Anästhesist im Interesse des regulären Ablaufes des Operationsprogramms einen solchen Patienten verlassen und weitere Narkosen einleiten, auch nicht, wenn in der Zeit seiner Abwesenheit einem Anästhesiepfleger die Überwachung des Patienten anvertraut werden könne und auch nicht, wenn dadurch möglicherweise weitere Operationen an diesem Tag völlig ausfallen müßten.

---

1) Vergl. die Vereinbarung zwischen dem BDA und dem Berufsverband der Deutschen Chirurgen über die Zusammenarbeit bei der operativen Patientenversorgung, Ziff. V 2, MedR 1983, S.22.
2) KG Berlin, Urteil v. 22.8.1983, 20 U 12/82, bei Opderbecke/Weißauer, Anästh.u.Intensivmed. 1984, S.60 ; vergl. weiter den von v.Brandis/Pribilla, Arzt und Kunstfehlervorwurf, S.61, Fall 106, mitgeteilten Fall des LG Bremen, ohne Datum, 14 Js 381/61, in dem in einer unterlassenen Sitzwache nach der Narkose ein Verstoß gegen die Regeln der ärztlichen Kunst gesehen wurde.
3) OLG Düsseldorf, NJW 1986, S.1548.

7 Strafrechtliche Folgen einer ärztlichen Sorgfaltspflichtverletzung - Kausalität des Behandlungsfehlers

Hat der anästhesierende Arzt objektiv gegen eine seiner Sorgfaltspflichten verstoßen, so stellt sich stets die Frage, ob dieser Verstoß ursächlich war für den schädlichen Erfolg, etwa für eine durch die Betäubung eingetretene Gesundheitsschädigung oder gar für den Tod des Patienten.

Auszugehen ist von der heute im Strafrecht ganz herrschenden Bedingungstheorie, nach der das pflichtwidrige ärztliche Handeln oder Unterlassen dann kausal ist für den tatbestandsmäßigen Erfolg, wenn es nicht hinweg- bzw. hinzugedacht werden kann, ohne daß dieser Erfolg entfiele.[1] Dabei muß - über dieses Ergebnis besteht Einigkeit - die Körperverletzung oder der Tod des Patienten in einem spezifischen Zusammenhang zu dem sorgfaltswidrigen Handeln des Arztes stehen, muß also gerade auf den Fehler des Arztes zurückgeführt werden können.

Auf den rechtsdogmatischen Streit, an welcher Stelle im Deliktsaufbau dieser zur Erfolgszurechnung geforderte spezifische Zusammenhang zwischen Pflichtwidrigkeit und Erfolg letztlich anzusiedeln ist, soll hier nicht näher eingegangen werden.[2] An dieser Stelle sei lediglich darauf hingewiesen, daß die Rechtsprechung diese Frage überwiegend im Rahmen des Kausalzusammenhangs untersucht; sie stellt darauf ab, ob grade die Pflichtwidrigkeit für den Erfolg ursächlich geworden ist.[3]

Es genügt also nicht, etwa die Gesundheitsverschlechterung schlicht auf das Handeln des Arztes zurückzuführen. Da für den Pflichtwidrigkeitszusammenhang gerade die Rückführbarkeit auf ein etwaiges Fehlverhalten entscheidend ist, stellt sich stets die Frage, was der

---

1) Vergl. statt aller Lenckner in: Schönke/Schröder, Strafgesetzbuch, Vorbem. §§ 13 ff, Rn.73, und Tröndle in: Dreher/Tröndle, Strafgesetzbuch, Vor § 13, Rn.17, jeweils mit zahlreichen weiteren Nachweisen.

2) Vergl. dazu etwa Cramer in: Schönke/Schröder, Strafgesetzbuch, § 15, Rn.160 ff ; Kaufmann, E.Schmidt-FS, S.207 ff ; Oehler, E.Schmidt-FS, S.232 ff ; Spendel, Die Kausalitätsformel der Bedingungstheorie für die Handlungsdelikte, S.66 ; Ulsenheimer, Das Verhältnis zwischen Pflichtwidrigkeit und Erfolg bei den Fahrlässigkeitsdelikten, S.75 ff.

3) BGH, BGHSt 11, S.1 ; 21, S.59 ; 24, S.31 ; VRS 16, S.128 ; 21, S.6 ; 21, S.341 ; 24, S.205.

Arzt eigentlich korrekterweise hätte tun müssen.[1]

Ein ursächlicher Zusammenhang zwischen der inkorrekten Handlung und dem Verletzungs- oder Tötungserfolg entfällt jedenfalls dann, wenn der gleiche Erfolg auch bei einer solchen ordnungsgemäßen Behandlung des Patienten eingetreten wäre.

Zweifelhaft ist aber, wie zu entscheiden ist, wenn diese hypothetische Frage nicht eindeutig beantwortet werden kann. Gerade wenn die ärztliche Behandlung an kranken, manchmal an schwerkranken oder todgeweihten Patienten unternommen wird, ist nicht selten offen, ob der Krankheitsverlauf ein anderer gewesen wäre, wenn das zu Recht beanstandete ärztliche Verhalten unterlassen worden und die Behandlung ordnungsgemäßerfolgt wäre.

Das Reichsgericht entschied hier in dem berühmten "Novokain-Fall";[2] daß die "angenommene bloße Möglichkeit, daß der Tod auch bei Verwendung von Novokain eingetreten wäre", nicht den im übrigen festgestellten Ursachenzusammenhang zwischen dem Tun des Arztes und dem Tod des Patienten beseitigen könne. In dem zugrunde liegenden Fall hatte der Arzt zur örtlichen Betäubung fälschlicherweise Kokain statt Novokain verwendet. Infolge der Verwendung dieses Mittels und seiner Körperschwäche war der Patient gestorben. Allerdings hatte der medizinische Sachverständige festgestellt, daß dies im Hinblick auf dend Körperzustand des Patienten vielleicht auch bei Anwendung von Novokain geschehen wäre. Hierzu führte das Reichsgericht aus, daß "nur dann, wenn festgestellt würde, daß - im übrigen unter den selben Verhältnissen - der Tod auch bei Verwendung von Novokain sicher oder mit einer an Gewißheit grenzenden Wahrscheinlichkeit eingetreten sein würde", keine strafbare Handlung vorläge.[3]

---

1) Eser, ZStW 97 (1985), S.10.
2) RG, HRR 1926, S.1636 ; dazu Engisch, Monatszeitschrift für Kriminalbiologie und Strafrechtsreform 1939, S.427 f ; Exner, Festgabe für Frank, Bd. I, S.587 ff ; Hall, Erinnerungsgabe für Max Grünhut, S.223 ; E.Schmidt, Der Arzt im Strafrecht, S.160 ff, 200 ff ; Spendel, Die Kausalitätsformel der Bedingungstheorie für die Handlungsdelikte, S.65 ff.
3) RG, a.a.O., S.1636 ; zustimmend im Ergebnis Hall, a.a.O., S.228 f; Jescheck, Aufbau und Behandlung der Fahrlässigkeit im modernen Strafrecht, S.17 ; Kaufmann, E.Schmidt-FS, S.229 ; Roxin, ZStW 74 (1962), S.433 f ; ders., ZStW 78 (1966), S.218 ; E.Schmidt, a.a.O., S.161 ; ablehnend Exner, a.a.O., S.588.

Demgegenüber meinte der Bundesgerichtshof in seiner wegweisenden Entscheidung aus dem Jahr 1957[1], daß Zweifel, ob der gleiche Erfolg auch bei pflichtgemäßem Verhalten des Täters eingetreten wäre, dann nicht unberücksichtigt bleiben dürften, wenn sie sich aufgrund bestimmter Tatsachen zu einem für eine vernünftige lebensnahe Betrachtung zu einem beachtlichen Grad verdichtet hätten.[2] Mit Recht führt der Bundesgerichtshof weiter aus, daß die Forderung, auch bei pflichtgemäßem Handeln des Arztes müsse der Eintritt des Erfolges "nach menschlichem Ermessen sicher" sein, gegen den Grundsatz "im Zweifel für den Angeklagten" verstoße.[3]

Dies bedeutet, daß der Arzt nur dann wegen fahrlässiger Tötung verurteilt werden darf, wenn das Gericht überzeugt ist, daß der Patient bei sachgemäßer Behandlung am Leben geblieben wäre.[4] Hier findet auch die vielfach betonte Erfahrung, daß keinesfalls jeder Tod eines Patienten in der Narkose als Tod an der Narkose angesehen werden kann[5], durch den Grundsatz "in dubio pro reo" ihren strafprozessualen Niederschlag.

In den genannten Fällen also, in denen letztlich offen bleibt, ob der Krankheitsverlauf bei sachgemäßer Behandlung ein anderer gewesen wäre, fehlt es daher an dem hinreichend sicheren Nachweis des Kausalzusammenhangs zwischen dem kritisierten ärztlichen Tun und dem eingetretenen Erfolg: Eine strafrechtliche Fahrlässigkeitshaftung des Arztes entfällt.[6]

---

1) BGH, BGHSt 11, S.1 ; ähnlich schon RG, RGSt 63, S.214, und JW 1937, S.3090, mit Anmerkung Kallfelz ; ebenso BGH, GA 1959, S.345 ; VRS 21, S.342 ; 24, S.205.
2) BGH, BGHSt 11, S.4 f ; die bloß gedankliche Möglichkeit reicht also nicht aus, sie muß durch konkrete Sachverhaltsumstände belegt sein.
3) BGH, BGHSt 11, S.6 ; vergl. auch Eser, Strafrecht I, S.75, m.w.N..
4) Exner, Festgabe für Frank, Bd. I, S.588.
5) Opderbecke in: Opderbecke/Weißauer, Forensische Probleme in der Anaesthesiologie, S.13 ; dazu auch Pribilla in: Mergen, Die juristische Problematik in der Medizin, Bd. I, S.152 ff ; ders., Anästh.Inform. 1979, S.221 ff.
6) Wie hier Bockelmann, Strafrecht des Arztes, S.90 ; Günter, DRiZ 1982, S.333 ; Ulsenheimer, JZ 1969, S.364 ff ; ders., MedR 1984, S.163 ; Weißauer in: Benzer/Frey/Hügin/Mayrhofer, Lehrbuch der Anaesthesiologie, S.38 ; Wuermeling in Opderbecke/Weißauer, a.a.O. S.109 ff ; speziell zum anästhesiologischen Bereich LG Bremen, ohne Datum, 14 Js 381/61, bei v.Brandis/Pribilla, Arzt und Kunstfehlervorwurf, S.61, Fall 106. Nach Uhlenbruck, Krankenhausarzt 1975, S.443, "scheitern" die meisten strafrechtlichen Ermittlungsverfahren oder Prozesse gegen Ärzte an diesem Kausalitätsnachweis; kritisch zu diesem Ergebnis der herrschenden Meinung Wachsmuth/Schreiber, NJW 1982, S.2095 ff.

In der Frage, ob der Krankheitsverlauf bei korrekter Behandlung ein anderer gewesen wäre, legt die Rechtsprechung allerdings einen durchaus strengen Maßstab an. Nach ihr ist maßgebend, ob sich bei einem solchen Handeln des Arztes dieser ganz konkrete Verlauf möglicherweise genauso, also nicht etwa weniger schwer oder langsamer entwickelt hätte.[1] So bestätigte der Bundesgerichtshof[2] die Verurteilung eines Arztes wegen fahrlässiger Tötung in einem Fall, in dem eine Bauchfellentzündung zu spät erkannt und behandelt worden war, obwohl nicht mit an Sicherheit grenzender Wahrscheinlichkeit festgestellt werden konnte, daß das Leben der Patientin bei rechtzeitiger Behandlung gerettet worden wäre.

Nach Ansicht des Bundesgerichtshofs wäre aber das Leben der Patientin bei rechtzeitiger Behandlung mit an Sicherheit grenzender Wahrscheinlichkeit um einen Tag verlängert worden; er bejahte daher die Kausalität des pflichtwidrigen Unterlassens für den somit konkret früher eingetretenen Tod.[3]

In einer späteren Entscheidung[4] genügte dem Bundesgerichtshof sogar schon eine Vorverlegung des Todeseintritts um mehrere Stunden aufgrund des fehlerhaften ärztlichen Verhaltens zur Bejahung dieser Kausalitätsfrage.[5]

Allerdings muß eine zeitliche Differenz des Erfolgseintritts bei hypothetisch korrektem Handeln des Arztes nicht stets zur Bejahung der Kausalität führen. Dies kann sich ergeben aus dem Schutzbereich der ärztlichen Sorgfaltspflicht, welcher ebenfalls stets bei der Feststellung des erforderlichen spezifischen Zusammenhangs zwischen Pflichtverletzung und Erfolg zu berücksichtigen ist.[6]

---

1) Vergl. RG, JW 1937, S.3090, mit Anmerkung Kallfelz ; HRR 1938, S.187 ; HRR 1938, S.1660 ; BGH, BGHSt 21, S.61 ; JR 1956, S.347, mit Anmerkung Maurach ; Jähnke in: LK, § 212, Rn.4.

2) BGH, NStZ 1981, S.218 f, mit im Ergebnis zustimmender Anmerkung von Wolfslast.

3) Ablehnend Ulsenheimer, Arzt und Krankenhaus 1980, Heft 10, S.32 ; ders., Arzt und Krankenhaus 1982, S.66 ff ; kritisch auch Geilen, JZ 1973, S.322 f.

4) BGH, Arztrecht 1986, S.299 f.

5) Ähnlich schon BayObLG, JZ 1973, S.319, mit Anmerkung Geilen ; dazu auch Wachsmuth/Schreiber, NJW 1982, S.2094. Zu einem Fall, in dem das hypothetische Überleben des realen Todeszeitpunktes bei pflichtgemäßer Behandlung nicht mit an Sicherheit grenzender Wahrscheinlichkeit festgestellt werden konnte, vergl. BGH, NJW 1987, S.2940.

6) Vergl. etwa Cramer in: Schönke/Schröder, Strafgesetzbuch, § 15, Rn.168, 173 ff ; Jescheck in: LK, Vor § 13, Rn.62.

So hatte es in einem vom Bundesgerichtshof zu entscheidenden Fall[1] ein Zahnarzt pflichtwidrig versäumt, eine Patientin, die mitgeteilt hatte, "sie habe etwas am Herzen", vor der Narkose einer eingehenden internistischen Untersuchung zuzuführen. Es bestand aber die Möglichkeit, daß die Patientin auch bei Durchführung dieser Untersuchung die Behandlung nicht überlebt hätte. Auf den Umstand, daß diese internistische Untersuchung einige Zeit gedauert hätte, die Patientin also zumindest erst später - an den Folgen der zahnärztlichen Behandlung - gestorben wäre, konnte es nach Ansicht des Bundesgerichtshofs dabei nicht ankommen. Denn die Pflicht zur Untersuchung hatte allein den Zweck, die Chancen der Operation zu verbessern, nicht aber, das Leben der Patientin grade um die Dauer dieser Untersuchung zu verlängern. Trotz zeitlicher Differenz mangelte es daher auch in diesem Fall an einer Ursächlichkeit des ärztlichen Fehlers für den eingetretenen Erfolg.[2]

8 Individuelle Vorwerfbarkeit des Behandlungsfehlers - Die Schuld des Arztes

Hat der anästhesierende Arzt im konkreten Fall objektiv gegen seine Sorgfaltspflichten verstoßen und ist hierdurch der Patient zu gesundheitlichem Schaden oder gar zu Tode gekommen, ist damit allein über die Strafbarkeit des Arztes noch nichts gesagt.

---

1) BGH, BGHSt 21, S.59.
2) Zu dieser Entscheidung vergl. auch Eser, Strafrecht I, S.78 ; Hardwig, JZ 1968, S.289 ; Ulsenheimer, JZ 1969, S.364 ; Wessels, JZ 1967, S.449.

Im Unterschied zum Zivilrecht gilt aber für die strafrechtliche Fahrlässigkeit nach ganz überwiegender Meinung ein doppelter Maßstab[1].

Zum einen wird geprüft, welches Verhalten objektiv erforderlich ist, um Rechtsgutverletzungen zu vermeiden, um andern, ob dieses Verhalten vom Täter nach seinen individuellen Eigenschaften und Fähigkeiten auch erwartet werden konnte. Denn von einer strafrechtlichen Schuld kann nur gesprochen werden, wenn dem Arzt sein objektiv sorgfaltswidriges Verhalten auch persönlich vorgeworfen werden kann. Dies ist aber nur dann der Fall, wenn er nach seinen persönlichen Fähigkeiten und dem Maß seines individuellen Könnens imstande war, die objektive Sorgfaltspflicht zu erkennen und die sich daraus ergebenden Sorgfaltsanforderungen zu erfüllen.[2]

Beispielsweise im Bereich der bereits oben[3] dargestellten Übernahmefahrlässigkeit bedeutet dies, daß insoweit von einem "Übernahmeverschulden", also einem persönlich vorwerfbaren Verhalten, nur gesprochen werden kann, als der Arzt hinsichtlich der Übernahme des Eingriffs "nach den bei ihm vorauszusetzenden Kenntnissen und Erfahrungen dagegen Bedenken haben und eine Gefährdung des Patienten hätte voraussehen müssen".[4]

Auch im übrigen wird in diesen Fällen besonders eingehend zu prüfen sein, inwieweit dem Arzt die Durchführung der Behandlung tatsächlich subjektiv vorgeworfen werden kann. Dies spielt vor allem dann eine Rolle, wenn wegen unzureichender klinischer Personalausstattung die Hinzuziehung eines Fachanästhesisten für die Betäubung nicht in jedem Fall möglich ist. Denn ein persönlicher Schuldvorwurf setzt in diesem Fall voraus, daß der Arzt nach seinen individuellen Kenntnissen und Fähigkeiten den Organisationsmangel hätte erkennen und vermeiden können.

---

1) Deutsch, Das Krankenhaus 1980, S.266 ; Jescheck, Lehrbuch des Strafrechts AT, S.457 ; Otto, JuS 1974, S.707 ; Ulsenheimer, MedR 1984, S.162 ; Wilhelm, Verantwortung und Vertrauen bei Arbeitsteilung in der Medizin, S.14.

2) RG, RGSt 67, S.20 ; Cramer in: Schönke/Schröder, Strafgesetzbuch, § 15, Rn.119 ; E. Schmidt, Der Arzt im Strafrecht, S.172 ; Schwalm in: Bockelmann-FS, S.546 ; Uhlenbruck, Krankenhausarzt 1975, S.443 Ulsenheimer in: Opderbecke/Weißauer, Forensische Probleme in der Anaesthesiologie, S.43 ; Wessels, Strafrecht AT, S.185.

3) Vergl. oben, S. 111 ff.

4) BGH, NJW 1984, S.657 ; Andreas/Siegmund-Schultze, Anästh.u.Intensivmed. 1982, S.79 .

Jedenfalls wird sich in vielen - insbesondere dringenden - Fällen ein persönlicher Schuldvorwurf nicht erheben lassen, wenn etwa der leitende Anästhesist den Krankenhausträger nachdrücklich auf die personelle Unterbesetzung hingewiesen und erfolglos Abhilfe gefordert hat.[1]

In diesem Bereich stellt sich also stets die Frage: Konnte der Anästhesist bei seiner Vorbildung, seinen Erfahrungen und seiner Verfassung angesichts dieser ganz besonderen Situation mit all ihren eigentümlichen Umständen den Fehler vorhersehen und vermeiden.

Hier können also unvorhergesehene Komplikationen, die Notwendigkeit rascher Entscheidung, vor allem aber persönliche Unerfahrenheit, Übermüdung, Erregung, möglicherweise auch schlechte Vorbilder dem Anästhesisten zugute gehalten werden[2], sofern nicht der Vorwurf gerade dahin gehen sollte, daß er die Betäubung unter diesen besonderen Bedingungen überhaupt nicht in Angriff hätte nehmen und hätte durchführen sollen.[3]

Erst wenn festgestellt werden kann, daß der Anästhesist nach seinen persönlichen Kenntnissen und Fähigkeiten in der speziellen Situation imstande war, die erforderliche Sorgfalt zu erbringen, und daß er bei pflichtgemäßem Verhalten den Eintritt des tatbestandsmäßigen Erfolgs hätte vorhersehen können[4], oder daß er den Erfolg zwar vorhergesehen, aber pflichtwidrig darauf vertraut hat, er werde nicht eintreten[5], kann ihm die objektive Verletzung seiner ärztlichen Sorgfaltspflichten persönlich zur Last gelegt und er wegen fahrlässiger Körperverletzung oder fahrlässiger Tötung bestraft werden.

---

1) Opderbecke/Weißauer, Anästh.u.Intensivmed. 1983, S.218 ; ähnlich Pribilla, Anästh.Inform. 1976, S.614.

2) I. d. S. etwa BGH, BGHSt 3, S.91; ähnlich allgemein BGH, VRS 10, S.123; 23, S.369 ; 44, S.431.

3) Engisch, Langenbecks Archiv 273 (1953), S.439 ; Weißauer in: Benzer/Frey/Hügin/Mayrhofer, Lehrbuch der Anaesthesiologie, S.39 ; zu diesem Übernahmeverschulden siehe oben, S.

4) Sogenannte "unbewußte Fahrlässigkeit".

5) Sogenannte "bewußte Fahrlässigkeit" - Die Unterscheidung dieser beiden Erscheinungsformen der Fahrlässigkeit hat nur für die Strafzumessung Bedeutung, vergl. Wessels, Strafrecht AT, S.173.

9 Zusammenfassung

Vernachlässigt der anästhesiologisch tätige Arzt im Rahmen der eigentlichen medizinischen Behandlung seine Sorgfaltspflichten, so kann dies - wie im Fall der oben geschilderten Aufklärungspflichtverletzungen - neben standes- und zivilrechtlichen Folgen auch strafrechtliche Konsequenzen nach sich ziehen.

Grundlegender Maßstab für die Frage, wann von einem Behandlungsfehler gesprochen werden muß, ist die im Verkehr erforderliche Sorgfalt. Nicht entscheidend ist also im Zweifel, wie üblicherweise verfahren wird, sondern wie nach dem Stand der anästhesiologischen Wissenschaft, nach der "lex artis" aus damaliger Sicht verfahren werden mußte oder mit anderen Worten, wie sich ein besonnener und gewissenhafter Arzt in der spezifischen und konkreten Behandlungssituation verhalten hätte.

Unter Berücksichtigung dieses Maßstabs können nach heutiger Rechtspraxis nicht etwa nur grobe, sondern schon leichte Fehler des Arztes zu strafrechtlicher Sanktion führen.

Dabei ist die Bandbreite möglicher Fehler im Rahmen der anästhesiologischen Behandlung weit gefächert; ein Verstoß gegen die vom Arzt zu beachtende Sorgfalt kann auch schon darin liegen, daß er seine eigenen Fähigkeiten überschätzt und die Durchführung einer Betäubung überhaupt übernimmt, ohne dazu fachlich in der Lage zu sein.

Im Rahmen dieser Zusammenfassung seien exemplarisch noch einmal einige spezielle Sorgfaltspflichten gesondert hervorgehoben:

Vor jeder geplanten Anästhesie ist der Patient mit größter Sorgfalt auf seinen gesundheitlichen Zustand, seine Narkosefähigkeit, zu untersuchen, um etwa durch Vorerkrankungen bestehenden besonderen Gefahren bereits im Vorfeld begegnen und dadurch das Betäubungsrisiko herabsetzen zu können.

Die Prüfung der Narkosefähigkeit und die Durchführung der hierzu erforderlichen anästhesiespezifischen Voruntersuchungen obliegt grundsätzlich dem Anästhesisten. Er darf dabei zwar auch auf bereits vorliegende Befunde, Labor-, EKG- oder Röntgenuntersuchungen zurückgreifen. Gerade die speziell für die Anästhesie bedeutsamen und risikoerheblichen Umstände hat er aber regelmäßig selbst festzustellen; dies gilt ganz besonders dann, wenn sich schon aus einer ersten Untersuchung oder den vorliegenden Befunderhebungen ergibt, daß es sich wahrscheinlich um eine Risikonarkose handeln wird.

Lediglich in eilbedürftigen Fällen, in denen eine eingehende Untersuchung des Patienten im Hinblick auf erhöhte Narkoserisiken nicht möglich ist, darf der Anästhesist die etwa vom Chirurgen mitgeteilte Diagnose und sonstige für die Betäubung bedeutsame Umstände ungeprüft übernehmen und auf eine eigene Untersuchung verzichten.

Der Umfang der notwendigen Voruntersuchungen richtet sich etwa nach dem Alter und dem Gesundheitszustand des Patienten, weiter nach der Art des Eingriffs sowie der Betäubung. Daneben ist die Häufigkeit und die Schwere einer möglicherweise durch die jeweilige Untersuchung auszuschließenden Gefahr zu berücksichtigen, aber auch der Aufwand, den diese Untersuchung erfordert.

Die Zuhilfenahme eines fachspezifischen Anamnesebogens zur Vorbereitung und Erleichterung der Voruntersuchung ist rechtlich unbedenklich, darf die persönliche Untersuchung aber keinesfalls ersetzen.

Nach dem Ergebnis der stattgefundenen Untersuchungen muß der Anästhesist, soweit dies unter Berücksichtigung der Dringlichkeit des Eingriffs möglich ist, für eine bestmögliche präoperative Vorbereitung und Behandlung des Patienten sorgen.
Hier gehören auch Verhaltenshinweise des Anästhesisten an den Patienten wie jener, daß er ausreichend lange vor einer Anästhesie keine Nahrung zu sich nehmen darf.
Über diese vorbereitenden Informationen hinaus ist der Patient gegebenenfalls auch über eine zu erwartende Verminderung der Verkehrstüchtigkeit nach der Betäubung durch die Nachwirkungen des Narkosemittels zu unterrichten.

Die Wahl des Anästhesieverfahrens ist stets allein Sache des Anästhesisten. Dabei hat er sich an den Anforderungen des geplanten operativen Vorgehens zu orientieren; innerhalb dieses Rahmens muß er das für den Patienten günstigste Verfahren wählen, also dasjenige, welches den Patienten weitestgehend schont und die geringsten Gefahren für ihn mit sich bringt.

Der anästhesierende Arzt darf sich nur solcher Geräte bedienen, die er technisch voll beherrscht; er muß die Funktions- und Betriebsweise des Narkosegerätes kennen, aber auch mit möglichen Funktionsstörungen und Abhilfemaßnahmen vertraut sein. Dabei müssen die vom Hersteller mitgelieferte Bedienungsanleitung genau eingehalten und die einschlägigen Hinweise im medizinischen Schrifttum beachtet werden.

Grundsätzlich sind die verwendeten technischen Geräte und Hilfsmittel vor ihrer Anwendung auf ihre Funktionstüchtigkeit zu überprüfen; diese Funktionskontrolle darf der Arzt aber mit genauen Anweisungen über die vorzunehmenden Prüfungen an zuverlässiges Hilfspersonal delegieren.

Demgegenüber ist der Anästhesist als für etwa erforderliche Bluttransfusionen verantwortlicher Arzt verpflichtet, die Prüfung und den Identitätstest hinsichtlich des zur Transfusion bereitgestellten Blutes persönlich vorzunehmen, um hier eine Verwechslung auszuschließen; diese Aufgabe darf medizinischem Hilfspersonal nicht überlassen werden.

Im Rahmen der unmittelbaren Anästhesievorbereitungen und Prämedikation muß der Arzt selbst die Auswahl der verwendeten Medikamente treffen sowie Dosierung, Konzentration und Applikationsart festlegen. Die Durchführung dieser ärztlichen Anordnungen, also vor allem die Vornahme subkutaner und intramuskulärer, aber auch intravenöser Injektionen, darf an dafür geeignetes und sorgfältig überwachtes Hilfspersonal übertragen werden, wenn nicht aufgrund besonderer Umstände ausnahmsweise spezielle ärztliche Kenntnisse und Erfahrungen erforderlich sind.

Stets muß der Arzt auch in diesem Zusammenhang alles tun, um Kommunikationsirrtümern und Mißverständnissen vorzubeugen. Er muß daher entweder seine Anweisungen schriftlich fixieren, zumindest aber sie sich noch einmal vorlesen oder wiederholen lassen.

Bei der Wahl des Injektionsortes zur Applikation des Narkosemittels ist stets die besonders große Gefahr einer versehentlichen paravenösen oder intraarteriellen Injektion zu bedenken und demnach je nach den Gegebenheiten des betreffenden Falles ein Injektionsort zu wählen, bei welchem diese Gefahr soweit als überhaupt möglich reduziert werden kann.

Während des eigentlichen Eingriffs, der sogenannten intraoperativen Phase, hat der Anästhesist der Überwachung des betäubten Patienten größte Aufmerksamkeit zu widmen.

Diese Überwachungspflicht betrifft den physiologischen Zustand des Patienten, seine Kreislauf-, Atem- und sonstigen Körperfunktionen.

Daneben sind stets auch die technischen Geräte, insbesondere das Narkose- und Beatmungsgerät auf ihr einwandfreies Funktionieren zu überwachen. Gleichfalls muß der Patient vor der Gefahr lagerungsbedingt eintretender Nervenschädigungen bewahrt werden. Die Verantwortung für die Anfangslagerung zu Beginn der Operation, die sich nach den Erfordernissen des Eingriffs richtet, liegt in erster Linie beim Operateur. Auch während des Eingriffs müssen der Chirurg und seine Mitarbeiter von sich aus alles tun, um in ihrem Bereich Schädigungen durch Druck- oder Zugbelastungen zu vermeiden; der Anästhesist ist insoweit zu einer aktiven Kontrolle nicht verpflichtet. Andererseits ist der Anästhesist verantwortlich für die Lagerung in dem Bereich, welchen er für die Betäubung benötigt, insbesondere also für die Abpolsterung und korrekte Lagerung des Infusionsarmes.

Im Rahmen einer Intubationsnarkose ist besonders auf die drohende Gefahr von Zahn-, Kehlkopf- oder Luftröhrenverletzungen zu achten; ferner muß sich der Anästhesist von der richtigen Position des Tubus überzeugen und durch entsprechende Fixierungen unbeabsichtigten Lageveränderungen des Tubus vorbeugen.

Die genannten Überwachungs- und Kontrollverpflichtungen des Anästhesisten dürfen im Rahmen sogenannter Parallelnarkosen unter engen Voraussetzungen an noch nicht ausreichend erfahrende Assistenzärzte bzw. nicht ärztliches Hilfspersonal delegiert werden, soweit die jederzeitige Eingriffsmöglichkeit eines Fachanästhesisten gewährleistet ist.

Zu diesen Voraussetzungen zählt insbesondere, daß die Zahl der nebeneinander durchgeführten Narkosen auf zwei beschränkt ist und zum Fachanästhesisten jederzeitiger Rufkontakt besteht, weiterhin, daß es sich an beiden Operationstischen um in jeder Hinsicht unkomplizierte Fälle bzw. Narkosephasen handelt, was in jedem Einzelfall sorgfältig geprüft werden muß.

Im übrigen muß die mit der unmittelbaren Überwachung betraute Assistenzkraft über die erforderlichen Kenntnisse und Erfahrungen verfügen und darf nicht zugleich mit anderen Aufgaben befaßt sein. Ein- und Ausleitung der Narkose hat als besonders gefahrenträchtige Verfahrensabschnitte der Fachanästhesist unmittelbar persönlich zu überwachen.

Auch nach der Operation muß der Patient, solange er unter den Nachwirkungen der Narkosemittel steht und anästhesiebedingte Komplikationen eintreten können, sorgfältig und insbesondere lückenlos überwacht werden.

Die Zuständigkeit für eine derartige postoperative Überwachung richtet sich in erster Linie nach den in dem betreffenden Krankenhaus bestehenden Regelungen, Dienstanweisungen oder Absprachen der beteiligten Ärzte.

Gibt es eine solche Verantwortlichkeitsregelung einmal nicht, liegt die unmittelbare postnarkotische Überwachung des Patienten und sein Schutz vor speziell anästhesiebedingten Beeinträchtigungen beim Anästhesisten; sie endet bzw. verlagert sich auf den Operateur, wenn der Patient auf die Krankenstation zurückverlegt wird und die Wirkungen der Betäubung bereits aufgehört haben.

Im Normalfall darf die postnarkotische Patientenüberwachung delegiert werden an nichtärztliches Assistenzpersonal; wenn sich aber mit der Anästhesie zusammenhängende Komplikationen erwarten lassen oder bereits eingetreten sind, hat der Anästhesist die lückenlose weitere Überwachung des Patienten persönlich zu übernehmen.

Nicht jede objektiv fehlerhafte Handlung führt zu einer strafrechtlichen Sanktion. Voraussetzung ist auch hier, daß gerade die Pflichtwidrigkeit des Arztes die schädliche Folge, also die Körperverletzung oder den Tod des Patienten herbeigeführt und verursacht hat.
Das bedeutet nach heutiger Rechtspraxis, daß der Arzt auch bei einem feststehenden Behandlungsfehler regelmäßig nur dann strafrechtlicher Verantwortung unterliegt, wenn mit an Sicherheit grenzender Wahrscheinlichkeit festgestellt werden kann, daß der Patient bei sachgemäßer Be-

handlung die Verletzung seiner körperlichen Integrität nicht oder nicht so erlitten hätte, bzw., daß er in diesem Fall gar nicht oder doch zumindest erst später gestorben wäre. Kann diese Feststellung nicht getroffen werden, entfällt eine strafrechtliche Fahrlässigkeitshaftung des Arztes.

Schließlich ist auch hier die unabdingbare Voraussetzung jeder strafrechtlichen Verantwortlichkeit des Arztes für einen objektiv vorliegenden Fehler bei der Behandlung oder ihrer Übernahme, daß ihm dieser Fehler auch individuell vorgeworfen, d. h. persönlich zum Verschulden angerechnet werden kann. Eine Strafbarkeit wegen fahrlässiger Körperverletzung oder Tötung kommt also nur dann in Betracht, wenn festgestellt werden kann, daß der Anästhesist nach seinen persönlichen Fähigkeiten und Kenntnissen in der konkreten Situation den schädlichen Erfolg voraussehen und auch vermeiden konnte.

Literaturverzeichnis

Ahlborn, E./Klose, R.
Fragebogen für den Patienten zur Narkosevorbereitung.
Zeitschrift für praktische Anästhesie und Wiederbelebung 1971, S.380.

Ahnefeld, F.W.
Die Sicherheit medizinisch-technischer Geräte und Anlagen.
Anästh.Inform. 1979, S.298.

" Sicherheit medizinisch-technischer Geräte.
Anästh.Inform. 1979, S.328.

Ahnefeld, F.W./Bergmann, H./Burri, C./Dick, W./Halmágyi, M./Hossli, G./Rügheimer, E.
Aufwachraum - Aufwachphase - Eine anästhesiologische Aufgabe.
Berlin - Heidelberg - New York 1982.

Ahnefeld, F.W./Erdle, H./Döring, S./Lotz, P./Spilker, E.D.
Nutzen und Notwendigkeit einer Aufwachstation - Ergebnisse einer klinischen Studie.
in: Ahnefeld, F.W., et al., Aufwachraum - Aufwachphase - Eine anästhesiologische Aufgabe, S.140.

Alternativ-Entwurf eines Strafgesetzbuches, Besonderer Teil, Straftaten gegen die Person.
Tübingen 1970

Andreas, M.
Zulässigkeit von Injektionen durch Pflegepersonal - Anmerkung zu BGH, Urteil v. 8.5.1979, VI ZR 58/78.
Arztrecht 1980, S.50.

Andreas, M./Siegmund-Schultze, G.
Zu den Sorgfaltspflichten eines Arztes, der sich in der Weiterbildung zum Anästhesisten befindet.
Anästh.u.Intensivmed. 1982, S.76.

Arens, S.
Über die Zusammenarbeit in der Anästhesie aus der Sicht der Krankenschwester.
Anästh.Inform. 1976, S.67.

Arzt, G./Weber, U.
Strafrecht, Besonderer Teil, LH 1.
2. Aufl., Bielefeld 1981.

Auer, A./Menzel, H./Eser, A.
Zwischen Heilauftrag und Sterbehilfe
Köln - Berlin - Bonn - München 1977.

Bappert, L.
Arzt und Patient als Rechtsuchende.
Reinbeck 1980.

Barnikel, W.
Zum Operationsabbruch zu Aufklärungszwecken.
DMW 1978, S.1531.

" Aufklärungspflicht über den Ausbildungsstand des Operateurs?
DMW 1982, S.197.

Bauer, K.H.
Wandlungen der Anaesthesie vom Standpunkt des Operateurs.
Langenbecks Archiv 282 (1955), S.163.

" Aufklärung und Sterbehilfe bei Krebs in medizinischer Sicht.
in: Festschrift für Paul Bockelmann, S.497.

Baumann, Ch./Kimmel, A./Pfeiffer, W.M.
Zur Analyse anästhesiologischer Aufklärungsgespräche.
In: Lawin, P./Huth, H. (Hrsg.), Grenzen der ärztlichen Aufklärungs- und Behandlungspflicht, S.43.

Baumann, J.
Körperverletzung oder Freiheitsdelikt? Zum Urteil des BGH vom 28.11.1957.
NJW 1958, S.2092.

Baumann, J./Weber, U.
Strafrecht, Allgemeiner Teil.
9. Aufl., Bielefeld 1985.

Baur, U.
Die ärztliche Aufklärung und die Einwilligung des Patienten.
Arzt und Krankenhaus 1981, S.309.

Baur, U./Hess, R.
Arzthaftpflicht und ärztliches Handeln.
Basel - Wiesbaden 1982.

Bayer, M.
Organisation der Vorbereitung und Durchführung der Bluttransfusion.
Arzt und Krankenhaus 1986, S.112.

Becker, W./Deutsch, E./Knappen, F.-J./Nüßgens, K.
Probleme der fachärztlichen Aufklärungspflicht.
Laryng.Rhinol. 1975, S.783.

Benad, G./Schädlich, M.
Grundriß der Anästhesiologie.
2. Aufl., Berlin 1980.

Benzer, H./Frey, R./Hügin, W./Mayrhofer, O. (Hrsg.)
Lehrbuch der Anaesthesiologie, Reanimation und Intensivtherapie.
5. Aufl., Berlin - Heidelberg - New York 1982.

Berufsverband Deutscher Anästhesisten
Vereinbarung zwischen den Fachgebieten Chirurgie und Anästhesie über die Aufgabenabgrenzung und die Zusammenarbeit in der Intensivmedizin.
Anästh.Inform. 1970, S.167.

" Vereinbarung zwischen den Fachgebieten Urologie und Anästhesie über die Aufgabenabgrenzung und die Zusammenarbeit im operativen Bereich und in der Intensivmedizin.
Anästh.Inform.1972, S.219.

" Stellungnahme zur Einrichtung zentraler Anästhesieabteilungen, zur Doppelverantwortung des Operateurs und zur Fortbildung der Chirurgen auf dem Gebiet der Anästhesiologie.
Anästh.Inform. 1975, S.349.

" Vereinbarung zwischen dem Berufsverband Deutscher Anästhesisten und dem Berufsverband der Deutschen Chirurgen über die Zusammenarbeit bei der operativen Patientenversorgung.
MedR 1983, S.21.

" Vereinbarung zwischen dem BDA und dem Berufsverband d.Dt. Chirurgen über die Verantwortung für die prä-, intra- und postoperative Lagerung des Patienten, Anästh.u.Intensivmed. 1987, S.65

Blei, H.
Strafrecht II, Besonderer Teil.
12. Aufl., München 1983.

Bockelmann, P.
Rechtliche Grundlagen und Grenzen der ärztlichen Aufklärungspflicht.
NJW 1961, S.945.

Bockelmann, P.
  Operativer Eingriff und Einwilligung des Verletzten.
  JZ 1962, S.525.
" Strafrecht des Arztes.
  Stuttgart 1968.
" Sorgfaltspflichten bei plastischen Operationen.
  Z.f.plast.Chirurgie 1977, S.49.
" Strafrecht, Allgemeiner Teil.
  3. Auflage, München 1979.
" Der ärztliche Heileingriff in Beiträgen zur Zeitschrift für die gesamte Strafrechtswissenschaft im ersten Jahrhundert ihres Bestehens.
  ZStW 93 (1981), S.105.

Bodenburg, R.
  Entzerrung der ärztlichen Aufklärungspflicht: Grundaufklärung und Einschätzungsprärogative.
  NJW 1981, S.601.
" Der ärztliche Kunstfehler als Funktionsbegriff zivilrechtlicher Dogmatik.
  Göttingen 1982.

Boiger, J.
  Umfang der ärztlichen Aufklärungspflicht und Probleme der Einwilligung in der Anästhesie.
  Anästh.u.Intensivmed.1986, S.273.

Bonhoeffer, K.
  Einfluß von Organisation und Arbeitsteilung auf die ärztliche Aufklärung.
  In: Heim, W. (Hrsg.), Ärztliche Aufklärungspflicht, S.51.

Brandis, C.v./Pribilla, O.
  Arzt und Kunstfehlervorwurf.
  München 1973.

Brenner, G.
  Darf das Krankenpersonal Injektionen, Transfusionen, Infusionen und Blutentnahmen vornehmen?
  Anästh.Inform. 1974, S.99.
" Rechtliche Zulässigkeit der Durchführung von Blutentnahmen, Injektionen, Infusionen und Transfusionen durch das Krankenpflegepersonal.
  Krankenhaus 1980, S.151.
" Arzt und Recht.
  Stuttgart - New York 1983.

Brügmann, W.
  Widerrechtlichkeit des ärztlichen Eingriffs und die Aufklärungspflicht des Arztes.
  NJW 1977, S.1473.

Buchborn, E.
  Zur Verrechtlichung der Medizin.
  MedR 1984, S.126.

Bundesärztekammer
  Richtlinien zur Blutgruppenbestimmung und Bluttransfusion vom 1.2.1979.
  DÄBl. 1979, S.277.
" Empfehlungen für Richtlinien zur Aufklärung der Krankenhauspatienten über vorgesehene ärztliche Maßnahmen.
  DÄBl. 1985, S.1272.

Carstensen, G.
  Arbeitsteilung und Verantwortung aus der Sicht des Chirurgen.
  Langenbecks Archiv 355 (1981), S.571.

Carstensen, G./Schreiber, H.L.
  Arbeitsteilung und Verantwortung.
  In: Jung, H./Schreiber, H.W. (Hrsg.), Arzt und Patient zwischen Therapie und Recht, S.167.

Demling, L.
  Ärztliches Handeln im Zugriff der Verrechtlichung.
  In: Kaufmann, F.-X. (Hrsg.), Ärztliches Handeln zwischen Paragraphen und Vertrauen, S.101.

Deutsch, E.
  Medizinische Fahrlässigkeiten.
  NJW 1976, S.2289.

" Medizin und Forschung vor Gericht.
  Heidelberg - Karlsruhe 1978.

" Reform des Arztrechts.
  NJW 1978, S.1657.

" Der Zeitpunkt der ärztlichen Aufklärung und die antezipierte Einwilligung des Patienten.
  NJW 1979, S.1905.

" Der Umgang mit medizin-technischen Geräten - straf- und zivilrechtliche Konsequenzen.
  Krankenhaus 1980, S.266.

" Vertrauen und Recht im Arzt-Patienten-Verhältnis.
  Chirurg 1980, S.407.

" Das therapeutische Privileg des Arztes: Nichtaufklärung zugunsten des Patienten.
  NJW 1980, S.1305.

" Theorie der Aufklärungspflicht des Arztes.
  VersR 1981, S.293.

" Mutwillige Strafanzeige gegen den Arzt: Ersatzpflicht des Anwalts oder Patienten.
  NJW 1982, S.680.

" Neue Aufklärungsprobleme im Arztrecht.
  NJW 1982, S.2587.

" Arztrecht und Arzneimittelrecht.
  Berlin - Heidelberg - New York 1983.

" Die Anfängeroperation: Aufklärung, Organisation, Haftung und Beweislastumkehr.
  NJW 1984, S.650.

Deutsch, E./Matthies, K.
  Arzthaftungsrecht, Grundlagen, Rechtsprechung, Gutachter- und Schlichtungsstellen.
  Köln 1985.

Deutsch, E./Schreiber, H.L. (Hrsg.)
  Medical responsibility in Western Europe.
  Berlin - Heidelberg - New York - Tokio 1985.

Deutsche Gesellschaft für Anästhesie und Wiederbelebung
Richtlinien für die Stellung des leitenden Anaesthesisten.
Anaesthesist 1965, S.31.

" Empfehlungen zur Organisation der Anästhesie im Rahmen der Neurochirurgie.
Anästh.Inform.1971, S.34.

" Vereinbarung über die Zusammenarbeit in der HNO-Heilkunde.
Anästh.Inform. 1976, S.354.

Deutsche Gesellschaft für Anästhesie und Wiederbelebung / Berufsverband Deutscher Anästhesisten
Stellungnahme zu den "Richtlinien zur Blutgruppenbestimmung und Bluttransfusion" der Bundesärztekammer vom 1.2.1979.
Anästh.Inform. 1979, S.149.

Deutsche Krankenhausgesellschaft
Stellungnahme zur Durchführung von Injektionen, Infusionen und Blutentnahmen durch das Krankenpflegepersonal.
Krankenhaus 1980, S.156.

" Muster einer Dienstanweisung an die Ärzte im Krankenhaus über die Aufklärung und Einwilligung der Patienten vor ärztlichen Eingriffen.
Krankenhaus 1980, S.307.

" Richtlinien zur Aufklärung der Krankenhauspatienten über vorgesehene ärztliche Maßnahmen, 2.Aufl., Stand 1.12.1986.
MedR 1987, H.3, S.VII

Deutscher Berufsverband für Krankenpflege
Stellungnahme zur Vornahme von Injektionen, Infusionen, Transfusionen und Blutentnahmen durch das Krankenpflegepersonal.
Deutsche Krankenpflegezeitschrift 1980, S.217.

Dick, W.
Aufgaben des Fachgebiets Anästhesiologie in der operativen Medizin
- Versuch einer Analyse.
Anästh.u.Intensivmed.1984, S.346.

Dick, W./Ahnefeld, F.W./Fricke, M./Knoche, E./Milewski, P./Traub, E.
Die Anästhesieambulanz.
Anaesthesist 1978, S.450.

Dirnhofer, R.
Die Arzthaftung aus gerichtsmedizinischer Sicht.
In: Schick, P.J. (Hrsg.), Die Haftung des Arztes, S.13.

Dotzauer, G.
Warum ist der Begriff "Kunstfehler" irreführend?
DÄBl. 1976, S.3025.

Dreher, E./Tröndle, H.
Strafgesetzbuch und Nebengesetze.
43. Aufl., München 1986.

Dudziak, R.
Die Begutachtung des Anästhesiezwischenfalls aus anästhesiologischer Sicht.
In: Opderbecke, H.W./Weißauer, W. (Hrsg.), Forensische Probleme in der Anaesthesiologie, S.115.

" Lehrbuch der Anästhesiologie.
3.Aufl., Stuttgart - New York 1985.

Dunz, W.
Operationsabbruch zu Aufklärungszwecken?
DMW 1978, S.1226.

" Wann verwirklicht sich der Schaden aus mangelhafter Aufklärung über das Behandlungsrisiko.
MedR 1984, S.184.

Eberhardt, L.
Ärztliche Haftpflicht bei intraoperativen Lagerungsschäden.
MedR 1986, S.117.

Ehlers, A.
Die ärztliche Aufklärung vor medizinischen Eingriffen.
Köln - Berlin - Bonn - München 1987.

Eisenmenger, W./Liebhardt, E./Neumaier, R.
Ergebnisse von "Kunstfehlergutachten".
Beiträge zur gerichtlichen Medizin, Bd. 36, 1978, S.215.

Ellermann, B.
Haftpflicht: Ärzte sind öfter dran.
DÄBl. 1985, S.1449.

Engisch, K.
Ärztlicher Eingriff zu Heilzwecken und Einwilligung.
ZStW 58 (1939), S.1.

" Der Arzt im Strafrecht.
Monatsschrift für Kriminalbiologie und Strafrechtsreform 1939, S.414.

" Die rechtliche Bedeutung der ärztlichen Operation.
Jena 1958.

" Tatbestandsirrtum und Verbotsirrtum bei Rechtfertigungsgründen.
ZStW 70 (1958), S.556.

" Wie ist rechtlich die Verantwortlichkeit des Chirurgen im Verhältnis zur Verantwortlichkeit des Anaesthesisten bei ärztlichen Operationen zu bestimmen und zu begrenzen?
Langenbecks Archiv 297 (1961), S.236.

" Heileingriff und ärztliche Aufklärungspflicht.
In: Engisch, K./Hallermann, W., Die ärztliche Aufklärungspflicht aus rechtlicher und ärztlicher Sicht, S.7.

Engisch, K./Hallermann, W.
Die ärztliche Aufklärungspficht aus rechtlicher und ärztlicher Sicht.
Köln - Berlin - Bonn - München 1970.

Entwurf eines Strafgesetzbuches E 1962 mit Begründung.
BT-Drucksache IV/650.

Erinnerungsgabe für Max Grünhut.
Marburg 1965.

Erwe, K.
Die Aufklärungspflicht des Radiologen.
Diss. Münster 1983.

Eser, A.
Lebenserhaltungspflicht und Behandlungsabbruch aus rechtlicher Sicht.
In: Auer, A/Menzel, H./Eser, A.,Zwischen Heilauftrag und Sterbehilfe, S.75.

" Aufklärung und Einwilligung bei Intensivtherapie.
Anästh.Inform. 1979, S.211.

" Juristischer Studienkurs - Strafrecht I.
3. Aufl., München 1980.

" Der Arzt zwischen Eigenverantwortung und Recht.
BWÄBl. 1980, S.732; 1981, S.12.

" Operationserweiterung ohne erneute Aufklärung des Patienten (OLG Frankfurt, Urteil v. 10.2.1981, 22 U 213/79).
BWÄBl. 1981, Heft 10, Sonderbeilage, S.3.

" Die Rolle des Rechts im Verhältnis von Arzt und Patient.
In: Kaufmann, F.-X. (Hrsg.), Ärztliches Handeln zwischen Paragraphen und Vertrauen, S.111.

" Medizin und Strafrecht: Eine schutzgutorientierte Problemübersicht.
ZStW 97 (1985), S.1.

Exner, F.
Fahrlässiges Zusammenwirken.
In: Festgabe für Reinhard von Frank, Bd. I, S.569.

Eyrich, K.
Sorgfalt bei der Prämedikation und Wahl des Anästhesieverfahrens.
Anästh.Inform. 1979, S.39.

" Inhalt und Umfang der ärztlichen Aufklärungspflicht aus der Sicht des Arztes.
In: Heim, W. (Hrsg.), Ärztliche Aufklärungspflicht, S.27.

Farthmann, E.H.
Abschied vom "statistischen" Kunstfehlerbegriff.
In: Jung, H./Schreiber, H.W. (Hrsg.), Arzt und Patient zwischen Therapie und Recht, S.129.

" Die Grenzen der Aufklärungspflicht aus chirurgischer Sicht.
In: Lawin, P./Huth, H. (Hrsg.), Grenzen der ärztlichen Aufklärungs- und Behandlungspflicht, S.30.

Fehse, M.
Die Aufklärungspflicht über die Person des Operateurs bei der Anfängeroperation.
Arzt und Krankenhaus 1986, S.13.

" Anmerkung zu BGH, Urteil v. 18.12.1984, VI ZR 23/83.
Arzt und Krankenhaus 1986, S.212.

Festgabe für Reinhard von Frank, Bd. I.
Tübingen 1930.

Festschrift für Paul Bockelmann.
München 1979.

Festschrift für Eberhard Schmidt.
Göttingen 1961.

Feuerstein, V.
Die intravenöse Narkose.
In: Benzer, H./Frey, R./Hügin, W./Mayrhofer, O. (Hrsg.), Lehrbuch der Anaesthesiologie, S.397.

Fiebig, U.
Freiheit für Patient und Arzt.
Stuttgart 1985.

Fieser, A.
Das Strafrecht des Anaesthesisten.
Diss. München 1975.

Fodor, L.
Bedeutung der präoperativen Laborbefunde für die Anästhesie.
Med. Welt 1970, S.2005.

Foldes, F.
Auswahl des Anästhesieverfahrens: Allgemeine oder regionale Betäubung.
Anästh.Inform.1971, S.209.

Fotakis, N.S.
Die Aufklärung des Patienten.
MedR 1986, S.121.

Franzki, H.
Aufklärungspflicht aus juristischer Sicht.
Unfallversicherung 1981, S.638.

" Der operativ tätige Arzt in seiner zivil- und strafrechtlichen Verantwortung für Behandlungsfehler aus der Sicht der Rechtsprechung.
In: Hymmen, R./Ritter, U. (Hrsg.), Behandlungsfehler - Haftung des operativ tätigen Arztes, S.103.

" Der Arzthaftungsprozeß.
Karlsruhe 1984.

" Rechtsfragen der Anfängeroperation.
MedR 1984, S.186.

" Krankenhaus und Patientenrecht - Zur zivil- und strafrechtlichen Verantwortung der Krankenhausärzte und des Pflegepersonals.
Inform.d.Berufsverb.d.Dt.Chirurgen 1985, S.161.

Franzki, H./Franzki, D.
Der Arzthaftungsprozeß
In: Jung, H./Schreiber, H.W. (Hrsg.), Arzt und Patient zwischen Therapie und Recht, S.177.

Frey, R.
Die Stellung des Anaesthesiologen zwischen Chirurgie und innerer Medizin.
Anaesthesist 1963, S.270.

" Der Anästhesiologe als ärztlicher Sachverständiger in Zivil- und Strafprozessen gegen operativ tätige Ärzte wegen ärztlicher Behandlungsfehler.
In: Hymmen, R./Ritter, U. (Hrsg.), Behandlungsfehler - Haftung des operativ tätigen Arztes, S.89.

Fritsche, P.
Risiken einer Allgemeinnarkose.
Anästh.Inform.1976, S.322.

Gallwas, H.-U.
Zur Legitimation ärztlichen Handelns.
NJW 1976, S.1134.

Gaisbauer, G.
Die Rechtsprechung zum Arzthaftpflichtrecht 1971 bis 1974.
VersR 1976, S.214.

Geilen, G.
Einwilligung und ärztliche Aufklärungspflicht.
Bielefeld 1963.

" Rechtsfragen der ärztlichen Aufklärungspflicht.
In: Mergen, A. (Hrsg.), Die juristische Problematik in der Medizin, Bd. II, S.11.

" Anmerkung zu BayObLG, Urteil v. 21.11.1972, 7 St 222/72.
JZ 1973, S.319.

Giesen, D.
Arzthaftungsrecht - Medical Malpractice Law.
Bielefeld 1981.

Giesen, D.
Arzthaftungsrecht im Umbruch - Der ärztliche Behandlungsfehler in der Rechtsprechung seit 1974.
JZ 1982, S.345, 391.

" Wandlungen des Arzthaftungsrechts.
Tübingen 1983.

" Anmerkung zu BGH, Urteil v. 27.9.1983, VI ZR 230/81.
NJW 1984, S.654.

Göppinger, H. (Hrsg.)
Arzt und Recht.
München 1966.

Goldhahn, R./Hartmann, W.
Chirurgie und Recht.
Stuttgart 1937.

Gramberg-Danielsen, B.
Die Haftung des Arztes.
Stuttgart 1978.

Grünwald, G.
Die Aufklärungspflicht des Arztes.
ZStW 73 (1961), S.5.

" Heilbehandlung und ärztliche Aufklärungspflicht.
In: Göppinger, H. (Hrsg.), Arzt und Recht, S.125.

Günter, H.-H.
Staatsanwaltliche Ermittlungen gegen Ärzte bei Verdacht eines "Kunstfehlers".
DRiZ 1982, S.326.

Günther, H.
Zahnarzt - Recht und Risiko.
München - Wien 1982.

Guleke, N.
Über die Grenzen chirurgischer Verantwortlichkeit.
Langenbecks Archiv 189 (1937), S.159.

Händel, K.
Beeinträchtigung der Verkehrstauglichkeit durch Arzneimittel und Verantwortlichkeit des Arztes.
NJW 1966, S.1999.

Hahn, B.
Die Haftung des Arztes für nichtärztliches Hilfspersonal.
Königstein/Ts. 1981.

" Zulässigkeit und Grenzen der Delegierung ärztlicher Aufgaben.
NJW 1981, S.1977.

Hall, K.A.
Über die Kausalität und Rechtswidrigkeit der Unterlassung.
In: Erinnerungsgabe für Max Grünhut, S. 213.

Hallermann, W.
Zwischenfälle und Kunstfehler im Krankenhaus.
Internist 1965, S.301.

" Ärztliche Aufklärungspflicht aus medizinischer Sicht.
In: Mergen, A. (Hrsg.), Die juristische Problematik in der Medizin, Bd. II, S.44.

Hanack, E.-W.
Zur strafrechtlichen Haftung des Arztes.
ÄM 1958, S.1192.

" Die Arbeitsteilung zwischen Arzt und Schwester im Strafrecht.
ÄM 1959, S.497.

Hardwig, W.
Betrachtungen zur Frage des Heileingriffs.
GA 1965, S.161.
" Verursachung und Erfolgszurechnung.
JZ 1968, S.289.

Hauenschild, E.
Rechtliche Alltagsprobleme eines Anästhesisten.
Anästh.Inform. 1978, S.64.
" Umfrage über die Situation in den Anästhesie-Abteilungen in der Bundesrepublik.
Anästh.u.Intensivmed. 1984, S.65.
" Umfrage über die Situation in den Anästhesie-Abteilungen in der Bundesrepublik.
Anästh.u.Intensivmed.1986, S.102.

Hausheer, H.
Arztrechtliche Fragen.
Schweizerische Juristenzeitung 1977, S.245.

Heim, W. (Hrsg.)
Ärztliche Aufklärungspflicht.
Köln 1984.

Helmchen, H.
Kontraindikation und Verzicht bei der ärztlichen Aufklärung aus der Sicht des Arztes.
In: Heim, W. (Hrsg.), Ärztliche Aufklärungspflicht, S.81.

Hempel, K.
Probleme der Patientenaufklärung aus chirurgischer Sicht.
Inform.d.Berufsverb.d.Dt.Chirurgen 1986, S.59.

Henschel, V.
Aufgabe und Tätigkeit der Schlichtungs- und Gutachterstellen für Arzthaftpflichtstreitigkeiten.
Frankfurt 1980.

Herbrand, B.
Arzthaftpflichtschäden.
In: Hymmen, R./Ritter, U. (Hrsg.), Behandlungsfehler - Haftung des operativ tätigen Arztes, S.107.

Herden, H.-N./Lawin, P.
Anästhesie-Fibel.
Stuttgart 1973.

Hildebrandt, J.
Die Problematik interdisziplinärer Schmerzbehandlung durch den Anästhesisten.
Anästh.u.Intensivmed. 1979, S.417.

Hinderer, H.
Die Sorgfaltspflichten des Arztes und Grundfragen seiner Verantwortlichkeit.
ZBl.f.Chirurgie 1977, S.1054.

Hinderling, H.
Die privatrechtliche Stellung des Anaesthesisten.
Anaesthesist 1963, S.268.

Hirsch, G.
Voraussetzung und Grenzen für den Einsatz von Ärzten in der Weiterbildung.
Anästh.u.Intensivmed. 1984, S.191.

Hirsch, G./Weißauer, W.
Fachliche Anforderungen an einen Operateur bei Durchführung einer Narkose.
Anästh.u.Intensivmed. 1982, S.34.
" Kausalitätsprobleme beim Aufklärungsmangel.
MedR 1983, S.41.
" Aufklärung über die Person des behandelnden Arztes.
Anästh.u.Intensivmed. 1983, S.333.
" Postoperative Verantwortung für ein zentralvenöses Infusionssystem.
Anästh.u.Intensivmed.1984, S.399.
" Aufklärung über das Risiko von Lagerungsschäden.
Anästh.u.Intensivmed. 1986, S.236.

Hollmann, A.
Aufklärungspflicht des Arztes unter besonderer Berücksichtigung der Neurochirurgie.
Diss. Würzburg 1969.

Hollmann, A./Hollmann, N.
Parenterale Arzneimittelapplikation - Injektionen, Infusionen durch medizinisches Assistenzpersonal - Juristische und medizinische Aspekte.
DÄBl. 1980, S.396.

Horatz, K./Schöntag, G.
Exitus in tabula, auf dem Transport und in der unmittelbaren postoperativen Phase.
In: Benzer, H./Frey, R./Hügin, W./Mayrhofer, O. (Hrsg.), Lehrbuch der Anaesthesiologie, S.41.

Hügin, W.
Die Lagerung des Patienten am Operationstisch und Lagerungsschäden.
In: Benzer, H./Frey, R./Hügin, W./Mayrhofer, O. (Hrsg.), Lehrbuch der Anaesthesiologie, S.265.

" Die präoperative Visite.
In: Benzer, H./Frey, R./Hügin, W./Mayrhofer, O. (Hrsg.), Lehrbuch der Anaesthesiologie, S.375.

Hümmer, H.P.
Ist Aufklärung standardisierbar?
Klinikarzt 1981, S.996, 1132.

Hutschenreuther, K.
Das anästhesiologische Risiko.
Anästh.Inform. 1976, S.261.

" Möglichkeiten und Grenzen der Aufklärung aus anästhesiologischer Sicht.
Anästh.Inform. 1978, S.236.

Hymmen, R./Ritter, U. (Hrsg.)
Behandlungsfehler - Haftung des operativ tätigen Arztes.
2. Aufl., Erlangen 1982.

Isele, G.H.
Grundsätzliches zur Haftpflicht des Arztes.
In: Mergen, A. (Hrsg.), Die juristische Problematik in der Medizin, Bd. III, S.11.

Jagusch, H.
Straßenverkehrsrecht.
28. Aufl., München 1985.

Jahn, W.
Anästhesierisiken und Haftpflichtversicherung.
Anästh.Inform.1976, S.272.

Janssen, W.
Die Anaesthesie in Klinik und Praxis aus der Sicht des Gerichtsmediziners.
HNO 1971, S.161.

Jescheck, H.-H.
Aufbau und Behandlung der Fahrlässigkeit im modernen Strafrecht.
Freiburg 1965.

" Lehrbuch des Strafrechts, Allgemeiner Teil.
3. Aufl., Berlin 1978.

Jung, G./Jähme, E./Dürner, P.
Die Stellung der Krankenschwester und des Krankenpflegers in der modernen Anästhesie.
Anästh.Inform. 1976, S.113.

Jung, H.
Zur Abgrenzung der strafrechtlichen Verantwortlichkeit zwischen Anästhesist und Operateur.
Saarländisches Ärzteblatt 1971, S.295.

Jung, H./Schreiber, H.W. (Hrsg.)
Arzt und Patient zwischen Therapie und Recht.
Stuttgart 1981.

Jungbecker, R.
Zivilrechtliche Probleme der klinischen formularmäßigen "Einverständniserklärung".
Frankfurt 1985.

Kallfelz
Anmerkung zu RG, Urteil v. 24.11.1936, III 23/36.
JW 1937, S.927.

" Anmerkung zu RG, Urteil v. 19.3.1937, 1 D 19/37.
JW 1937, S.3090.

Kamps, H.
Ärztliche Arbeitsteilung und strafrechtliches Fahrlässigkeitsdelikt.
Berlin 1981.

Kaufmann, A.
Die Bedeutung hypothetischer Erfolgsursachen im Strafrecht.
In: Festschrift für Eberhard Schmidt, S.200.

" Die eigenmächtige Heilbehandlung.
ZStW 73 (1961), S.341.

Kaufmann, F.-X. (Hrsg.)
Ärztliches Handeln zwischen Paragraphen und Vertrauen.
Düsseldorf 1984.

Kern, B.R.
Juristische Aspekte der klinischen Arbeitsteilung.
In: Krankenhauskalender, Landsberg 1982, S.415.

Kern, B.R.
Rechtliche Anforderungen an den klinischen Einsatz von Assistenzärzten in Facharztausbildung.
Chirurg 1983, S.558.

" Zur ärztlichen Verantwortung in der postoperativen Phase.
Chirurg 1985, S.611.

" Aufklärung über unbekannte Risiken.
Chirurg 1986, S.174.

" Aufklärungspflicht und wissender Patient.
MedR 1986, S.167.

Kern, B.R./Laufs, A.
Die ärztliche Aufklärungspflicht.
Berlin - Heidelberg - New York 1983.

Kilian, J./Ahnefeld, F.W./Falk, H.
Der Aufwachraum - Funktion und Organisation.
Anästhesie - Intensivtherapie - Notfallmedizin 1981, S.107.

Kirchner, E.
Zwischenfälle bei der Allgemeinanästhesie.
Anästh.Inform. 1974, S.116.

Kleiber, M.
Bei mangelhafter Aufklärung vor ärztlichem Eingriff auch Haftung des Hausarztes?
Arzt und Krankenhaus 1986, S.252.

Kleinewerfers, H.
Die Aufklärungspflicht des Arztes unter Berücksichtigung der Rechtsprechung des Bundesgerichtshofs.
VersR 1962, S.197.

" Die Kontrastmittelanwendung in forensischer Sicht - Ein Beitrag zur Aufklärungspflicht des Arztes.
Symposion Heidelberg vom 14.11.1964.
Konstanz 1964.

" Die Aufklärungspficht des Arztes und die Rechtsfolgen ihrer Verletzung.
VersR 1964, S.349.

" Zur Aufklärung des Patienten.
VersR 1981, S.99.

Kleinewerfers, H./Wagner, H.J.
"Programmierte Geburt" - Der Spruch des OLG Hamm.
DÄBl. 1981, S.1766.

Knoll, D.
Die Bedeutung der Aufklärung aus der Sicht der Haftpflichtversicherung.
Anästh.Inform. 1978, S.242.

Koch, H.-G.
Medizinische Ethik und Recht in der Praxis des niedergelassenen Arztes.
BWÄBl. 1984, S.137.

Koch, R.
Fahrlässigkeit und der sogenannte Kunstfehler.
Das Deutsche Gesundheitswesen 1956, S.1454.

König, F./Köstlin, H.
Haftpflicht des Arztes.
Leipzig 1937.

Kohlhaas, M.
Medizin und Recht.
München - Berlin - Wien 1969.

Kohlrausch-Lange,
Strafgesetzbuch.
43. Aufl., Berlin 1961.

Kramer, R./Zerlett, G.
Die Sicherheit medizinisch-technischer Geräte.
Köln 1986.

Krauß, D.
Zur strafrechtlichen Problematik der eigenmächtigen Heilbehandlung.
In: Festschrift für P. Bockelmann, S.557.

" Der "Kunstfehler" oder zur Bedeutung juristischer Kategorien für die Bewertung ärztlichen Handelns.
In: Jung, H./Schreiber, H.W. (Hrsg.), Arzt und Patient zwischen Therapie und Recht, S.141.

Krey, V.
Strafrecht, Besonderer Teil, Bd. 1.
6. Aufl., Stuttgart - Berlin - Köln - Mainz 1986.

Kronschwitz, H.
Der sogenannte "ärztliche Kunstfehler" in der Anästhesie.
Anästh.Inform. 1975, S.329.

" Über die Aufklärungspflicht in der Anästhesie.
Anästh.Inform. 1976, S.366.

" Anästhesiologische Aufklärung vor plastischen Operationen.
Anästh.Inform. 1978, S.285.

Künnell, E.
Die Ersatzansprüche beim Vorliegen eines ärztlichen Kunstfehlers.
VersR 1980, S.502.

Kuhlendahl, H.
Die ärztliche Aufklärungspflicht oder der Kalte Krieg zwischen Juristen und Ärzten.
DÄBl. 1978, S.1984, 2003.

" Rechenschaftspflicht oder ärztliche Verantwortlichkeit? Juristisches gegen ärztliches Verständnis.
Arztrecht 1980, S.233.

Lackner, K.
Strafgesetzbuch mit Erläuterungen.
16. Aufl., München 1985.

Langrehr, D.
Statistik des Anästhesierisikos.
In: Opderbecke, H.W./Weißauer, W. (Hrsg.), Forensische Probleme in der Anaesthesiologie, S.75.

Larsen, R.
Anästhesie.
München - Wien - Baltimore 1985.

Laufs, A.
  Die Verletzung der ärztlichen Aufklärungspflicht und ihre deliktische Rechtsfolge.
  NJW 1974, S.2025.
" Grundlagen und Reichweite der ärztlichen Aufklärungspflicht.
  In: Jung, H./Schreiber, H.W. (Hrsg.), Arzt und Patient zwischen Therapie und Recht, S.71.
" Arztrecht.
  3. Aufl., München 1984.
" Neues zur ärztlichen Aufklärungspflicht.
  Chirurg 1984, S.539.
" Das Unterlassen ärztlicher Warnungen als Behandlungsfehler und die Kausalitätsfrage.
  Chirurg 1985, S.481.
" Arzt und Recht im Wandel der Zeit.
  MedR 1986, S.163.
" Die Entwicklung des Arztrechts 1985/86.
  NJW 1986, S.1515.
" Die Entwicklung des Arztrechts 1986/87.
  NJW 1987, S.1449.

Lauterbacher, J.
  Derzeitige ökonomische Möglichkeiten und Grenzen der anästhesiologischen Versorgung in den Krankenhäusern.
  In: Opderbecke, H.W./Weißauer, W. (Hrsg.), Forensische Probleme in der Anaesthesiologie, S.21.

Lawin, P.
  Grenzen der ärztlichen Aufklärungs- und Behandlungspflicht.
  In: Lawin, P./Huth, H. (Hrsg.), Grenzen der ärztlichen Aufklärungs- und Behandlungspflicht, S.1.

Lawin, P./Huth, H. (Hrsg.)
  Grenzen der ärztlichen Aufklärungs- und Behandlungspflicht.
  Stuttgart - New York 1982.

Leipziger Kommentar, Großkommentar zum Strafgesetzbuch.
  10. Aufl., Berlin - New York 1979 ff.

Lennartz, G.
  Die Allgemeinnarkose bei ambulanten Patienten.
  Chirurg 1972, S.15.

Liertz, W./Paffrath, H.
  Handbuch des Arztrechts.
  Düsseldorf 1938.

Lilie, H.
  Anmerkung zu BGH, Urteil v. 26.10.1982, 1 StR 413/82.
  NStZ 1983, S.314.
" Haftung für Diagnosefehler.
  DMW 1985, S.1906.
" Aufklärung und Fehler bei der Diagnose.
  MedR 1987, S.28.

Loewe, W.
  Der ärztliche Kunstfehler in ärztlicher Sicht.
  DMW 1961, S.1187.

Ludolph, E./Hierholzer, G.
  Auswirkungen der neuesten Rechtsprechung auf die ärztliche Aufklärungs- und Dokumentationspflicht.
  Unfallheilkunde 1984, S.216.

Lutz, H.
    Anästhesiologische Praxis.
    Berlin - Heidelberg - New York - Tokio 1984.

Lutz, H./Peter, K.
    Das Risiko der Anästhesie unter operativen Bedingungen.
    Langenbecks Archiv 334 (1973), S.672.

" Präoperative Befunderhebung.
    Langenbecks Archiv 334 (1973), S.681.

Mai, E.
    Zur Sorgfaltspflicht des Narkosearztes bei Bluttransfusion.
    DMW 1968, S.92.

Maihofer, W.
    Moderne Anaesthesieprobleme in juristischer Sicht.
    Archiv klin. exp. Ohren-, Nasen- und Kehlkopfheilkunde 187 (1966), S.510.

Malek, K./Endriß, R.
    Patientenrechte.
    Freiburg 1984.

Marburger Arbeitskreis für Sozialrecht und Sozialpolitik (Hrsg.)
    Arzneimittel in der modernen Gesellschaft: Hilfe oder Risiko für den Patienten?
    Köln - Berlin - Bonn - München 1985.

Marrubini, G.
    Die berufliche Verantwortlichkeit des Anaesthesisten in der Rechtsprechung und im Brauch der westeuropäischen Länder.
    Anaesthesist 1958, S.113.

Martin, L.
    Empfiehlt sich eine gesetzliche Regelung der Fragen der ärztlichen Aufklärungspflicht?
    DRiZ 1962, S.297.

Maurach, R.
    Anmerkung zu BGH, Urteil v. 8.5.1956, 5 StR 29/56.
    JR 1956, S.348.

Maurach, R./Schroeder, F.C.
    Strafrecht BT, Bd. 1.
    6. Aufl., Heidelberg - Karlsruhe 1977.

Maurach, R./Zipf, H.
    Strafrecht AT, Bd. 1.
    5. Aufl., Heidelberg - Karlsruhe 1977.

Mergen, A. (Hrsg.)
    Die juristische Problematik in der Medizin, Bd. I - III.
    München 1971.

Meurer, H.
    Arzneimittelprüfung in strafrechtlicher Sicht.
    In: Marburger Arbeitskreis für Sozialrecht und Sozialpolitik (Hrsg.), Arzneimittel in der modernen Gesellschaft: Hilfe oder Risiko für den Patienten? S.70.

Mezger, E.
    Über strafrechtliche Verantwortlichkeit für ärztliche Kunstfehler.
    Dt.Z.f.d.ges.ger.Medizin 1953, S.365.

Müller-Dietz, H.
    Rechtliche Regelung und therapeutische Bedürfnisse.
    In: Jung, H./Schreiber, H.W. (Hrsg.), Arzt und Patient zwischen Therapie und Recht, S.7.

Narr, H.
    Ärztliches Berufsrecht.
    2. Aufl., Köln 1977.

Niese, W.
Ein Beitrag zur Lehre vom ärztlichen Heileingriff.
In: Festschrift für Eberhard Schmidt, S.364.

Niesel, H.C.
Aufklärung vor Regionalanästhesien.
Anästh.Inform. 1978, S.328.

Nissen, R.
Die chirurgische Operation, eine historische und soziologische Betrachtung.
DMW 1960, S.613.

" Die Anaesthesie heute.
Anaesthesist 1963, S.265.

Oehler, D.
Die erlaubte Gefahrsetzung und die Fahrlässigkeit.
In: E. Schmidt-FS, S.232.

Oelkers, H.
Grundlagen und Umfang der ärztlichen Aufklärungspflicht, insbesondere bei der Anwendung neuartiger Medikamente.
Diss. Hamburg 1969.

Opderbecke, H.W.
Stellung, Aufgabenbereich und Verantwortlichkeit des Anästhesisten am Krankenhaus.
Krankenhausarzt 1967, S.56.

" Zur Neufassung der Empfehlung der Deutschen Krankenhausgesellschaft zur Organisation der Intensivmedizin in den Krankenhäusern.
Anästh.Inform.1972, S.223.

" Die Delegation von Aufgaben an Krankenschwestern und Krankenpfleger.
Anästh.Inform. 1976, S.31.

" Anaesthesie und ärztliche Sorgfaltspflicht.
Berlin - Heidelberg - New York 1978.

" Organisatorische und rechtliche Problematik in der postnarkotischen Phase.
Anästh.Inform.1978, S.554.

" Der Anästhesist zwischen Rechtsauflagen und ärztlichem Handeln.
Bild der Wissenschaft 1981, Heft 2, S.61.

" Arbeitsteilung und Verantwortung in der Chirurgie aus der Sicht der Anaesthesie.
Langenbecks Archiv 355 (1981), S.587.

" Probleme der ärztlichen Verantwortlichkeit in der frühen postoperativen Phase.
In: Ahnefeld, F.W./Bergmann, H./Burri, C./Dick, W./Halmágyi, M./Hossli, G./Rügheimer, E. (Hrsg.), Aufwachraum - Aufwachphase - Eine anästhesiologische Aufgabe, S.281.

" Die Aufklärungspflicht im operativen Bereich.
In: Lawin, P./Huth, H. (Hrsg.), Grenzen der ärztlichen Aufklärungs- und Behandlungspflicht, S.35.

" Der Verantwortungsbereich des Anästhesisten.
In: Opderbecke, H.W./Weißauer, W. (Hrsg.), Forensische Probleme in der Anaesthesiologie, S.13.

" Die Delegation von Aufgaben an Ärzte in Abhängigkeit vom Weiterbildungsstand in der Anästhesiologie.
Anästh.u.Intensivmed. 1983, S.105.

" Anmerkung zu LG München, Urteil v. 11.4.1984, 31 S 17555/83.
MedR 1984, S.234.

Opderbecke, H.W./Weißauer, W.
Die Verantwortung des leitenden Anästhesisten und die Delegierung von Aufgaben an ärztliche und nichtärztliche Mitarbeiter.
Anästh.Inform. 1973, S.216.

" Zur Abgrenzung der Aufgaben zwischen Arzt und nichtärztlichen Mitarbeitern in der Intensivtherapie.
Anästh.Inform. 1974, S.94.

" Die Delegierung anästhesiologischer Aufgaben auf ärztliche Mitarbeiter.
Anästh.u.Intensivmed. 1980, S.4.

" Durchführung von Injektionen, Infusionen und Blutentnahmen durch das Pflegepersonal im Krankenhaus.
Anästh.u.Intensivmed. 1980, S.287.

" Forensische Probleme in der Anaesthesiologie.
2. Aufl., Erlangen 1982.

" Die Aufklärungspflicht des Anästhesisten.
DÄBl. 1982, Heft 10, S.53.

" Zulässigkeit und Grenzen der "Parallelnarkose".
Anästh.u.Intensivmed.1983, S.214.

" Die Überwachung des Patienten nach der Narkose.
Anästh.u.Intensivmed. 1984, S.60.

" Forensische Probleme der ärztlichen Weiterbildung am Beispiel der Parallelnarkose.
MedR 1984, S.134.

" Die Pflicht des Anästhesisten zur Voruntersuchung und die Fachgebietsgrenzen.
Anästh.u.Intensivmed. 1987, S.382.

Otto, H.
Grenzen der Fahrlässigkeitshaftung im Strafrecht.
JuS 1974, S.702.

Palandt, O.
Bürgerliches Gesetzbuch mit Einführungsgesetz.
46. Aufl., 1987.

Perret, W.
Inwieweit sind Schwestern, Krankenpfleger und Sprechstundenhilfen berechtigt, intramuskuläre und intravenöse Injektionen zu machen?
Chirurg 1949, S.216.

" Arzthaftpflicht.
München - Berlin 1956.

" Die Bedeutung des Injektionsortes zur Verhinderung versehentlicher intraarterieller Injektion am Arm.
Medizinische Klinik 1962, S.230.

" Die Rechtsprechung bei versehentlicher intraarterieller Injektion anlässlich einer intravenösen Einspritzung in die Ellenbeuge.
Medizinische Klinik 1962, S.487.

Peter, K./Unertl, K.
Risikoeinschätzung in der Anästhesiologie.
In: Lawin, P./Huth, H. (Hrsg.), Grenzen der ärztlichen Aufklärungs- und Behandlungspflicht, S.56.

Peter, K./Unertl, K./Heurich, G./Mai, N./Brunner, F.
Das Anästhesierisiko.
Anästh.u.Intensivmed. 1980, S.240.

Pilz, W./Reimann, W./Krause, D.H.
Gerichtliche Medizin für Stomatologen.
Leipzig 1980.

Pribilla, O.
Narkosezwischenfälle.
DMW 1964, S.2203.

" Exitus in tabula (Tod auf dem Operationstisch).
In: Mergen, A. (Hrsg.), Die juristische Problematik in der Medizin, Bd. I, S.148.

" Der ärztliche Kunstfehler.
In: Mergen, A. (Hrsg.), Die juristische Problematik in der Medizin, Bd. III, S.70.

" Arztrechtliche Probleme in der Anästhesiologie.
Anästh.Inform. 1976, S.613.

" Natürlicher und nicht natürlicher Tod in der Anästhesie.
Anästh.Inform. 1979, S.221.

" Möglichkeiten der Erfassung von Anästhesiezwischenfällen in Deutschland.
In: Opderbecke, H.W./Weißauer, W. (Hrsg.), Forensische Probleme in der Anaesthesiologie, S.133.

Proske, M.
Ärztliche Aufklärungspflicht und Einwilligung des Patienten aus strafrechtlicher Sicht.
In: Schick, P.J. (Hrsg.), Die Haftung des Arztes, S.101.

Pschyrembel, W.
Klinisches Wörterbuch.
255. Aufl., Berlin - New York 1986.

Püschel, H.
Die Verantwortlichkeit bei Schadensfällen nach Ausführung von intravenösen Injektionen durch Schwestern.
Das Deutsche Gesundheitswesen 1952, S.1427.

Reichenbach, M.
Arzthaftpflicht aus der Sicht des Versicherungsmediziners.
VersR 1981, S.807.

Rieger, H.-J.
Injektionen durch Krankenschwestern.
DMW 1972, S.1321.

" Zur Sorgfaltspflicht des Arztes bei der Bluttransfusion.
DMW 1973, S.2155.

" Vornahme von Injektionen, Infusionen und Blutentnahmen durch Angehörige der medizinischen Assistenzberufe.
DMW 1974, S.1380.

" Verantwortlichkeit des Arztes für Fehlleistungen von Kollegen bei der Mitbehandlung.
DMW 1978, S.769.

" Haftungsprobleme bei ambulanten Koronarsportgruppen.
DMW 1979, S.1256.

" Operationen durch Assistenzärzte in der Weiterbildung.
DMW 1980, S.113.

" Abgrenzung der Verantwortlichkeit zwischen Chirurgen und Anästhesisten.
DMW 1980, S.850.

Rieger, H.-J.
　Lexikon des Arztrechts.
　Berlin - New York 1984.

Roloff, H.W.
　Zur Haftpflicht des Arztes bei Narkose-Schäden.
　VersR 1965, S.419.

Roxin, C.
　Pflichtwidrigkeit und Erfolg bei fahrlässigen Delikten.
　ZStW 74 (1962), S.411.

" Literaturbericht - Allgemeiner Teil.
　ZStW 78 (1966), S.214.

Rudolphi, H.J.
　Anmerkung zu OLG Hamburg, Urteil v. 19.11.1974, 2 Ss 123/74.
　JR 1975, S.512.

Rügheimer, E.
　Die wissenschaftlichen Grundlagen für die Übertragung von Aufgaben.
　Anästh.Inform. 1976, S.36.

" Aufklärungsbroschüren und Einwilligungsformulare.
　Anästh.Inform. 1978, S.277.

" Voraussetzungen der ambulanten Anästhesie im Krankenhaus.
　Anästh.u.Intensivmed. 1982, S.431.

Rüping, H.
　Wesen und Inhalt der ärztlichen Aufklärungspflicht.
　DMW 1977, S.368.

Sammlung von Entscheidungen der Berufsgerichte für die Heilberufe,
　Bd. I - III.
　Köln - Lövenich 1983.

Schewe, G.
　Risiko und Aufklärungspflicht - Haftungsrechtliche Aspekte.
　Arztrecht 1979, S.64.

Schick, P.J.
　Der ärztliche Behandlungsfehler in strafrechtlicher Sicht.
　In: Schick, P.J. (Hrsg.), Die Haftung des Arztes, S.37.

Schick, P.J. (Hrsg.)
　Die Haftung des Arztes.
　Graz 1983.

Schleicher, D.
　Die rechtlichen Grundlagen und die Rechtsprechung zur ärztlichen Aufklärungspflicht.
　Arzt und Krankenhaus 1980, S.30.

Schlenker, G.
　Das "berufsunwürdige Handeln" des Arztes.
　München 1973.

Schlosshauer-Selbach, S.
　Typologie der ärztlichen Aufklärungspflicht.
　DRiZ 1982, S.361.

Schlüter, U.
　Anästhesiezwischenfall beim ambulanten Operieren - ein Fallbericht aus forensischer Sicht.
　Anästh.u.Intensivmed. 1987, S.194.

Schmid, H.
　Die Grundlagen der ärztlichen Aufklärungspflicht.
　NJW 1984, S.2601.

Schmidt, E.
　Der Arzt im Strafrecht.
　Leipzig 1939.
"　Rechtsfragen zur chirurgischen Operation.
　Langenbecks Archiv 273 (1953), S.410.
"　Anmerkung zu BGH, Urteil v. 28.11.1957, 4 StR 525/57.
　JR 1958, S.226.
"　Empfiehlt es sich, daß der Gesetzgeber die Frage der ärztlichen Aufklärungspflicht regelt? Gutachten für den 44. Deutschen Juristentag, Verhandlungen Bd. I, 4. Teil.
　Tübingen 1962.

Schmudlach, H.
　Durchführung der Aufklärung unter besonderer Berücksichtigung der Beweissicherung und Beweisführung aus der Sicht des Juristen.
　In: Heim, W. (Hrsg.), Ärztliche Aufklärungspflicht, S.89.

Schönke, A./Schröder, H.
　Strafgesetzbuch, Kommentar.
　22. Aufl., München 1985.

Schreiber, H.L.
　Abschied vom Begriff des ärztlichen Kunstfehlers?
　Inform.d.Berufsverb.d.Dt.Chirurgen 1977, S.65.
"　Notwendigkeit und Grenzen einer rechtlichen Regelung ärztlicher Tätigkeit.
　Chirurg 1980, S.411.
"　Behandlungsrisiko und Arzthaftung.
　Langenbecks Archiv 352 (1980), S.43.
"　Strafrechtliche Verantwortlichkeit bei Arbeitsteilung in der Chirurgie, insbesondere im Verhältnis zwischen Arzt und Krankenhaus.
　Langenbecks Archiv 355 (1981), S.581.
"　Rechtliche Sorgfaltsmaßstäbe für die präoperative Diagnostik.
　Arztrecht 1983, S.8.
"　Kontraindikation und Verzicht bei der ärztlichen Aufklärung aus der Sicht des Juristen.
　In: Heim, W. (Hrsg.), Ärztliche Aufklärungspflicht, S.71.
"　Notwendigkeit und Grenzen rechtlicher Kontrolle der Medizin.
　Göttingen 1984.

Schreiber, H.W./Rodegra, H.
　Die Entwicklung der Medizin im Einflußbereich juristischer Kategorien.
　In: Jung, H./Schreiber, H.W. (Hrsg.), Arzt und Patient zwischen Therapie und Recht, S.27.

Schröder, H.
　Eigenmächtige Heilbehandlung im geltenden Recht und im E 1960.
　NJW 1961, S.951.

Schuck, M.
　Strafrechtliche Bedeutung der Verletzung der ärztlichen Aufklärungslast unter besonderer Berücksichtigung der kosmetischen Chirurgie.
　Diss. München 1980.

Schünemann, H.
　Anmerkung zu BGH, Urteil v. 22.4.1980 (NJW 1980, S.1905).
　NJW 1980, S.2735.

Schulte-Steinberg, O.
Ein Patientenfragebogen für den Anaesthesisten.
Anaesthesist 1967, S.109.

Schulz, G.
Arztrecht für die Praxis.
3. Aufl., Hannover 1965.

Schwab, P./Kramer, E./Krieglstein, G.K.
Rechtliche Grundlagen der ärztlichen Aufklärungspflicht.
Heidelberg 1983.

Schwalm, G.
Die strafrechtliche Bedeutung der ärztlichen Aufklärungspflicht.
MDR 1960, S.722.

" Zum Begriff und Beweis des ärztlichen Kunstfehlers.
In: Festschrift für Paul Bockelmann, S.539.

Schweisheimer, W.
Kunstfehlerprozesse in den USA.
DÄBl. 1966, S.30.

Siebert, A.
Strafrechtliche Grenzen ärztlicher Therapiefreiheit.
Berlin -Heidelberg - New York 1983.

Siegmund-Schultze, G.
Narkosezwischenfall und Nachbehandlung.
Arztrecht 1972, S.26.

Siegmund-Schultze, G./Weißauer, W.
Wer trägt die Verantwortung bei einer Narkose?
Arztrecht 1972, S.43.

Snow, J.C.
Manual der Anästhesie.
Stuttgart 1983.

Spann, W.
Ärztliche Rechts- und Standeskunde.
München 1962.

" Ärztlicher Kunstfehler und Haftpflicht.
Z.f.d.ges.Vers.wiss. 1978, S.185.

" Justitia und die Ärzte.
Zürich 1979.

Spann, W./Liebhardt, E./Hauck, G./Braun, W.
Ärztliche Haftung.
München 1975.

Spendel, G.
Die Kausalitätsformel der Bedingungstheorie für die Handlungsdelikte.
Herborn 1948.

Ständiger Arbeitskreis Ärzte und Juristen
Stellungnahme zum Thema Ärztliche Kunstregel und "ärztlicher Kunstfehler".
Anästh.Inform. 1975, S.330.

Steffen, E.
Der "verständige Patient" aus der Sicht des Juristen.
MedR 1983, S.88.

Steffen, E.
 Neue Entwicklungslinien der BGH-Rechtsprechung zum Arzthaftungsrecht.
 2. Aufl., Köln 1986.

Stiftung zur Förderung der wissenschaftlichen Forschung über Wesen und Bedeutung der freien Berufe (Hrsg.)
 Die Aufklärungspflicht des Arztes.
 Köln - Berlin 1962.

Stoeckel, H.W./Gabriel, W./Felix, R.
 Aufklärung vor Anästhesien zu diagnostischen Eingriffen.
 Anästh.Inform. 1978, S.325.

Stolz, W.
 Die Reformmodelle zum Arzthaftpflichtrecht.
 VersR 1978, S.797.

Stratenwerth, G.
 Arbeitsteilung und ärztliche Sorgfaltspflicht.
 In: Festschrift für Eberhard Schmidt, S.383.

" Zur Stellung des Anaesthesiologen.
 Anaesthesist 1963, S.269.

" Strafrecht, Allgemeiner Teil I.
 3. Aufl., Köln - Berlin - Bonn - München 1981.

Stuhr, D./Stuhr, H.-J.
 Risiko einer Strafanzeige gegen einen Arzt?
 NJW 1983, S.317.

Systematischer Kommentar zum Strafgesetzbuch,
 Bd. 1, Allgemeiner Teil.
 3. Aufl., Frankfurt 1982.
 Bd. 2, Besonderer Teil.
 2. Aufl., Frankfurt 1981.

Teichner, N.
 Aufklärung über mögliche Lagerungsschäden.
 DMW 1986, S.273.

Tempel, O.
 Inhalt, Grenzen und Durchführung der ärztlichen Aufklärungspflicht unter Zugrundelegung der höchstrichterlichen Rechtsprechung.
 NJW 1980, S.609.

Theissing, G.
 Ärztliche Kunstfehler und Haftpflicht.
 Z.f.d.ges.Vers.wiss. 1978, S.195.

Thelin, M.H.
 Die gegenwärtigen Beziehungen zwischen Medizin und Recht.
 Arzt und Recht 1969, S.1.

Tröndle, H.
 Abschaffung der Strafbarkeit der fahrlässigen Tötung und fahrlässigen Körperverletzung bei leichtem Verschulden.
 DRiZ 1976, S.129.

" Selbstbestimmungsrecht des Patienten - Wohltat oder Plage?
 MDR 1983, S.881.

Troschke, J.v./Schmidt, H. (Hrsg.)
 Ärztliche Entscheidungskonflikte - Falldiskussionen aus rechtlicher, ethischer und medizinischer Sicht.
 Stuttgart 1983.

Tschirren, B.
Der Narkosezwischenfall.
Bern 1967.

Uhlenbruck, W.
Medizinische Indikation und lex artis.
DMW 1968, S.45.

" Die ärztliche Haftung für Narkoseschäden.
NJW 1972, S.2201.

" Die ärztliche Haftung für Narkosezwischenfälle.
Arztrecht 1973, S.185.

" Die Haftung des Arztes aus strafrechtlicher Sicht.
Krankenhausarzt 1975, S.438.

" Kunstfehler auf Weisung.
Arzt und Krankenhaus 1979, S.310.

" Rechtliche Aspekte der Untersuchungspflicht des Anästhesisten.
Arztrecht 1981, S.94.

" Rechtliche Aspekte des Kontrastmittelzwischenfalls und des Strahlenrisikos in der ambulanten Diagnostik.
NJW 1981, S.1294.

" Aufklärungspflicht und Überwachung bei Eingriffen durch ärztliche Anfänger.
DMW 1981, S.1630; 1982, S.235.

Ulsenheimer, K.
Das Verhältnis zwischen Pflichtwidrigkeit und Erfolg bei den Fahrlässigkeitsdelikten.
Bonn 1965.

" Erfolgsrelevante und erfolgsneutrale Pflichtverletzungen im Rahmen der Fahrlässigkeitsdelikte.
JZ 1969, S.364.

" Arzthaftung im Lichte der neuesten Rechtsprechung - Strafrechtliche Aspekte.
Arzt und Krankenhaus 1980, Heft 10, S.31.

" Die strafrechtliche Haftung des Anästhesisten.
In: Opderbecke, H.W./Weißauer, W. (Hrsg.), Forensische Probleme in der Anaesthesiologie, S.41.

" In dubio contra medicum - Ausweitung der strafrechtlichen Arzthaftung?
Arzt und Krankenhaus 1982, S.66.

" Strafverfahren gegen Ärzte - Ein statistisches Resümee.
Inform.d.Berufsverb.d.Dt.Chirurgen 1984, S.77.

" Aus der Praxis des Arztstrafrechts.
MedR 1984, S.161.

" Ein gefährlicher Beruf: Strafverfahren gegen Ärzte - Erfahrungen, Schwerpunkte, Tendenzen.
MedR 1987, S.207.

Uter, P.
Voraussetzungen der ambulanten Anästhesie in der ärztlichen Praxis.
Anästh.u.Intensivmed. 1982, S.331.

Wachsmuth, W.
Zur Begriffsbestimmung und Problematik des sogenannten "Kunstfehlers".
Krankenhausarzt 1975, S.422.

" Anmerkung zu OLG Celle, Urteil v. 10.7.1978, 1 U 40/77.
NJW 1979, S.1253.

Wachsmuth, W.
   Die Zwiespältigkeit des Selbstbestimmungsrechts.
   DMW 1982, S.1527.

Wachsmuth, W./Schreiber, H.L.
   Der unheilvolle Weg in die defensive Medizin.
   Arzt und Krankenhaus 1981, S.75.

" Das Dilemma der ärztlichen Aufklärung.
   NJW 1981, S.1985.

" Sicherheit und Wahrscheinlichkeit - juristische und ärztliche Aspekte.
   NJW 1982, S.2094.

" Die Stufenaufklärung - ein ärztlich und rechtlich verfehltes Modell.
   Chirurg 1982, S.594.

" Schlußwort zur Diskussion um die Stufenaufklärung.
   Chirurg 1983, S.60.

Weber, H.P.
   Die Bedeutung der neuen Medizingeräteverordnung für Ärzte und Krankenhäuser.
   MedR 1986, S.66.

Weber, R.
   Arbeitsteilung und Verantwortung in der Chirurgie: Überblick über die rechtlichen Probleme, insbesondere unter dem Aspekt der Rechtsprechung des Bundesgerichtshofes.
   Langenbecks Archiv 355 (1981), S.575.

Weimar, W.
   Aufklärungspflicht des Arztes bei nicht einwandfreien Pflegebedingungen.
   Medizinische Klinik 1979, S.588.

Weis, K.H.
   Die versehentliche intraarterielle Injektion intravenöser Narkosemittel.
   In: Benzer, H./Frey, R./Hügin, W./Mayrhofer, O. (Hrsg.), Lehrbuch der Anaesthesiologie, S.725.

Weißauer, W.
   Arbeitsteilung und Abgrenzung der Verantwortung zwischen Anaesthesist und Operateur.
   Anaesthesist 1962, S.239.

" Die Problematik der Schwesternnarkose und die Ausbildung von Anaesthesieschwestern.
   Anaesthesist 1963, S.156.

" Die rechtliche Verantwortung des leitenden Anaesthesisten.
   Anaesthesist 1964, S.385.

" Die Aufklärungspflicht des Anaesthesisten.
   Anaesthesist 1966, S.100.

" Die rechtliche Situation des Anästhesisten bei ambulanten Eingriffen.
   Inform.d.Berufsverb.d.Dt.Chirurgen 1969, S.1.

" Zur rechtlichen Verantwortung des Chirurgen.
   Inform.d.Berufsverb.d.Dt.Chirurgen 1969, S.33.

Weißauer, W.
Zwischenfälle bei ambulanten Eingriffen in rechtlicher Sicht.
MMW 1969, S.1353.
" Wer entscheidet über die Wahl des Betäubungsverfahrens?
Anästh.Inform. 1971, S.8.
" Der Facharzt für Anästhesie aus der Sicht des Juristen.
Anästh.Inform. 1971, S.80.
" Einwilligung in die Anaesthesie und spezieller Eingriff.
Anästh.Inform. 1971, S.227.
" Die Spritzenkontrolle.
Anästh.Inform. 1972, S.6.
" Rechtsfragen zwischen Chirurgie und Anästhesie.
Chirurg 1972, S.3.
" Parallelnarkose und rechtliche Verantwortung des Fachanästhesisten.
Anästh.Inform. 1973, S.224.
" Forensische Konsequenzen ärztlichen Handelns.
Anästh.Inform. 1974, S.123.
" Aufklärungspflicht bei Periduralanästhesie.
Anästh.Inform. 1974, S.230.
" Rechtliche Grundlagen der Arbeitsteilung.
Anästh.Inform. 1976, S.25.
" Das anästhesiologische Risiko.
Anästh.Inform. 1976, S.267.
" Haftung des Anästhesisten für Gerätefehler.
Anästh.Inform. 1976, S.619.
" Rechtliche Grundlage der Aufklärung.
Anästh.Inform. 1978, S.231.
" Das Konzept des Aufklärungs- und Anamnesebogens aus rechtlicher Sicht.
Anästh.Inform. 1978, S.245.
" Rechtliche Beurteilung anästhesiologischer Komplikationen.
Praktische Anästhesie 1978, S.379.
" Die Haftung für Sorgfaltsmängel.
Anästh.Inform. 1979, S.4.
" Die interdisziplinäre Arbeitsteilung und der Vertrauensgrundsatz in der Rechtsprechung des Bundesgerichtshofes.
Anästh.u.Intensivmed. 1980, S.97.
" Klassifizierung des allgemeinen Operationsrisikos aus rechtlicher Sicht.
Anästh.u.Intensivmed. 1980, S.249.
" Ohne Titel, in: "Forum".
Anästh.u.Intensivmed. 1980, S.282.
" Die Problematik der ärztlichen Aufklärungspflicht und Lösungsvorschläge.
Arzt und Krankenhaus 1980, Heft 1, S.35.
" Die Aufteilung der Kompetenzen im Krankenhaus und die Verantwortung der leitenden Abteilungsärzte.
Anästh.u.Intensivmed. 1980, S.165.

Zur Neufassung des Aufklärungs- und Anamnesebogens für Anästhesisten.
Anästh.u.Intensivmed. 1981, S.52, 328.

" Sicherheit medizinisch-technischer Geräte aus rechtlicher Sicht.
Anästh.u.Intensivmed. 1981, S.396.

" Verrechtlichung der Medizin - ein Phänomen und seine Konsequenzen.
Inform.d.Berufsverb.d.Dt.Chirurgen 1981, S.69.

" Der Anaesthesist und das Recht.
In: Benzer, H./Frey, R./Hügin, W./Mayrhofer, O. (Hrsg.), Lehrbuch der Anaesthesiologie, S.35.

" Ärztliche Aufklärungspflicht aus rechtlicher Sicht.
In: Lawin, P./Huth, H. (Hrsg.), Grenzen der ärztlichen Aufklärungs- und Behandlungspflicht, S.14.

" Anästhesist zwischen ärztlicher und rechtlicher Verantwortung.
In: Opderbecke H.W./Weißauer, W. (Hrsg.), Forensische Probleme in der Anaesthesiologie, S.33.

" Ambulantes Operieren aus rechtlicher Sicht.
Anästh.u.Intensivmed. 1982, S.325.

" Arbeitsteilung in der Medizin aus rechtlicher Sicht.
Anästh.u.Intensivmed. 1982, S.359.

" Erwiderung zur Veröffentlichung von W. Wachsmuth und H.-L. Schreiber: Die Stufenaufklärung - ein ärztlich und rechtlich verfehltes Modell.
Chirurg 1982, S.597.

" Anästhesie und Recht.
Anästh.u.Intensivmed. 1983, S.99.

" Zur Vereinbarung zwischen dem Berufsverband Deutscher Anästhesisten und dem Berufsverband der Deutschen Chirurgen über die Zusammenarbeit bei der operativen Patientenversorgung.
MedR 1983, S.92.

" Einfluß von Organisation und Arbeitsteilung auf die ärztliche Aufklärung.
In: Heim, W. (Hrsg.), Ärztliche Aufklärungspflicht, S.59.

" Muß der Anästhesist über das Risiko des Herzstillstandes aufklären?
Anästh.u.Intensivmed. 1984, S.358.

" Haftung für Lagerungsschäden.
Inform.d.Berufsverb.d.Dt.Chirurgen 1985, S.29.

" Aufklärung über das Risiko von Lagerungsschäden.
Inform.d.Berufsverb.d.Dt.Chirurgen 1985, S.129.

" Sorgfaltspflichten des Anästhesisten bei stationärer und ambulanter Schmerzbehandlung.
Anästh.u.Intensivmed. 1986, S.207.

" Die Medizingeräteverordnung.
Anästh.u.Intensivmed. 1986, S.129.

" Verantwortung für die Lagerung des Patienten.
Anästh.u.Intensivmed. 1987, S.66.

" Einteilung übermüdeter Ärzte zur Operation.
Anästh.u.Intensivmed. 1987, S.103.

Weißauer, W./Frey, R.
Ärztliche Haftung für Anästhesiezwischenfälle.
DMW 1978, S.724.

Welzel, H.
   Fahrlässigkeit und Verkehrsdelikte.
   Karlsruhe 1961.
" Diskussionsbemerkungen zum Thema "Die Irrtumsregelung im Entwurf".
   ZStW 76 (1964), S.619.
" Das Deutsche Strafrecht.
   11. Aufl., Berlin 1969.
Wessels, J.
   Anmerkung zu BGH, Urteil v. 27.4.1966, 2 StR 36/66.
   JZ 1967, S.449.
" Strafrecht, Besonderer Teil I.
   10. Aufl., Heidelberg 1986.
Westermann, K.
   Zivilrechtliche Verantwortlichkeit bei ärztlicher Teamarbeit.
   NJW 1974, S.577.
Weyers, H.-L.
   Empfiehlt es sich, im Interesse der Patienten und Ärzte ergänzende Regelungen für das ärztliche Vertrags-, Standes- und Haftungsrecht einzuführen? Gutachten A zum 52. Deutschen Juristentag 1978.
   München 1978.
Weyers, H.-L./Mirtsching, W.
   Zum Stand des Arzthaftungsrechts.
   JuS 1980, S.317.
Wiemers, K.
   Unvollständige Beurteilung des präoperativen Gesundheitszustandes und inadäquate Vorbereitung des Kranken.
   Langenbecks Archiv 322 (1968), S.1286.
" Wahl des optimalen Zeitpunktes bei Noteingriffen.
   Langenbecks Archiv 327 (1970), S.892.
" Anaesthesist und Chirurg heute.
   Chirurg 1972, S.1.
Wiemers, K./Uhlenbruck, A.
   Exitus in tabula.
   ZBl. Chirurgie 1966, S.807.
Wiethölter, A.
   Arzt und Patient als Rechtsgenossen - Ein zivilrechtlicher Beitrag zur ärztlichen Aufklärungspflicht.
   In: Stiftung zur Förderung der wissenschaftlichen Forschung über Wesen und Bedeutung der freien Berufe (Hrsg.), Die Aufklärungspflicht des Arztes, S.71.
Wilhelm, D.
   Probleme der medizinischen Arbeitsteilung aus strafrechtlicher Sicht.
   MedR 1983, S.45.
" Verantwortung und Vertrauen bei Arbeitsteilung in der Medizin.
   Stuttgart 1984.
" Strafrechtliche Fahrlässigkeit bei Arbeitsteilung in der Medizin.
   JurA 1985, S.183.
Wilts, W.
   Anzeigepflichten des Arztes aus vorangegangenem Tun?
   NJW 1966, S.1837.
" Die ärztliche Heilbehandlung in der Strafrechtsreform.
   MDR 1970, S.971; 1971, S.4.

Wolfslast, G.
   Anmerkung zu BGH, Urteil v. 20.5.1980, 1 StR 177/80.
   NStZ 1981, S.219.

Würmeling, H.-B.
   Die Begutachtung des Anästhesiezwischenfalles aus rechtsmedizinischer Sicht.
   In: Opderbecke H.W./Weißauer, W. (Hrsg.), Forensische Probleme in der Anaesthesiologie, S.109.

Zierl, O.
   Schäden und Lagerung des Patienten.
   Anästh.Inform. 1979, S.175.

" Strafrechtsschutzversicherung für die Mitglieder des Berufsverbandes Deutscher Anästhesisten abgeschlossen.
   Anästh.u.Intensivmed. 1981, S.3.

Zierl, O./Weißauer, W.
   Mitteilung: Strafrechtsschutzversicherung: Versicherte Tätigkeiten.
   Anästh.u.Intensivmed. 1984, S.483.

Zindler, M.
   Überdosierung, Unverträglichkeit, Verwechslung und sinnwidrige Anwendung von Medikamenten bei der Narkose.
   Langenbecks Archiv 322 (1968), S.1306.

Zipf, H.
   Probleme eines Straftatbestandes der eigenmächtigen Heilbehandlung.
   In: Festschrift für Paul Bockelmann, S.577.

Stichwortverzeichnis

Adressat der Aufklärung 86 f.
Ärzteprivileg 109 f.
Ärztliches Handeln
- Durchführung der Aufklärung 89 ff.
- Durchführung der Behandlung 31
- Höchstpersönlichkeit 31 ff.
Allgemeines Narkoserisiko,
 Aufklärung 51, 63
Allzuständigkeit des leitenden Anästhesisten 26
Alternativentwurf eines Strafgesetzbuches 18
Anästhesie, Gefährlichkeit 8 ff.
Anästhesieverfahren, Wahl 131 ff.
Anästhesiologie, Begriff 8
Anästhesist, leitender 25 ff.
Anamnesebogen 126
Anamneseerhebung, s. Untersuchung
Anfänger, Berufsanfänger 28
Anfänger Anästhesie, Aufklärung 76 ff.
Anleitungspflicht 27, 30 ff.
Anordnungsverantwortung 143
Anzeigeerstattung 6 f., s.a. Strafanzeige
Arbeitsteilung 21 f.
- Anästhesist/nichtärztliches Hilfspersonal 30 ff.
- Anästhesist/Operateur 22
- Grundsatz der Arbeitsteilung 22 f.
- horizontale 22
- leitender Anästhesist/ärztliche Mitarbeiter 25 ff.
- vertikale 25 ff., 30 ff.
- Zulässigkeit 22
Arzneimittel, neue, Aufklärung 80 ff.
Arzneimittelgesetz 80 ff.
Arzneimittelprüfung 81 f.

- Strafbarkeit des Arztes bei mangelnder Aufklärung 82
Arzthaftung 4 ff.
Arzthaftungsprozeß, Entwicklung, Statistik, 4 ff., 11 f.
Aspirationsgefahr 134
Aufklärung 35 ff.
- Adressat 86 f.
- allgemeines Narkoserisiko 51
- Anfänger Anästhesie 76 ff.
- Art der Behandlung 47 ff.
- Diagnose, Befund 44 ff.
- Form 92 ff.
- Formulare 93 ff.
- Gefahren, Risiko 61 ff.
- gesonderte Anästhesieaufklärung 47 ff.
- Kliniksituation 74 f.
- Lagerungsschäden 67 ff.
- neue Medikamente, neue Verfahren 80 ff.
- Parallelnarkose 79
- postspinale Kopfschmerzen 70 f.
- Risiko 61 ff.
- risikoerhöhende Umstände 73 f.
- Sonderinteressen des Patienten 72 f.
- therapeutische 128
- Umfang 39 ff.
- Verantwortung 29, 87 ff.
- Verfahrensalternativen 52 f.
- Verfahrensänderung, -erweiterung 58 f.
- Verlauf 47 ff.
- Verzicht 36 f.
- Zahnschäden 66 f.
- Zeitpunkt 95 f.
- Zweck 35 f.
Aufklärungs- und Anamnesebogen 60, 93

Aufklärungsgespräch 91, 93 f.
Aufklärungsverantwortung bei Lagerungsschäden 69 f.
Aufsichtspflichtverletzung, strafrechtliche Folgen 97 f.
Aufwachraum 163
Auswahl von Mitarbeitern 34
Auswahlverschulden 34

Befundübernahme 118 ff.
Behandlung, diagnostische, Aufklärung 40
- kosmetische, Aufklärung 40
Behandlungsalternativen, Aufklärung 52 ff., 55 ff.
Behandlungsfehler 106 ff.
- Rechtswidrigkeit 18
Behandlungsmethoden, alternative, Aufklärung 52
- neue, Aufklärung 80
Belehrungspflichten, s. Aufklärung, Hinweispflichten
Berufsanfänger 28
Berufsverbände, Richtlinien 24 f.
Beschlagnahme von Behandlungsunterlagen 6
Beweislast im Zivilprozeß 39
Blutentnahmen 143 ff.
Blutkonserven 139 ff.
Bluttransfusion 139 ff.

Chefarzt 25 ff.
Chirurg 22 ff., s.a. Arbeitsteilung

Delegation der Aufklärung 88 ff.
- der präanästhesiologischen Vorbereitung 141, 143 ff.
- von Überwachungsaufgaben 29, 155 ff., 165

- Zulässigkeit 28, 30 f.
Diagnose durch den Arzt 31
Dringlichkeit des Eingriffs und Aufklärung 39

Eigenmacht, ärztliche 35
Eigenverantwortung 20 f., 25
Eingriff des Arztes 13 ff., s. Heileingriff
- diagnostischer 40
- kosmetischer 40
- vorbeugender 40
Einwilligung 35 ff., s.a. Aufklärung
- fehlende 14
- mutmaßliche 42
- personelle Beschränkung 85 f.
Einwilligungsfähigkeit 86
Emboliegefahr, Aufklärung 64
Entwurf eines Strafgesetzbuches E 1962 18
Erkennbarkeit 171
"Estil-Fälle" 147 f.
Ex-ante-Sicht und Behandlungsfehler 110

Facharzt für Anästhesie 28
Fachverbände, Vereinbarungen, 24 f.
Fahrlässige Körperverletzung bei Aufklärungsmangel 101
Fahrlässigkeit 108 f., 171 f.
Fahrlässigkeitshaftung 171 f.
Fahrlässigkeitsmaßstab 108 ff., 114 f.
Fahrtüchtigkeit 128 ff.
Fehler des Arztes, s. Behandlungsfehler
Form der Aufklärung 92 ff.
Formulare 60, 93, 126
Freiheitsberaubung 19
Freiheitsdelikt, Heileingriff 19

Garantenstellung des Arztes 106
Garantenpflicht des Arztes 128 f.
Geburtshilfe 71
Gefahrendichte 62

Gefahrenrisiko, erhöhtes 73 ff.
Geräte, medizinische 135 ff.
- Anwendung 136
- Funktionskontrolle 137
- Gebrauchsanweisung 137
- Prüfung 137
- Überwachung 154 f.
Gesamtverantwortung des leitenden Anästhesisten 26 f., 29
Gutachter 114 f.

Haftpflichtprozeß, s. Arzhaftungsprozeß
"Halsrippen-Fall" 124 f.
Heileingriff, als Körperverletzung 13 ff.
- Begriff 16 f.
- eigenmächtiger 35
Heilungskosten, Aufklärung 36
Herzstillstand, Aufklärung über Gefahr 64 f.
Hilfspersonal, ärztliches 25 ff.
Hilfspersonal, nichtärztliches 30 ff., 143 ff., s.a. Delegation
Hinweispflichten des Arztes 127 ff., s.a. Information, Aufklärung
Hygiene 74

Indikation und Aufklärung 39 ff.
In dubio pro reo 168
Informationspflichten 127 ff., s.a. Aufklärung, Hinweispflichten
Infusionen 143 ff.
Injektionen 143 ff.
Injektionsort 146 ff.
Injektionszwischenfälle 147 f.
Instruktionspflichten 27, 34
Integrität, körperliche 13 ff.

Intraoperative Phase 149 ff.
Intubation 66, 124, 134
Intubationsnarkose 152 f.
Irrtum über Einwilligung 100

Kausalität der Aufklärungspflichtverletzung 97 ff.
- der Sorgfaltspflichtverletzung 166 ff.
Kausalverlauf, hypothetischer 167 ff.
Kausalzusammenhang 166 ff.
Körperverletzung, fahrlässige 106
- gefährliche 99
- Heileingriff als Körperverletzung 13 ff.
- mit Todesfolge 100
Kommunikationsfehler 141 f.
Komplikationsdichte 62
Kontrollpflichten 28, s.a. Überwachungspflicht
Koordinationsmängel 141 f.
Kopfschmerzen nach Betäubung, Aufklärung 70 f.
Krankenhaus, Ausstattung 74 f.
- Hygiene 74
Krankenpfleger, -schwester, 30 ff., 143 ff., s.a. Delegation
Kunstfehler, 106 ff., s.a. Behandlungsfehler
Kunstfehler im eigentlichen Sinn 107

Lagerung 149 ff.
Lagerungskontrolle 150 ff.
Lagerungsschäden, Aufklärung 67 ff.
Lagerungsverantwortung 150 ff.
Leitender Anästhesist 25 ff.
Lex artis 25, 114 f.
Lokalanästhesie, Aufklärung 52 ff.

Medizin, defensive 2

Medizinische Wissenschaft, Sorgfalts-
maßstab 114
Methodenwahl 131 ff.
Minderjähriger, Einwilligungsfähig-
keit 86
Mutmaßliche Einwilligung 42, s.a.
Einwilligung
"Myom-Entscheidung" 59

Nachbetreuung des Kranken, s.
postoperative Phase
Narkose, Begriff 8
Narkosefähigkeit 116, 122
Narkosegerät 135 ff., 154 f., s.a.
Geräte
Narkosezwischenfälle, Ursachen 10 f.
Nebenwirkungen, Nachwirkungen
128 ff.
Nötigung 19
"Novokain-Fall" 167

Oberarzt, leitender 25 ff.
Operateur 22 ff.
Operationsvorbereitung 126 f.
Organisationsmangel 141 f.

Parallelnarkose 155 ff.
- Aufklärung 79
Patient
- Vertrauensverhältnis zum Arzt,
2
- Selbstbestimmungsrecht 15, 35
ff.
Periduralanästhesie, Aufklärung
53
Personal, nichtärztliches, s.
Hilfspersonal
Pflichtwidrigkeitszusammenhang
166
Postoperative Phase 160 ff.

Prämedikation 143 ff.
Präoperative Phase 115 ff.
Privileg, strafrechtliches des Arztes 109
f.
Prozeß
- Feststellung des Behandlungsfehlers 114
- Sachverständiger im Prozeß 114

Rechtfertigungsgrund 14
Rechtsgut der Körperverletzungsdelikte
15
Rechtsprechung zum Heileingriff 13 f.
Rechtswidrigkeit des ärztlichen Eingriffs
14
- des fehlerhaften Eingriffs 18
Rechtswidrigkeitszusammenhang 169 f.
Reformbestrebungen 18
Richtlinien, berufsständische 24 f.
Risikobewertung, Aufklärung 83 f.
Risikoerhöhung, Aufklärung 73 ff.
Risikofaktoren bei Anästhesie 10 f.
Rufkontakt bei Parallelnarkose 159

Sachkunde des Arztes
- bezüglich Arzneimittel 129
- bezüglich medizinische Geräte 136
Sachverständiger, medizinischer 114
Schadensursachen bei Anästhesie 10 f.
Schönheitsoperation 40
Schuld 99 ff., 170 ff.
Schuldtheorie, eingeschränkte 101
Schutzbereich der Körperverletzungsdelik-
te 15 ff.
Schutzbereich der Norm 169 f.
Selbstbestimmungsrecht des Patienten
15, 35 ff.
Selbstverantwortung 129
Sicherungsaufklärung 128
Sonderinteressen des Patienten 72 f.
Sorgeberechtigter, Aufklärungsadressat

86
Sorgfalt, erforderliche 109
- objektive 108
Sorgfaltsmaßstab 109
Sorgfaltspflichten, anästhesiologische 115 ff.
- primäre 26
- sekundäre 26, 34
Sorgfaltspflichtverletzung 109
Spritzenkontrolle 142
Staatsanwaltschaft, Ermittlungen 6 f.
Standardisierung der Aufklärung 94
Statistik der Schadensursachen 10 f.
Strafanzeige 6 f.
Strafrecht, Leitfunktion 3
Strafrechtsschutzversicherung 12
Strafverfahren, Statistik 5 ff., 12
Straßenverkehr, Teilnahme 128 ff.
Stufenaufklärung 93 f.
Substanzveränderungen bei ärztlichem Eingriff 17

Tatbestandsmäßigkeit des Heileingriffs 15 ff.
Täuschung des Patienten 99
Teamwork, s. Arbeitsteilung
Thrombosegefahr, Aufklärung 64
Tötung, fahrlässige 106
- vorsätzliche 106
Transfusion 139 ff.
"Typisches" Risiko 62

Übermüdete Ärzte, Einteilung 27
Übernahmefahrlässigkeit 111 ff.
Übernahmeverschulden 171
Über-, Unterordnungsverhältnis, s. Arbeitsteilung
Überwachungspflicht 28, 153 ff.
- intraoperative 153 ff.
- postoperative 33, 161 ff.
Überwachungsverantwortung 161 ff.
Überweisender Arzt, Aufklärungsverantwortung 91 f.
Umfang der Aufklärungspflicht 39 ff.
Unterlassung 106
Untersuchung des Patienten 115 ff.
- allgemeine Anforderungen 116
- Befundübernahme 118 ff.
- persönliche 120 f.
- Umfang 117, 124 ff.
Unversehrtheit, körperliche 13 ff.

Verantwortung
- Anordnungsverantwortung des Arztes 33 f.
- Eigenverantwortung 20 f., 25
- primäre 26
- sekundäre 26, 34
Vereinbarungen der Fachverbände 24 f.
Verfahrensänderung, -erweiterung, Aufklärung 58 ff.
Vermeidbarkeit 171 f.
Verrechtlichung der Medizin 2
Verständiger Patient 62
Vertrauensgrundsatz 22 ff.
Vertrauensverhältnis Arzt - Patient 2
Verzicht auf Aufklärung 36 f.
Vollnarkose, Aufklärung 52 ff.
Vorbereitung der Anästhesie 32 f., 127
Voraussehbarkeit, Vorhersehbarkeit 170 ff.
Vorsätzliche Körperverletzung 99
Voruntersuchung, s. Untersuchung
Vorwerfbarkeit 170 ff.

Wahl des Anästhesieverfahrens 131 ff.
Warnung des Patienten 128 ff.

Wartung der Geräte 136 ff.
Weisung, Kontrolle 141 f.
Weisungsverhältnis, s. Arbeitsteilung

Zahnarzt 11
Zahnschäden, Aufklärung über Gefahr 66
Zeitpunkt der Aufklärung 95 f.
Zivilrecht, Arzthaftung, Statistik 4 ff.
Zurechnung 166
Zurechnungszusammenhang 166
Zusammenarbeit 21, s.a. Arbeitsteilung